Hermann Baltzer

Adolf Baltzer

Ein Lebensbild aus der deutschen evagelischen Kirche Nordamerikas

Hermann Baltzer

Adolf Baltzer
Ein Lebensbild aus der deutschen evagelischen Kirche Nordamerikas

ISBN/EAN: 9783743482210

Hergestellt in Europa, USA, Kanada, Australien, Japan

Cover: Foto ©Lupo / pixelio.de

Manufactured and distributed by brebook publishing software (www.brebook.com)

Hermann Baltzer

Adolf Baltzer

Geb. 16. Mai 1817, gest. 28. Januar 1880.

Louise v. Laer.

Geb. 19. Mai 1829, gest. 6. März 1871

Adolf Baltzer.

Ein Lebensbild

aus der

Deutschen evangelischen Kirche Nord-Amerikas.

Gezeichnet von

Dr. Hermann Baltzer,

prakt. Arzt zu Cottleville, Mo.

Herausgegeben von der Deutschen Evang. Synode von Nord-Amerika.

EDEN PUBLISHING HOUSE
St. Louis, Mo.
1896.

Entered, according to Act of Congress, in the year 1896,
BY A. G. TŒNNIES,
in trust for the German Evangelical Synod of North America,
in the office of the Librarian of Congress at
Washington, D. C.

Seinem lieben Freunde und Jugendgenossen,

Herrn Pastor Daniel Irion,

Inspektor am evangelischen Proseminar zu Elmhurst, Ill.,

hochachtungsvoll

gewidmet

von dem

Verfasser.

Inhalt.

1. Teil. — Die Jugendzeit, 1817–'45.

Die Kinderzeit. — Der Jüngling. — Universitätszeit und Studium. — Die Hauslehrerjahre. — Der Entschluß zur Auswanderung.

---

2. Teil. — Die Pionierzeit, 1845–'58.

Zustände unter den Deutschen im Westen. — Ankunft und erste Gemeinde. — Aufnahme in den Kirchen-Verein und Übersiedelung nach St. Louis. — Die Ehe. — Die Friedenszeit in St. Charles. — Synodal-Predigt über 1 Thess. 2, 9—12.

---

3. Teil. — College- und Seminarzeit, 1858–'66.

Das College. — Balßer als Inspektor, Lehrer und Ökonom. — Die Aufhebung der Anstalt. — Professur am Prediger-Seminar. — Überlast der Arbeit für die Ehegatten.

---

4. Teil. — Das General-Präsidium, 1866–'80.

Besoldetes Präsidium. — Die Familie in St. Charles, Mo. — Repräsentation nach außen. — Schreiben an Dr. Wichern. — Synodal-Bericht und Synodal-Predigt bei der General-Konferenz zu Indianapolis, Ind., im Jahre 1868. — Synodale Verhältnisse. — General-Konferenz zu Louisville, Ky., im Jahre 1870. — General-Konferenz zu Quincy, Ill., im Jahre 1872. — Balßer als Redakteur, Verlags- und Kassenverwalter. — General-Konferenz zu Chicago, Ill., im Jahre 1877. — Schreiben betr. die Patenschaft. — Die letzten Lebensjahre. — Familienleben. — Abnahme der Kräfte und Tod. — Schluß.

Einleitung.

Die Abfassung dieses Lebensbildes ist zunächst ein Tribut der Dankbarkeit, den ein Sohn dem Andenken seines geliebten und hochverehrten Vaters darbringt; aber sie ist zugleich ein Dienst, der unserer Evangelischen Synode geleistet wird. Sie ist ein wesentlicher Beitrag zur Kenntnis ihrer Geschichte. Die Geschichte der Entstehung und anfänglichen Entwickelung einer kirchlichen Körperschaft von dem Umfange und dem Einflusse, wie ihn die Evangelische Synode von Nord=Amerika unter Gottes Beistande jetzt schon erreicht, hat auch für weitere Kreise, die der Entwickelung des kirchlichen Lebens auf unserm Kontinente überhaupt ihre Aufmerksamkeit zuwenden, eine ihr Interesse in Anspruch nehmende Bedeutung; und hier wird das Lebensbild eines Mannes dargeboten, dessen Thätigkeit mit dieser anfänglichen Entwickelung aufs engste verwachsen gewesen, der, wie es einer seiner älteren Mitarbeiter ausdrückte, **wesentlich dazu beigetragen hat, der Synode ihren Charakter aufzuprägen.**

Die älteren Glieder unserer Kirche, denen die ehrwürdige Gestalt des entschlafenen Mitkämpfers und Bannerträgers noch in unvergessener Erinnerung vor Augen steht, werden in diesem zusammenfassenden Bilde seines Lebens wohl gerne eine Auffrischung und Ergänzung der persönlichen Eindrücke finden, die sie aus ihren Begegnungen mit dem Verewigten davongetragen haben, und werden der Arbeiten und Kämpfe der früheren Zeit und der gnädigen Führungen Gottes dabei gedenken.

Viele sind nun schon in den Kreis der Mitarbeiter an unserem synodalen Werke eingetreten, für die der Name Baltzer keine persönlichen Erinnerungen mehr weckt, für die seine Gestalt ganz der geschichtlichen Vergangenheit angehört. Ihnen soll in der folgenden Lebensbeschreibung ein Bild jener Anfänge unseres synodalen Lebens dargeboten werden, das ja, wie wir dankbar rühmen dürfen, in vieler Beziehung zugleich ein Vorbild ist, das da zeigt, mit welchem Ernste, mit welcher Gewissenhaftigkeit und Treue die Väter gewirkt haben, und das zu der Frage der Selbstprüfung veranlaßt: Folgen wir den Fußstapfen der Alten getreulich?

Unter den Namen der vier Männer, die als die eigentlichen Gründer unserer Synode zu betrachten sind, Nollau, Rieger, Wall, Baltzer, ragt das Gedächtnis des letztgenannten am weitesten in unsere Gegenwart herein, gerade weit genug von ihr entfernt, um eine möglichst unparteiische, von keiner Gunst oder Abneigung gegen seine Person beeinflußte Würdigung seines Wirkens zu ermöglichen, und gerade noch nahe genug, um die Darstellung zu kontrollieren und eine unterschätzende Verkennung oder eine idealisierende Überschätzung seiner Bedeutung zu verhindern.

Wer in dem folgenden Lebensbilde eine romanhafte Schilderung glänzender Thaten und interessanter Episoden suchen sollte, würde sich enttäuscht fühlen. Ernst und schlicht, wie die Gestalt des Entschlafenen vor den Augen derer steht, die sich seiner erinnern, liegt auch der Verlauf seines Lebens vor uns. „Bete und arbeite" war sein Wahlspruch, und derselbe war bei ihm kein leeres Wort.

Arbeit ist sein ganzes Leben von seiner Jugend an gewesen; als ein gewissenhafter Arbeiter hat er in den verschiedenen Lebensstellungen den Pflichten seines jeweiligen Amtes stets ganz und voll genügt; arbeitend hat ihn sein Herr gefunden, als er in der Todesstunde ihn abberief; und diejenigen, die ihm näher standen, wissen, daß er an nichts ging, nichts that, ohne es im Gebete seinem Herrn darzulegen, und wie er bei allem Gelingen Gotte allein die Ehre gab.

Eine eingehende Schilderung seiner Thätigkeit als Seelsorger und Beamter, als Lehrer und als Mensch, die dies Büchlein zu liefern versuchen wird, soll zeigen, daß er wirklich ein treuer Diener Gottes, ein besorgter Vater und Berater der Synode, in seinem Familienleben ein musterhafter Gatte und seinen Kindern ein treuer, liebevoller Vater war.

Was er der Synode gewesen, das ist wohl am besten in den Worten ausgedrückt, die in seinem Todesjahre, 1880, auf der General-Konferenz in St. Louis, Mo., der nun auch verstorbene Präses Siebenpfeiffer ihm nachrief, und die wohl in den Herzen aller Synodalen einen schmerzlichen Nachhall hervorriefen: "Als die Synode am 28sten Januar dieses Jahres erfuhr, daß der Herr ihren weisen Führer, ihren geschickten Steuermann, ihren besorgten Vater, ihren treuen Sachwalter abgerufen habe, da senkte sich eine herzliche Betrübnis über alle Gemüter."

1. Teil. — Die Jugendzeit, 1817–'45.

Die Kinderzeit. — Der Jüngling. — Universitätszeit und Studium. — Die Hauslehrerjahre. — Der Entschluß zur Auswanderung.

enn man von dem Charakter und dem inneren Leben eines Menschen, dessen Wirken auf der Höhe seines Lebens in seinem Kreise die Aufmerksamkeit seiner Zeitgenossen auf sich gezogen, ein verständliches Bild gewinnen will, ist es wohl von Wert, die Verhältnisse kennen zu lernen, unter denen er aufgewachsen ist. Denn wer wüßte nicht, wie die Eindrücke, die das Kindesgemüt aufgenommen, im ganzen Leben anhaften und nachwirken: scheinen sie auch in der Bewegung des Lebens oft verwischt und vergessen, so tauchen sie doch immer wieder auf und üben ihren bestimmenden Einfluß auf die Charakterentwickelung des Mannes. Vornehmlich ist es ja die Mutter, wenn anders sich dieselbe der Pflege des Gemütslebens ihrer Kinder ganz widmet, die auf die Entwickelung des Charakters den nachhaltigsten Einfluß ausübt; fromme Männer haben in der Regel eine fromme Mutter gehabt. Dem Elternhause, das einen guten Sohn, der vielen zum Segen geworden ist, erzogen hat, gebührt eine Stelle in der dank-

baren Erinnerung der Nachkommen. Wir sind in der glücklichen Lage, über die Verhältnisse des elterlichen Hauses unseres Präses Baltzer wenigstens etliche Angaben zu besitzen.

In der letzten Hälfte des achtzehnten Jahrhunderts war ein braver Schuhmachergeselle, aus Darmstadt in Hessen entstammend, in Berlin eingewandert und hatte sich dort das Bürger- und Meisterrecht erworben. Der Name dieses Mannes war Joh. Engelhardt Baltzer. Nach allem, was wir über ihn in Erfahrung bringen konnten, war er ein frommer, tüchtiger Handwerker. Nachdem ihn ums Jahr 1790 der Tod seiner ersten Frau zum Witwer gemacht hatte, verheiratete er sich, um seinen acht Kindern wieder eine Mutter zu geben, zum zweitenmale und zwar mit Albertine Elisabeth Klinkmeier aus Greifenhagen in Pommern.

Obwohl nun die Nachrichten über diese Mutter wie über ihren Eheherrn spärlich sind, so geht doch aus den Erzählungen ihrer Kinder und aus einem kurzen Schriftstücke von ihrer Hand, das noch vorhanden, hervor, daß sie eine fromme, sanfte Frau war. Diesem Elternpaare wurde am 16. Mai 1817 ein Söhnlein geboren, das achte aus ihrer Ehe, das sechzehnte also, das Gott dem Joh. Engelhardt Baltzer geschenkt, welches in der am achten Juni durch den Hofprediger Theremin vollzogenen heiligen Taufe den Namen Hermann Franz Adolf empfing. Es bekam keinen Nachfolger mehr, denn die Eltern waren schon betagt.

Waren die Eltern des kleinen Adolf auch wohlhabend gewesen, so wurden doch die Verhältnisse immer mehr beschränkt, da der Vater bei zunehmendem Alter nicht mehr imstande war, das Nötige zu erwerben. So hatte der kleine Adolf, je älter er wurde, destomehr an Entbehrungen teilzunehmen. Bei alledem aber herrschte ein Geist frommer Zufriedenheit im Hause.

Aus den Erzählungen unseres Verstorbenen geht hervor, daß er sich eine recht genaue Erinnerung an alle seine Erlebnisse bis zur frühsten Kindheit zurück bewahrt hatte; so erzählte er öfters, daß er als dreijähriger Junge, wenn er gefragt wurde, wer er sei, immer sehr würdevoll und altklug geantwortet habe: "Heiße Adolf Baltzer, wohne Brüderstraße No. 7, drei Treppen hoch." Er war ein vergnügtes, sorgloses und früh aufgewecktes Kind; nach seiner eigenen Aussage konnte er mit vier Jahren schon fließend deutsch lesen.

Waren auch die Verhältnisse ärmlich, so sorgten doch die Eltern, wie bei allen ihren Kindern, so auch bei ihrem jüngsten für eine gute Schulbildung, um ihnen an Bildung und Wissen womöglich zu ersetzen, was ihnen an zeitlichen Gütern abging. So kam Adolf, kaum sechs Jahre alt, in eine Privatschule, damals Lehr- und Erziehungsanstalt genannt, unter Leitung eines gewissen Dr. Bartels stehend. Diese Schule besuchte er bis zum Jahre 1829 mit Fleiß und gutem Erfolge, wie ein aus dieser Zeit noch vorhandenes Schulzeugnis rühmend anerkennt. Um diese Zeit traf das Kindesherz der erste große Schmerz, da sein hochbetagter Vater ihm durch den Tod genommen wurde. Die Mutter setzte das Werk der Erziehung fort, und Adolf trat nach Abgang von der Vorbereitungsschule in die Quarta oder Kleintertia des "Berlinischen Gymnasium zum grauen Kloster" ein, das damals unter der tüchtigen Leitung des Dr. Köpke stand. Unter einem Zeugnisse aus dem Jahre 1830, das, wie alle andern des Gymnasialschülers, g u t genannt werden darf, steht mit Schriftzügen, denen man es ansieht, daß die Hand aus Krankheit und Schwäche gezittert: "Mit Freuden gelesen. E. Baltzer," also von der schon schwerkranken Mutter geschrieben. Noch in demselben Jahre erfuhr er den größten Schmerz, der das Kindesherz treffen kann; die Mutter starb ihm, nachdem sie schon längere Zeit leidend gewesen. Nun war der Knabe völlig verwaist und nächst der Hilfe Gottes auf die schwache Unterstützung seiner Schwestern und auf sich selbst angewiesen. Schon seit des Vaters Tode war die einzige Einnahmequelle der Familie der karge Verdienst dreier älteren Schwestern, von denen zwei bei einer der ältesten Stiefschwestern in einer von derselben geführten Privatschule als

Lehrerinnen Anstellung hatten, und zwar mit sehr kargem Gehalt, während die jüngste, entschieden begabteste Lieblingsschwester schon gleich nach des Vaters Tode im Alter von etwas über dreizehn Jahren eine Stelle als Hauslehrerin übernommen hatte. Wer deutsche Verhältnisse kennt, weiß, was es heißt, eine Familie auf diese Weise durchzubringen; und damals war es entschieden noch schwieriger als jetzt.

Da der Lehrerinnengehalt der Schwestern nicht ausreichte, die nötigsten Ausgaben zu bestreiten, so suchten sie durch Handarbeiten, besonders durch Sticken, ihre Einnahmen zu vergrößern. Um diese Handarbeiten möglichst ausgiebig zu machen, mußte dann unser Quartaner, weil er noch nichts durch Unterrichten verdienen konnte, sticken helfen. Nach vollendeten Schularbeiten oder in sonstigen „Freistunden" saß er täglich bis in die Nacht am Stickrahmen und füllte aus, ja stickte selbst die feinsten Muster. Noch in seinen alten Tagen hat der Entschlafene manchmal seine Töchter auf Fehler in solchen Arbeiten aufmerksam gemacht oder hat ihnen gezeigt, wie gewisse Stiche gemacht werden. Wenn andere seiner Altersgenossen und Mitschüler nach ihren Schulstunden fröhlich spielen durften und ihrer Ausgelassenheit den Zügel schießen ließen, mußte Adolf im dumpfen Zimmer bei der kranken Mutter und den fleißigen, aber durch die Verhältnisse gedrückten Schwestern aushalten und ums tägliche Brot sticken. Wie traurig, wie bedauernswert! mag manche Leserin, mancher Leser ausrufen.

Nun, es ist dem lebhaften, munteren Knaben nicht leicht geworden, und er hat sich als gereifter Mann oft mit Wehmut dieser Zeit erinnert, hat aber immer, wenn er von dieser Zeit sprach, mit innigem Danke gegen seinen Gott und Herrn derselben in dem Bewußtsein gedacht, daß gerade hierin der liebe Gott seine unendliche Gnade gegen ihn bethätigt habe. Wäre wohl aus dem lebhaften, gut beanlagten Knaben der tüchtige, fromme, pflichttreue, keine Mühe scheuende Diener seines Herrn geworden, wenn ihn der treue Gott nicht von Anfang an in seine strenge Zucht genommen und ihm täglich den Ernst des Lebens vorgehalten hätte? Wie manch begabtes, glücklich beanlagtes Kind, das im Überflusse aufwuchs, das die Eltern in falscher Liebe verhätschelten, ging und geht zu Grunde, weil es nicht lernte, Pflicht und Zucht üben! Warum zeigt sich beim Geschlechte unsrer Tage so vielfach Schlaffheit, Genußsucht, Unzuverlässigkeit? Weil unsere jüngere Generation so vielfach nichts von Einschränkung weiß, weil sie vielfach nur von den Gütern, geistigen und materiellen, zehrt, die die Eltern im Schweiße ihres Angesichtes für sie aufgestapelt haben; weil man so vielfach versäumt, das von den Vätern Ererbte durch selbstthätige Tüchtigkeit wahrhaft zu erwerben.

* * *

Mit dem Eintritt in das Gymnasium hatte unser Adolf auch die Kinderschuhe ausziehen müssen. In den ersten Jahren seiner Gymnasialzeit muß die Mittellosigkeit oft drückend gewesen sein. Wohl genoß er freien Unterricht auf dem Gymnasium, allein die Beschaffung der Bücher und Schreibmaterialien war für die Verhältnisse der Familie eine drückende Last. Ein an den Bürgermeister Berlins gerichtetes Gesuch um Beihilfe für diesen Zweck wurde abschlägig beschieden, weil keine Mittel dazu vorhanden seien. Das Bitten um derartige Unterstützung muß den Geschwistern schwer genug geworden sein, denn sie waren, wenn auch jung, doch selbständigen Charakters und, wenn auch mittellos, doch stolz und versuchten, auf eigenen Füßen zu stehen. Drückend, wie die Abweisung des Gesuches sein mochte, wirkte sie doch auf die Charakterbildung des Jünglings segensreich ein, denn sie half mit dazu, die Anspornung der eigenen Kraft herauszufordern und zum Vertrauen auf die göttliche Hilfe allein zu veranlassen.

Schon als Großtertianer hat sich der Gymnasiast den bedeutendsten Teil seiner Lebensbedürfnisse durch Stundengeben sauer erworben. Bald wurden seine sämtlichen freien Stunden, die ihm der Besuch des Gymnasiums ließ, mit Nachhilfestunden für minder begabte, aber begütertere Schüler ausgefüllt, so daß er meist erst nachts von zehn Uhr ab an seine eigenen Schularbeiten denken konnte. Und diese durfte er nicht vernachlässigen; dazu trieb ihn nicht nur sein eigener Eifer, sondern auch die Not: denn um als Freischüler weiter lernen zu können, mußte er immer der Besten einer sein, indem nur solchen Erlaß des Schulgeldes gewährt wurde. Jedes Jahr zweimal mußte er sich einer strengen Prüfung unterwerfen, und hätte er sie nicht bestanden, so würde er das Studium haben ganz aufgeben müssen, und was dies für weitere Folgen für ihn gehabt haben würde, ist nicht abzusehen; sehr schwer würde es in jenen Zeitverhältnissen einem verdorbenen Gymnasiasten ohne Mittel geworden sein, in eine andere anständige Berufslaufbahn Eingang zu gewinnen.

Fast unglaublich klingt es, wenn man hört, wie unser Gymnasiast es angefangen hat, bei so jungen Jahren, in denen der Körper noch nicht genügend entwickelt und gestählt ist, solche Entbehrungen und solche Überlast der Arbeit zu bewältigen. Wenn ihn die Müdigkeit bei seinen Schularbeiten übermannen wollte, dann wandte er alle erdenklichen Mittel an, um den Körper zu zwingen, noch etliche Stunden Schlafes daranzugeben. Manche Nacht hat er mit den Füßen in einem Kübel frischen Wassers bis zu den Morgenstunden gesessen und „geochst," wie der Studentenausdruck lautet. Trotz kalten Fußbades ist er dann manches Mal an seinem Tische eingeschlafen und lahm und steif nach Stunden aufgewacht, um aufs neue ins Zeug zu gehen. Wie würde das unserer heutigen Jugend gefallen? Dazu kam noch, daß Nahrung und Kleidung ungenügend waren und oft das Heizmaterial im kalten Winter fehlte, so daß die Finger steif waren, während sie schreiben sollten. Und wieviel mußte geschrieben werden! Wie oft hört man unsere Studenten jetzt klagen, wenn das Fleisch etwas zähe, das Brot etwas altbacken, oder wenn an der Heizung einmal etwas nicht in Ordnung ist, so daß der Studierraum nicht ganz behaglich ist; und wie viele von diesen Klagenden sind ja auch Freischüler! In welchem Paradiese geradezu befinden sie sich unserm Gymnasiasten gegenüber, der sein ganzes Leben hindurch hart gearbeitet hat, auch für sie, um ihnen dies Paradies schaffen zu helfen.

Wahrer Mut, Gottvertrauen und Begeisterung für sein Ziel ließen ihn alles dies mit gutem Humor ertragen; er blieb trotz aller Entbehrungen ein vergnügter, lebensfroher Schüler. Geht man seine Gymnasialzeugnisse durch, so werden Betragen, Fleiß und Fortschritte an ihm im allgemeinen gelobt.

Am 30. März 1833, also im fast vollendeten sechzehnten Lebensjahre, wurde Adolf im Dom zu Berlin vom Hofprediger Theremin konfirmiert. Es mag am Platze sein, hier darauf hinzuweisen, daß Theremin einer der wenigen frommen oder besser kirchlichgläubigen Prediger seiner Zeit war. Er gehörte der sogenannten „Schleiermacherschen Rechten," also einer Richtung unter den damaligen Theologen an, die unter dem Schutze der preußischen Union, diese auf ihren Lehrstühlen, jene in praktischer Weise von den Kanzeln, darauf hinarbeiteten, aus der Verflachung des vulgären Rationalismus zu vertieftem, schriftmäßigem Heilsglauben hindurchzuführen. Der Unterricht des Dr. Theremin hat denn auch auf den gewiß schon einsichtigen und verständigen Sekundaner einen tiefen Eindruck gemacht und entschieden viel dazu beigetragen, das zur Frömmigkeit geneigte Gemüt des Jünglings in die Bahn gesunder und fruchtbarer Entwickelung zu leiten. Ja der alte Präses hat noch oft und gern in seiner Erinnerung bei diesem Unterrichte geweilt; sein Herz war bis in sein Alter von Dank für seinen väterlichen Berater und Lehrer erfüllt, und oft hat er beteuert, daß dieser Konfirmations=Unterricht und das fromme Beispiel seines Lehrers tiefe Wurzeln bei ihm geschlagen und ihm zur Richtschnur für sein ganzes späteres Leben geworden sei.

Von diesem Zeitpunkte bis zu seinem Abgange vom Gymnasium ist nichts besonders Bemerkenswertes zu verzeichnen;

er hat den regelmäßigen Gang des Gymnasial-Unterrichtes durchgemacht und verließ zu Michaelis 1835 die Schule mit dem Zeugnisse der Reife für die Universität. Da er außer Latein, Griechisch, Hebräisch und Deutsch auch das Französische und Englische fleißig betrieben, brachte er also einen reichen Sprachschatz zur Universität mit.

* * *

Der deutsche Gymnasiast ist, wenn auch in manchen Beziehungen freier gestellt als die Schüler in unsern hiesigen synodalen Anstalten, doch einer strengen Zucht und Kontrolle unterworfen; daher ist der Schluß der Gymnasialzeit ein Aufatmen, ein Freiwerden, das jeder herbeisehnt. Mit der Eintragung in die Liste der Studierenden auf der Universität wird man der „akademischen Freiheit" teilhaftig; von da an heißt es selbständig handeln und denken. Wer seinen selbstgewählten Beruf im Auge behält und darauf lossteuert, möglichst bald ausgebildet zu sein, um zu Amt und Würden zu kommen, der wird auch hier fleißig sein und seine Zeit auskaufen; wer aber ohne inneren Gehalt und ohne sittliche Festigkeit Student wird, dem wird die akademische Freiheit oft zum Fallstrick. Es kann schon als ein moralischer Sieg und als eine gute Empfehlung angesehen werden, wenn jemand überhaupt seine Universitäts-Laufbahn in der normalen Zeit mit dem vorgeschriebenen Examen abschließt.

War nun zu der Zeit, als unser Student die Universität bezog, die akademische Freiheit in Bezug auf die sittliche Führung des einzelnen in gewohnter Weise eine unbeschränkte, so litt sie doch in anderer Beziehung unter einer drückenden Einschränkung. Damals war in Deutschland die Blütezeit der vom österreichischen Minister v. Metternich geleiteten politischen Reaktion, deren Druck auf allen Freiheitsbestrebungen lastete. Jeder Freiheitsgedanke galt als Revolutionsversuch; das Wort „Freiheit" war verpönt, und es galt schon fast als

Hochverrat, es nur laut auszusprechen. Die Metternichsche Knechtung aller freien Regungen, aller Bestrebungen der Jugend, politisch selbständig zu denken, hatte bei allen Regierungen nur zu willige Unterstützung gefunden. Ganz besonders auch in Preußen hatte dieser dunkle Schatten des Despotismus sich wie ein Alp auf alle Gemüter gelegt. Hatten auch das Hambacher Fest und andere Freiheitsregungen besonders der akademischen Jugend Veranlassung zu Reaktionsfurcht gegeben, so waren doch die Maßregeln, welche die Regierungen ergriffen, um eine Revolution zu verhüten, mindestens engherzig und wenig dem Zeitgeiste entsprechend, ja geradezu falsch.

Von den Freiheitskriegen her hatte besonders unter der studierenden Jugend ein unaustilgbarer Drang Wurzel gefaßt, die Einheit Deutschlands herzustellen und eine würdige Volksfreiheit anzubahnen. Diese uns heute so berechtigt erscheinenden Bestrebungen galten den damaligen Regierungen als gemeingefährlich, und als ihren Herd betrachtete man die Studentenschaft, auf deren Thun und Treiben deswegen das wachsame und argwöhnische Auge der Regierung besonders gerichtet war. Jeder Student mußte einen vier Seiten langen Revers unterzeichnen, in dem er sich verpflichtete, jeder verbotenen Verbindung fern zu bleiben und sich der Überwachung der Königlichen Universitäts-Kommissäre willig zu unterwerfen. Der Geist der in diesem Revers zur Kenntnis gebrachten Verordnungen war kleinlich und unwürdig, ja geradezu schlecht und tyrannisch. Das Harmlose und Unschuldige, ja das Berechtigte und Edle ward verboten und genötigt, sich in die Hülle des Geheimnisses zu bergen, und das Geheime ward dann wieder ohne weiteres als Kriterium des Staatsgefährlichen angesehen. Auf der Teilnahme an einer geheimen Verbindung stand als Strafe nicht nur die Relegation, die entehrende Ausstoßung aus der akademischen Bürgerschaft, und die Unfähigkeitserklärung zu einem öffentlichen Amte (einschließlich sogar der ärztlichen Praxis), sondern auch sechs=

oder zehnjährige Festungs= oder Zuchthausstrafe; war der
landesverderbliche oder hochverräterische Zweck einer solchen
Verbindung erwiesen (und was konnte nach dem angewen=
deten Gerichtsverfahren nicht alles bewiesen werden!), so
konnte sogar auf Todesstrafe oder lebenslängliche Einsperrung
erkannt werden. Denjenigen, die als Angeber auftraten,
wurde Straffreiheit und Belohnung zugesichert, und es gab ja
Elende, die sich durch den Verrat an ihren Kommilitonen, oft
noch dazu an ganz Unschuldigen, bei der Regierung beliebt zu
machen und den Fall anderer zur Leiter für ihr eigenes Em=
porkommen zu machen suchten.

Bedenkt man, mit welcher Begeisterung die zum Teil noch
lebenden Väter und älteren Brüder der damaligen Studenten
in den Kampf für Freiheit und Vaterland gezogen waren, mit
welcher Begeisterung die in jener Kriegszeit entstandenen
Freiheitslieder gesungen und auf die jüngere Generation ver=
erbt wurden, so kann man begreifen, wie schwer diese Fessel
die Studentenschaft drückte, und wie gerade dieser Druck ein
immerwährender Reiz wurde, das Verbotene zu thun. Nach
allen Nachrichten hat sich unser Student trotz aller Versuchung
und Lockung solcher Verbindungen enthalten; bei seinem leb=
haften Jugendmute und Freiheitsdrange mag es ihm oft
schwer genug geworden sein, aber auch hier zeigte sich wieder,
daß die strenge Zucht, in die der liebe Gott seine Kinder oft
nimmt, nur heilsam ist. Wer wie unser Student von Jugend
auf an Gehorchen und Fügen gewöhnt war, hatte auch unter
dem Drucke solcher Fessel weniger zu leiden.

Die ersten zwei Jahre seines Universitätsstudiums hat
Baltzer in Berlin zugebracht, und zwar ist derjenige theolo=
gische Lehrer, der auf seine theologische Entwickelung den tief=
sten und nachhaltigsten Einfluß ausgeübt hat, der gelehrte und
fromme Kirchenhistoriker Neander gewesen. Neanders theolo=
gische Stellung ist durch seinen Wahrspruch gekennzeichnet:
„Pectus facit theologum, das Herz macht den Theologen";
wie kaum ein anderer theologischer Lehrer seit Luther und

Melanchthon, hat er eine Schar von inniger Verehrung durchdrungener Schüler zu seinen Füßen gesehen und ist mit etlichem Rechte ein Kirchenvater des neunzehnten Jahrhunderts genannt worden. Unter den übrigen Berliner Lehrern jener Zeit sind Marheinefe, Twesten, Ullmann, Hengstenberg zu nennen, Namen, welche zeigen, daß die Berliner Universität damals der Sitz der wieder aufkommenden positiv-gläubigen Richtung der Theologie war.

In seinem letzten Universitätsjahre, im Herbste 1837, bezog Baltzer, wie damals fast allgemein üblich, um seine theologischen Studien zu vollenden, die Universität Halle. Halle war damals die frequentierteste theologische Schule, allerdings auch die Hochburg des Rationalismus, der unter Gesenius und Wegscheider seine Blütezeit hatte; andere theologische Lehrer daselbst waren Niemeyer, Thilo, Fritzsche, Marks, Rödiger. Tholuck, der als Vertreter der positiv-gläubigen Richtung noch isoliert stand, hat, man möchte sagen merkwürdigerweise, nicht zu seinen Lehrern gehört; nach Abgang von der Universität hat er aber desselben Schriften fleißig studiert. Man wird nicht irre gehen, wenn man sagt, daß durch das Hallenser Studium für Baltzer wohl der Umfang seines theologischen Wissens erweitert und bereichert worden ist, daß er aber die Grundrichtung und Färbung seines theologischen Charakters dem Berliner Studium zu verdanken hat.

Nur kurz braucht darauf hingewiesen zu werden, daß Baltzer jedenfalls auch während seiner Universitätsjahre mannigfach mit Mangel zu kämpfen gehabt hat, und wären ihm nicht vielfach die Kollegiengelder, besonders bei Neander, ganz geschenkt, bei anderen Lehrern wenigstens gestundet worden, so hätte er wohl auf die Ausbildung als Theologe verzichten müssen. Zu Ostern 1839 beendete er seine Universitätsstudien und ging zunächst als Hauslehrer einer andern Schule entgegen. Wie mag er aufgeatmet haben, als sich ihm nun endlich die Aussicht eröffnete, sich auf eigene Füße stellen und auch seine materiellen Bedürfnisse ganz aus eigenen Mitteln bestreiten zu können. Wenn er auch nie den Erwerb zum Zwecke seines Thuns gemacht hat, so mußte er sich doch seiner ganzen Charakteranlage nach danach sehnen, nicht mehr auf die Mildthätigkeit und den guten Willen anderer angewiesen zu sein.

* * *

Es gab damals, wie allerdings fast immer, in der preußischen Landeskirche mehr Applikanten für das geistliche Amt, als vakante Stellen vorhanden waren. Die Wartezeit, welche zwischen den Abgang von der Universität und den Eintritt ins geistliche Amt fällt, dauerte deswegen für manchen, der sich nicht einflußreicher Verbindungen zu erfreuen hatte, ungebührlich lange. Eine Wartezeit hat ja für jeden einzutreten, weil zuvor die beiden theologischen Examina zu absolvieren sind: das erste pro licentia concionandi, welches vor einer Kommission der Universitäts-Professoren abgelegt wird, und welches die Erlaubnis erwirbt, auf den Kanzeln der Landeskirche in Vertretung eines Geistlichen zu predigen, das zweite pro ministerio, welches vor dem Konsistorium der heimatlichen Provinz abgelegt wird, und welches dem, der es bestanden, das Recht gewährt, sich um ein geistliches Amt in der Landeskirche zu bewerben. Beide Prüfungen sollen durch einen Zwischenraum von ein bis zwei Jahren getrennt sein, und die Einleitungen und Vorbereitungen zu beiden nehmen auch immer Monate in Anspruch. In dieser Zwischenzeit steht der junge Theolog unter der Aufsicht des Superintendenten seiner Diözese, bei dem er sich beim Eintritt zu melden und beim Wegzug abzumelden hat, und der mit den in seinem Sprengel sich aufhaltenden Kandidaten jährliche oder halbjährliche Konferenzen, die zugleich eine freiere Form der Prüfung für dieselben sind, abhält. Die wenigsten Theologen sind bemittelt genug, auch nach den Universitätsjahren noch privatisierend aus ihren eigenen Mitteln leben zu können, außerdem sehnt sich ja der junge Mann, nachdem er lange genug gelernt und wieder gelernt, das Gelernte nun auch einmal praktisch zu verwerten; daher suchen die meisten nach einer einigermaßen einträglichen Beschäftigung, die zugleich eine standesgemäße sein muß. Einer der geeignetsten Wege, die sich dem jungen Theologen darbieten, die Wartezeit in angemessener Weise zu verwenden, der deswegen auch von den meisten betreten wird, ist der, daß sie als Hauslehrer in eine gebildete und wohlsituierte Familie eintreten.

Der Eintritt in eine solche Stellung pflegt ja in mehr als einer Beziehung Vorteile zu bieten. Sie gewährt dem Inhaber bei anständigem Einkommen meist noch Muße genug, sich nebenbei ruhig auf seine Examina vorzubereiten; sie gewährt ihm vor allem Gelegenheit, seine theoretischen Kenntnisse auf dem Gebiete des Unterrichts und der Erziehung praktisch zu verwerten und in der richtigen Anwendung derselben sich zu üben; sie gewährt ihm Zutritt und Einblick in das Familienleben anderer Kreise, wie er solchen als Student selten genossen, und gibt ihm Gelegenheit, sich die gesellschaftlichen Umgangsformen derselben, soweit sie mit seiner Stellung als Geistlicher verträglich sind, anzueignen; sie gewährt ihm Einblick in das Gemeindeleben und gibt ihm unter günstigen Verhältnissen Gelegenheit, dem Ortsgeistlichen in der Führung des geistlichen Amtes zur Hand zu gehen und von demselben zu lernen,—kurz, sie ist in der Regel eine gute Vorschule für den künftigen Seelsorger.

Auch der zu Ostern 1839 mit guten Zeugnissen von der Universität abgehende Student Baltzer scheint bald und ohne Schwierigkeit eine solche Stellung, und zwar eine ihn recht befriedigende, gefunden zu haben. Er siedelte nach dem Dorfe Weißewarte bei Tangermünde a. d. Elbe in der Provinz Sachsen über. Es liegt dies, beiläufig gesagt, nahe der engeren Heimat des eisernen Kanzlers, in dessen Geburtsorte Schönhausen er damals auch öfter verkehrt hat; ob er aber mit dem nachmals großen Manne, der übrigens auch sein Schulkamerad auf dem Berliner Gymnasium gewesen war, in gesellschaftliche Berührung gekommen, ist nicht bekannt. Er trat als Hauslehrer in die Dienste eines Herrn v. Laue, eines preußischen Majors, der längere Zeit in türkischem Dienst sich in Konstantinopel aufgehalten hatte, dessen zwei Söhne ihm zum Unterrichte überwiesen wurden zusammen mit dem jüngsten Sohne des dortigen Oberförsters v. Bülow. Er hat sich seinem Erzieherberufe mit Fleiß und mit hingebender Liebe gewidmet. Sein dreijähriger Aufenthalt in Weißewarte war zeitweilig unterbrochen durch seine Reise nach Berlin, wo er am 23. Juli 1840 sein erstes theologisches Examen absolvierte. Dann wurden die Vorarbeiten und Studien zum zweiten Examen vorgenommen. Für dies zweite Examen mußte ein Aufsatz über die bisherigen Studien und die theologische Fortbildung seit der Universität geliefert werden. Dies erste längere Schriftstück von Baltzers Hand, das über seine Denkweise und seine Ziele interessanten Aufschluß gibt, ist noch vorhanden. Über seine Lehrerthätigkeit schreibt er darin: „Nach meiner Rückkehr vom Examen übernahm ich mit erneuter Kraft das Geschäft des Lehrers, was großenteils nicht geringe Anstrengung und nicht geringen Zeitaufwand von meiner Seite erforderte, da meine drei Zöglinge ganz verschiedenen Alters und ganz verschiedener Bildungsstufe waren. Umsomehr wurde ich selbst durch den ihnen erteilten Unterricht gefördert. Namentlich kann ich in dieser Beziehung dankbar erwähnen die Religionsstunden, die ich nicht allein mit der größten Liebe und Freude erteilte, sondern aus denen ich auch den größten Nutzen in praktischer Hinsicht zu ziehen mich bemühte, indem ich das, was die Katechetik in der Theorie mir darbot, namentlich in diesen Stunden praktisch anzuwenden und zu prüfen suchte. Aber noch höher schätze ich den Eindruck, den die Kinder durch die Einfalt und oft rührende Lieblichkeit ihrer frommen Richtung zu dem Geber alles Guten auf mich machten; wo diese kindliche Frömmigkeit offen hervortrat, da kehrte sich unser Verhältnis wohl um, sie wurden meine Lehrer, ich der Lernende." Er fährt dann fort: „Obgleich nun sowohl diese Beschaffenheit meiner Schüler und ihres Unterrichts, als auch die beständige Wachsamkeit für leibliches und geistiges Wohl derselben mir wenig Zeit zur eigenen Benutzung übrig ließ, so suchte ich doch diese wenige Zeit so viel wie möglich auszukaufen und für die Fortsetzung des Studiums der Pädagogik sowohl als auch der Theologie zu benutzen." Es werden dann die Zweige des theologischen Studiums und die Schriftwerke, die er beim Betreiben desselben benutzt, ausführlich namhaft gemacht. Wir müssen es uns versagen, aus dem inhaltreichen Schriftstücke, das von selbständigem Urteile und feiner und richtiger Beobachtung zeugt, weitere Mitteilungen zu machen, die nur für den Kundigen von Interesse sein würden. Aus dem Ganzen geht deutlich hervor, wie ernst und heilig er seinen erwählten Beruf auffaßte, wie ihm schon damals der praktische Sinn, der ihn in seinem spätern Leben so auszeichnete, eigen war. Klar und deutlich liegt sein Weg vor ihm, den er gehen muß, um das zu werden, was er sich vorgesetzt: ein treuer, tüchtiger Diener am Worte.

Desgleichen müssen wir uns versagen, die noch vorliegende Predigt, die er zum zweiten Examen eingereicht, wiederzugeben, so interessant es auch für diejenigen wäre, welche den Redner in seinen spätern Jahren gehört haben, diese Jugendpredigt mit den spätern zu vergleichen. Der Text der Predigt war Apostelg. 4, 32; ihr Thema: Das Vorbild der Gemeinschaft der ersten Christen, 1) Was war das für eine Gemeinschaft? 2) Wozu fordert das Bild dieser Gemeinschaft auf? Die Predigt trug nach ihrem Inhalte das Prädikat: „Gut mit Auszeichnung" davon; es wird an ihr gerühmt: „Die Ausführung ist klar, andringend, biblisch, praktisch, die Darstellung herzansprechend, wohlgerundet, gefällig, edel." Dagegen wurde an der Art des Vortrages noch zu große Schnelligkeit und stellenweise Mangel an Deutlichkeit und gehörigem Ausdrucke gerügt.

Mit dem Juli 1842 hörte die Stellung Baltzers als Hauslehrer in Weißewarte auf, da seine Zöglinge das elterliche Haus verließen. Ein von ihm eingereichtes Gesuch, die mündliche Prüfung zum zweiten Examen in Magdeburg noch vor diesem ersten Juli absolvieren zu dürfen, weil er kein elterliches Haus mehr habe und nicht wisse, wo er nach dem ersten Juli sein werde, fand keine Berücksichtigung; vielmehr verzögerte sich die mündliche Prüfung noch dadurch, daß er, nach Berlin zurückgekehrt, an das Konsistorium der Provinz Brandenburg die Bitte richtete, vor ihm sein Examen beenden zu dürfen; auch hierauf bekam er abschlägige Antwort mit der Weisung, daß seine Prüfung vor dem Konsistorium der Provinz Sachsen beendet werden müsse, da es dort angefangen worden. So schob sich die Vollendung des zweiten Examens bis zum 13. Dezember 1842 hinaus.

Nach glücklich bestandenem Examen hielt er sich einige Zeit zu Seelow in Pommern auf, doch erhellt nicht recht, zu welchem Zwecke; wahrscheinlich nur, um seine pommerschen Verwandten zu besuchen. Ende des Jahres 1843 finden wir ihn dann wieder in einer Hauslehrerstelle in Colbatz bei Neumark in Pommern, in der er dann bis zu seiner Abreise nach Amerika verblieb. Von Colbatz aus wurde ein Gesuch um die Rektoratsstelle zu Seelow von ihm eingereicht, doch vom Konsistorium und der betreffenden Behörde abschläglich beschieden, da pro schola geprüfte Kandidaten den Vorzug hätten. Noch einige andere Versuche, zu einer definitiven Anstellung in Preußen zu gelangen, schlugen fehl, trotzdem er von sämtlichen Superintendenten, in deren Diözesen und unter deren Augen er gelebt hatte, warm empfohlen war.

* * *

Aus dem Anfang des Jahres 1845 finden sich in Baltzers hinterlassenen Papieren die ersten Anzeichen, daß er sich mit dem Bremer Verein für deutsche Protestanten in Amerika (bestehend aus Predigern und Laien) in Verbindung gesetzt und also wohl schon den Entschluß gefaßt hatte, vorläufig sich dem Dienste des Herrn in Nord-Amerika zu widmen. Obwohl sich nicht genau feststellen läßt, wodurch der Anstoß zu diesem Entschlusse gegeben worden, so muß man doch nach seiner ganzen bisher gezeigten Denkweise annehmen, daß der Drang, nun endlich in selbständiger Stellung seinem Berufe als Prediger und Seelsorger nachzugehen, der Hauptgrund war. In Preußen, seinem ihm so teuern engeren Vaterlande, bot sich bei der großen Anzahl der Mitbewerber auf absehbare Zeit keine Aussicht auf Anstellung, während in Amerika Mangel an Arbeitern war und die Gelegenheit, das anvertraute Pfund nützlich zu verwenden, nur auf ihn wartete. Mögen persönliche Enttäuschungen, die ihn um diese Zeit schmerzlich trafen, dazu beigetragen haben, ihm den Aufenthalt in der Heimat zeitweilig zu verleiden, jedenfalls geht aus allen Äußerungen seinerseits hervor, daß er alle die wichtig und minderwichtig erscheinenden Fügungen, die ihn damals trafen, als einen Fingerzeig Gottes ansah, hinüberzuziehen und seine Kräfte an einer Stelle im Weinberge des Herrn zu Dienst zu stellen, wo es an Arbeitern gebrach. Außerdem durfte er sich nach dem Bildungsgange, den er durchgemacht, wohl gerade für Anforderungen seines Berufes, wie sie ihn hier erwarteten, für tüchtig und wohlvorbereitet halten; hatte er sich doch, wie wir gesehen, auch die nötige praktische Ausbildung und Erfahrung angeeignet, die Fähigkeit, sich auch in ungewohnte und ungeregelte Verhältnisse hineinzuschicken, die leider manchem auf deutschen Schulen ausgebildeten Theologen fehlt und deren Mangel ihn bei aller seiner Gelehrsamkeit, und oft auch Frömmigkeit, für den hiesigen Amtsdienst geradezu unbrauchbar macht.

Der genannte Verein, sah bei der Wahl seiner Sendboten in richtiger Beurteilung der Verhältnisse hauptsächlich darauf, daß sie wirklich gläubige, aufopferungsfähige und praktische Männer waren, die sich in alle möglichen primitiven Verhältnisse zu fügen wußten und kein anderes Ziel kannten, als eben dies, ihren zum Teil schon kirchlich verwahrlosten deutschen Landsleuten das Evangelium zu bringen. Art und Ziele dieses Vereins lassen sich am besten erkennen aus einem noch vorliegenden Briefe des Pastor Treviranus in Bremen, der die Antwort auf eine Anfrage des Predigtamts-Kandidaten Balzer betreffs seiner Aussendung nach Amerika enthält. Treviranus schreibt unterm 25. Januar 1845: „Auf Ihr wertes Schreiben vom 8. dieses, lieber Herr Kandidat, erlaube ich mir folgendes zu erwidern:

1. Es besteht seit mehreren Jahren in Bremen ein evangelischer Verein für deutsche Protestanten in Amerika, der auch schon 14 Sendboten ausgerüstet und ausgesandt hat; ich bin der Korrespondent desselben, und Sie haben sich insofern an den rechten Mann gewandt.

2. Die Bedingungen, die er stellt, sind, daß einer im festen Glauben an das Wort Gottes und an den Kern und Stern desselben, unsern Heiland und Herrn Jesus Christus, stehe. Wäre das nicht der Fall, so könnten wir ihm nicht zumuten, Vaterland und Freundschaft zu verlassen und in einem fremden Lande Arbeit und Armut zu erwählen. Er muß um des Herrn willen den armen Brüdern in Liebe dienen wollen. Daß von ihm auch Zeugnisse über seine Tüchtigkeit und über seinen Wandel gefordert werden, versteht sich von selbst.

3. Der Verein rüstet ihn mit den nötigen Kleidungsstücken, Wäsche, Büchern u. dgl. aus, trägt die Kosten der Überfahrt und der Reise vom Hafenorte nach dem Westen, sorgt auch noch in der ersten Zeit für ihn, bis er ein Amt hat; dann aber muß er für sich selbst sorgen, kann sich aber doch in Notfällen an den Verein wenden.

4. Der Verein gibt seinen Boten die Augsburgische Konfession als Bekenntnisschrift, aber er erwartet, daß sie geneigt sind, bei gemischten Gemeinden eine evangelisch kirchliche Gemeinschaft zu fördern; die Lutherischen sollen nicht reformiert und die Reformierten nicht lutherisch werden. Er soll sie als treuer Hirte in Wahrheit und Liebe mit dem Worte Gottes

weiden. Exklusive Lutheraner würden wir daher nie aussenden können.

Das sind die Hauptsachen. Schauen Sie dieselben ernst und mit Gebet an, daß der Herr Ihnen seinen Willen kund thue. Bleibt Ihnen die Überzeugung, daß der Herr Sie rufe, so senden Sie mir bald per Fahrpost Ihre Zeugnisse in vidimierter Abschrift. Ich werde dann bei dem Komitee das Nötige besorgen, und Sie könnten eventualiter schon im April abgehen. Sie würden dann auch dafür zu sorgen haben, daß Ihnen die Rückkehr in den preußischen Kirchendienst offen bleibe, wenn Sie demnächst zurückkehren wollten. Herr Oberkonsistorial-Rat Schortlage in Berlin wird Ihnen darüber gerne Auskunft geben; Sie können sich bei ihm auf mich berufen. Und so wünsche ich denn, daß es bei Ihnen zu einem Entschlusse kommen möge, um deswillen der Name des Herrn gepriesen werden möge.

In brüderlicher Liebe Ihr ergebenster

G. S. Treviranus,

P. prim. zu St. Martini."

Es lag nicht in Balzers Wesen, lange zu zögern, und so erfolgte denn auf obigen Brief rasch die Antwort mit Annahme des Rufes. Auf Anraten von Bremen aus suchte Balzer zugleich um die Ordination in Preußen nach, welche er denn auch am 1. August 1845 zu Magdeburg durch den General-Superintendenten Möller empfing.

Er sollte, wie es sich traf, die Reise von Bremen aus nicht allein machen, sondern in Gemeinschaft mit Pastor Jos. Rieger, der schon einige Jahre vorher in Amerika, zuletzt in Burlington, Iowa, thätig gewesen war und infolgedessen die amerikanischen Verhältnisse genau kannte. Außerdem schloß sich ihnen noch Pastor W. Binner mit Familie an, der ebenfalls als Sendbote der Bremer Gesellschaft nach Amerika ging. Ihr ihnen vom Bremer Verein gestecktes Ziel war zunächst St. Louis, Mo. — Vom Bremer Verein bekam er noch nachfolgende Instruktion für seine Amtsführung mit:

„1. Der evangelische Verein für deutsche Protestanten in Amerika sendet Herrn Prediger Baltzer nach dem Westen der Vereinigten Staaten von N.-A. zum Dienst in Kirche und Schule für die ausgewanderten Deutschen. Als nächstes Ziel wird ihm die Stadt St. Louis, Mo., bezeichnet. Herr Pastor Wall daselbst wird gerne behilflich sein, ihm ein Arbeitsfeld anzuweisen.

2. Der Dienst unserer Sendboten soll allermeist bestehen in der Predigt des Evangeliums und in der Seelsorge in den ihnen anvertrauten Gemeinden, außerdem aber auch in dem Unterrichte der Jugend im Christentum und, wenn es nötig ist, auch in gemeinnützlichen Fertigkeiten und Kenntnissen.

3. Wie wir der Überzeugung leben, daß der Segen der evangelischen Predigt nicht notwendig mit dem strengen Festhalten eines kirchlichen Bekenntnisses verknüpft ist, so wünschen wir auch von unserem Sendboten, daß er die deutsche evangelische Kirche fördere und baue, d. h.: wo an einem Orte Lutheraner und Reformierte zu einer Gemeinde sich sammeln, nicht die einen zu dem Bekenntnisse der andern herüberzuziehen suche, sondern vielmehr eine Vereinigung beider in Wahrheit und Liebe erstrebe. Wird ein äußeres Bekenntnis gefordert, so möge dies in der Augsburgischen Konfession gefunden werden, die beiden Kirchen gemeinschaftlich zusteht. Der Verein erwartet von ihm, wie über diese, so über andere Verhältnisse öftere schriftliche Berichte.

4. Der Verein verpflichtet sich, die freie Überfahrt nach New York zu bestreiten, und wird Herrn Prediger Baltzer bei dem dortigen Hause Parenstädt & Groning die nötigen Mittel zur Weiterreise und zur Subsistenz in der ersten Zeit anweisen, bis er eine Anstellung gefunden hat.

5. Ihn selbst aber und sein teures Werk legt er an das Herz und in die Hände unseres treuen und gnädigen, allmäch-

tigen Herrn und Heilandes Jesu Christi. Er sei ihm Sonne und Schild; in seiner Gemeinschaft möge er täglich erfahren, daß wir einen Gott haben, der da hilft, und den Herrn, Herrn, der vom Tode errettet.

Im Namen des Vereins:

G. S. Treviranus,

Bremen, den 5. Aug. 1845. P. prim. zu St. Martini."

Die Reise von Bremen nach New York ging, wenn auch auf dem Segelschiffe zwei volle Monate in Anspruch nehmend, ohne Unfall vonstatten. Die drei Prediger hatten schon auf dem Schiffe Gelegenheit, durch Gottesdienste und andere seelsorgerische Thätigkeit sich nützlich zu machen, und Rieger konnte seinen beiden Genossen mit Bezug auf die ihrer wartende Missionsthätigkeit genügende vorbereitende Auskunft geben.

Es hatten sich da drei Männer zusammengefunden, die, jeder in seiner Weise, für die Entwickelung der evangelischen Synode, die damals in ihren noch sehr bescheidenen Anfängen als „Kirchenverein des Westens" bestand, von Bedeutung werden sollten. Ganz besonders waren Rieger und Baltzer von der Vorsehung dazu ausersehen, zu maßgebenden Mitarbeitern am Baue der evangelischen Synode zu werden. Sie waren an Charaktereigenschaften und Erziehung grundverschieden angelegte Männer. Rieger, ursprünglich katholisch, hatte freilich auch in seiner Jugend harte und ernste Kämpfe bestehen müssen, bis er es zum Pastor gebracht, und eine bewundernswerte Willensstärke und Thatkraft kann ihm nicht abgesprochen werden, aber man möchte sagen, seine Thatkraft war doch mehr passiver Art und machte ihn geschickt zur Übung der Treue im kleinen und zum Dulden; er konnte den einzelnen Schafen geduldig nachgehen, er konnte mit unermüdlichem Eifer und unter unsäglichen Mühsalen durchs Land ziehen und überall mit Wort und That predigen und Herzen erobern. Baltzer, von Anfang an zum Theologen erzogen, war mehr aggressiver Art, nach seiner ganzen Naturanlage Organisator; er wußte das Errungene und Gesammelte in bestimmte Formen zu bringen und unter feste Gesetze zu ordnen. Beide hatten sie gemein einen festen, innigen Glauben an ihren Erlöser und die Überzeugung, daß sie von ihm selbst in seinen Dienst berufen seien.

Nach ihrer Landung in New York besuchten unsere Ankömmlinge im Osten erst einen treuen Freund und Berater der Deutschen und ihrer Kirche, den Amerikaner Herrn R. Bigelow. Von da ging's nach St. Louis, wo sie Ende November ankamen und von Pastor G. W. Wall in Empfang genommen und zunächst unter Dach und Fach gebracht wurden.

2. Teil. — Die Pionierzeit, 1845–'58.

Zustände unter den Deutschen im Westen. — Ankunft und erste Gemeinde. — Aufnahme in den Kirchenverein und Übersiedelung nach St. Louis. — Die Ehe. — Die Friedenszeit in St. Charles. — Synodal=Predigt über 1 Thess. 2, 9—12.

Wir treten jetzt in der Erzählung des Lebenslaufs Baltzers in ein neues Stadium ein. Die Berichterstattung über die nun folgenden Begebnisse teilt sich in die Beschreibung der Amtsthätigkeit und die Darstellung der persönlichen Erlebnisse und der Familienereignisse. Es wird oft schwer sein, eins vom andern zu trennen, denn naturgemäß hatte das eine immer großen Einfluß auf das andere. Schon hier können wir sagen, daß im spätern Leben fast immer die Forderungen des Amtes, resp. der mehr oder minder klar erkannte Wille Gottes, entscheidend auf die persönlichen Wünsche und auf die Gestaltung des äußeren Lebensganges einwirkten. Mit dem Entschlusse, sich dem Dienste am Worte unter den evangelischen Deutschen Nordamerikas zu widmen, hatte sich Baltzer eben ganz seinem Herrn und Gotte zur Verfügung gestellt, und das Gelöbnis, sich ohne Rückhalt in seinen Dienst zu begeben, hat er bis zu seinem Ende treu gehalten.

Um nun die Kämpfe, Nöte und Sorgen, welche die Pioniere unserer evangelischen Kirche damals durchmachen mußten, zu verstehen, ist es notwendig, einen Blick auf die Zustände, welche damals unter den Deutschen Nordamerikas herrschten, zu werfen. Die Staaten Missouri, Illinois, Jowa und andere „des Westens," wie man damals nicht unrichtig sagte, denn sie bildeten wirklich den westlichsten Teil der Vereinigten Staaten, waren vielfach noch Wildnis, zum Teil von deutschen Einwanderern bewohnt, unter denen zerstreut viele, damals noch meist der wohlhabenden Klasse angehörende amerikanische Farmer wohnten. Die Einwanderung aus Deutschland rekrutierte sich aus zweierlei Bevölkerungsklassen, die einander „draußen" meist sehr fern gestanden.

Ein Element der Einwanderung waren die sogenannten „gebildeten" Deutschen, wenn auf dem Lande wohnend, meist „lateinische Farmer" genannt, welche sich hier mit allerhand Illusionen niederließen; das andere bestand aus armen Landleuten und Handwerkern, welche die bittere Not aus ihrem Vaterlande in die neue Welt getrieben. Hatte die sogenannte gebildete Klasse auch meist Vermögen und machte sie Anspruch auf verfeinerte Lebensanschauung, — viele von ihnen besaßen eine Universitätsbildung und hatten sich im alten Vaterlande Fachstudien gewidmet, — so bestand doch der hervorragendste Zug ihrer „Bildung" in unbegrenztem Unglauben oder wenigstens in entschiedenster Abneigung gegen kirchliches Bekenntnis und Gemeinschaftsleben. Viele von ihnen waren ja gerade deswegen ausgewandert, weil sie sich dem in der Heimat herrschenden kirchlichen Zwange entziehen wollten. Wenn auch in den zwanziger bis vierziger Jahren unseres Jahrhunderts der Unglaube und der Rationalismus unter den „gebildeten" Klassen Deutschlands in voller Blüte stand, so wurde doch dort die kirchliche Ordnung aufrecht erhalten; man m u ß t e taufen, konfirmieren, sich kirchlich trauen, beerdigen lassen, kurz sich dem Kirchenregimente fügen. Ein derartiger gesetzlicher Zwang bestand und besteht hier nicht. Daher ward unser Land von gar manchem der extremsten rationalistischen Theologen als ein Eldorado der kirchlichen Freidenkerei angesehen. Viele dieser Klasse angehörigen Eingewanderten benutzten die hiesige Freiheit, um auf ihre Weise „Pastor" zu spielen. Es war gar nicht so selten, daß ein solcher „Pastor" im Namen der Freiheit, Gleichheit und Brüderlichkeit die Kindlein taufte. Daneben konnte es nicht fehlen, daß in den ungeregelten Verhältnissen, bei der völligen kirchlichen „Freiheit," wo der erste beste sich unterwinden durfte Lehrer zu sein, manche zu redlicher Arbeit untauglichen Subjekte aus der „Gottseligkeit" ein Gewerbe machten, das wenig Kapitalanlage forderte, und dann mit ihrem Wandel auch der allerseichtesten Morallehre ins Angesicht schlugen. Die Folge davon war nicht nur, daß bei vielen das bißchen Glaube, das etwa noch vorhanden war, ausgerottet wurde, sondern auch vornehmlich, daß das Volk jedem frommen Bekenner, zumal jedem frommen Diener des Wortes, mit Mißtrauen begegnete.

Die andere Klasse von Einwanderern bestand aus Leuten von ärmlicher Herkunft und meist geringer Bildungsstufe, bei denen doch mehr oder weniger das Bedürfnis nach Pflege des christlichen Lebens noch schlummerte. Die einen hatten sich von oben geschilderten Pastoren anlocken lassen und wurden deren urteilslose Nachbeter, anderen wurde durch abschreckende Erfahrungen, die sie mit schlechten Predigern gemacht, jeder Versuch kirchlicher Gemeinschaftsbildung verleidet, noch andere überwanden nach und nach im Kampfe ums Dasein die Sehnsucht nach Höherem und lebten, geistig abgestumpft, nur dem Reichtume nachjagend dahin.

Unter solchen Zuständen begannen unsere evangelischen Pioniere ihre Wirksamkeit. Den rationalistischen Führern, die die öffentliche Presse beherrschten, war ihr Auftreten natürlich ein Dorn im Auge, und sie verhetzten das Volk gegen sie derartig, daß sie thatsächlich zuweilen ihres Lebens nicht sicher waren. Gerade daß unsere Sendboten sich zur unierten oder, wie sie's richtiger bezeichneten, zur evangelischen Kirche bekannten, gab den rationalistischen Hetzern einen Hebel in die Hand, sie bei ihrer Klientel zu verdächtigen, indem sie ihren Leuten einredeten, diese Pfaffen seien nur gekommen, um sie wieder unter das preußische Kirchenregiment, unter die preußische Fuchtel, zu bringen.

Eine Gegnerschaft anderer Art, aber nicht weniger verfolgungssüchtig, begegnete den evangelischen Bestrebungen vonseiten der Altlutheraner, die ungefähr um dieselbe Zeit wie die Gründer unserer Synode ihr Werk namentlich in St. Louis und der Umgegend begannen. Wie die Stellung derselben gegenüber allen evangelischen Bestrebungen von Anfang an gewesen ist, das erkennen wir aus ihrem Benehmen von heute.

Diesen Zuständen gegenüber hatte es sich bald gezeigt, daß nur dann etwas Tüchtiges geleistet werden könne, wenn sich die Gut- und Gleichgesinnten aneinander schlossen. Aus diesem Bedürfnisse heraus hatte sich dann auch schon im Oktober 1840 auf einen Aufruf von Pastor L. Nollau hin bei einer Versammlung in Gravois Settlement bei St. Louis „der Deutsche Evangelische Kirchenverein des Westens" konstituiert. Das erste Protokoll bei Gründung dieses Vereins ist unterzeichnet am 15. Oktober 1840 zu Gravois Settlement von acht evangelischen Pastoren: C. L. Daubert, Präs.; E. L. Nollau, Sekr.; J. J. Rieß, Kassierer; H. Garlichs, Ph. J. Heyer, G. W. Wall, Jos. Rieger, J. Gerber. Der Verein war aber seit seiner Gründung bis zur Ankunft Baltzers nicht gewachsen, vielmehr zählte er im Frühjahre 1846 nur sieben stimmberechtigte Pastoren als Glieder. Zu diesen kamen also jetzt die beiden neuen Glieder Binner und Baltzer.

* * *

Von unsern drei Ankömmlingen war Baltzer noch ledig, Rieger hatte seine Frau und Binner seine Familie mitgebracht. An Pastor G. W. Wall gewiesen, hatten sie gehofft, bei demselben Unterkommen zu finden, bis sie sich von der immerhin anstrengenden Reise erholt und ein Arbeitsfeld gefunden hätten. Doch nur Pastor Rieger mit seiner Frau, einer Jugendfreundin der Frau Pastor Wall, konnte, den anderen vorausreisend, in dem sehr kleinen Pfarrhause Aufnahme finden; für die später kommenden mußte ein anderes Unterkommen beschafft werden. Frau Pastor Wall erzählt darüber:

„Baltzer hatte in New York den bekannten Freund der Synode, Bigelow, kennen gelernt, bei dem er einige Tage Gastfreundschaft genoß. Als nun er und Binner nach St. Louis kamen, waren sie einigermaßen enttäuscht, nicht bei ihrem Amtsbruder Wall logieren zu können; doch hatte man gesorgt und in der Nähe zwei leerstehende Zimmer gemietet, in die Binners mitgebrachte Betten 2c. geschafft wurden. Dort schliefen sie, während sie morgens sieben Mann hoch zum Frühstück nach Walls marschierten und den Tag über dort blieben. Es war bitter kalt und es lag tiefer Schnee, infolgedessen war's in der provisorischen Wohnung jedenfalls recht ungemütlich; um dem abzuhelfen, nahmen die beiden Herren der Gesellschaft dann abends den Bedarf an Holz unter ihren großen und weiten deutschen Mänteln mit in ihr Quartier, da sie's nach ihren deutschen Begriffen von ‚Anstand' doch nicht wohl offen bei Tage thun konnten."

Die Zeit der Erholung im gastlichen Pfarrhause dauerte nicht lange; schon im Dezember 1845, bald nach seiner Ankunft, bekam Baltzer sein erstes Arbeitsfeld auf der Long Prairie und der Horse Prairie in Süd-Illinois; heute heißen die Gemeinden Red Bud und Du Quoin. Baltzer wohnte hier bei einem Farmer Ph. Sauer, der erst vor etwa vier Jahren gestorben ist (also 1891) und der erzählt, daß Baltzer mit vielen Entbehrungen zu kämpfen gehabt habe, denn der Gehalt sei sehr gering gewesen. Baltzer hat seinen Kindern und auch wohl jüngeren Amtsbrüdern oft und gern Erlebnisse aus dieser seiner ersten Gemeinde erzählt.

Welcher Art diese Stelle war, zeigt die Statistik aus dem Synodal=Protokoll von 1847. Es heißt da: In Long Prairie war sonntäglich einmal, in Horse Prairie alle vierzehn Tage und zuweilen in der Woche des Abends Gottesdienst. Getauft wurden 37, konfirmiert 17, Kommunikanten 395, kopuliert 9, begraben 21. Die Predigtplätze der Gemeinden (die eine von ihnen scheint zwei Predigtplätze gehabt zu haben) lagen weit auseinander, so daß er, wie er selbst oft erzählte, sonntags oft sechzig Meilen reiten und dreimal predigen mußte. Die Familie Sauer war mit Kindern reich gesegnet, so daß mit dem Pastor zusammen zwölf Personen in dem einen Zimmer, das das Haus hatte, wohnen mußten. Als Beispiel davon, wie es ihm manchmal erging, möge eine von ihm oft mitgeteilte Sonntagsreise erzählt werden: Eines Sonntags hatte er morgens, wie gewöhnlich, in Long Prairie gepredigt und sich dann in strömendem Regen auf seinem Indian pony auf den Weg nach der Horse Prairie gemacht. „Als ich in die Kirche kam," erzählt er, „stand mir das Wasser in den Stiefelschäften, und ich war bis auf die Haut naß. So mußte ich auf die Kanzel. In der Kirche fand ich nur drei alte Frauen aus der nächsten Nachbarschaft, denn niemand hatte sich bei dem Wetter herausgewagt, noch erwartet, daß ich kommen würde. Nun, des Wortes eingedenk: ‚Wo zwei oder drei versammelt sind in meinem Namen, bin ich mitten unter ihnen', predigte ich kurz entschlossen den drei alten Frauen." Er pflegte dann noch hin= zuzufügen, er glaube, er habe nie vorher noch nachher mit solcher Begeisterung und Wärme gepredigt, wie vor diesen drei alten Frauen. Sein Gehalt an dieser Stelle belief sich auf etwa „fünfzig" Dollars und freie Wohnung. Ein Brief, von hier aus unterm 2. Januar 1846 an Pastor Rieger gerichtet, wirft ein Licht auf seine Stellung und auf die kirchlichen Zu= stände in den Gemeinden. Es heißt in demselben:

Mein lieber Bruder Rieger!

Wenn ich nicht schon längst auf Ihren freundlichen Brief vom 16. vor. Monats geantwortet habe, so ist daran nicht der gute Wille, sondern der Mangel an Muße schuld gewesen. Mein Antritt hier in der Gemeinde und die gleich darauffolgende Festzeit ist eine arbeits-, aber dadurch auch eine freudenreiche Zeit für mich gewesen, die mir jedoch kaum ein Erholungsstündchen gelassen hat. Auch werden Sie ja wohl bald nach Ihrem Schreiben auf andere Weise gehört haben, daß ich außerstande gewesen, Ihren Wunsch und den der Gemeindevorsteher in St. Louis zu erfüllen. Bei Empfang Ihres Schreibens hatte ich schon der Gemeinde, an welcher ich gegenwärtig stehe, meine Dienste zugesagt und konnte also nicht wortbrüchig werden. Damit man aber in St. Louis nicht vergebens auf mich warten möchte, machte ich mich gleich am folgenden Tage dorthin auf, um persönlich den Kirchenvorstehern zu sagen, wie ich verhindert wäre, interimistisch das Amt des Predigers bei ihnen zu übernehmen. Nach dem, was ich übrigens daselbst hörte, hätte ich auch, selbst wenn ich mein Wort noch nicht anderweitig gegeben hätte, doch nicht in das Anerbieten der Gemeindevorsteher willigen können. — —

Der Herr hat mich hier in eine Gemeinde geführt, die bisher schlimm versehen gewesen ist und sich deshalb auch ganz zerstreut hatte. Sie soll vor etlichen Jahren eine der stärksten hier im Westen gewesen sein und über sechzig Familien gezählt haben. Ungläubige Prediger wie — — in Belleville, der auch eine Zeit lang hier gewesen ist, haben ihr Bestes gethan, sie zu vernichten. Zuletzt vor mir hat ein gewisser — —, ein Gerber seines Handwerks, der aber von seiner früheren Erziehung her — sein Vater war Geistlicher in Deutschland — etliche Kenntnisse besitzt, hier gepredigt und die Sakramente verwaltet. Er hat vollends das wenige christliche und kirchliche Leben, das hier noch gewesen, zu Grabe getragen und seinen Gemeindegliedern nur im Betrunkensein und Zanken vorangeleuchtet, ob er sich gleich rühmt, nicht von dem lauteren Worte Gottes abgewichen zu sein. Er ist noch hier in der Gemeinde, hat aber eine Farm und will sich dieser fortan allein widmen. Natürlich hatte ich die Gemeinde erst wieder zu sammeln. Ein hoffnungsreicher Anfang ist gemacht, und dreißig und einige Familien haben sich schon wieder um das Wort Gottes geschart; möglich ist es, daß in der Folgezeit noch mehrere wieder zur Gemeinde treten. Die Familien wohnen ziemlich dicht beisammen, größtenteils in Round Prairie, einige wenige in der Prairie du Long. Eine Kirche (und Schulhaus) steht aufgeblockt da, ist auch schon unter Dach, erwartet aber noch ihren Ausbau, der im Frühjahr vor sich gehen soll. Zu diesem Hause gehören vierzig Acker Land, von denen ein Stück zum Gottesacker eingerichtet ist. Wohnung für den Geistlichen gibt es vorläufig noch nicht. Jetzt wohne ich einstweilen bei einem meiner Kirchenvorsteher, einem Herrn Ph. Sauer, der mir, wie die meisten der Gemeindemitglieder, mit vieler Freundlichkeit entgegenkommt. Viel totes Wesen ist hier noch unter den Leuten, und der Herr möge geben, daß es zum Leben umschlage. — Der liebe Binner hat eine Gemeinde in Waterloo und eine bei Waterloo angenommen und seine Wohnung im Städtchen Waterloo aufgeschlagen. Am nächsten Montage hoffe ich ihn, so Gott will, dort zu besuchen; es ist etwa 10 Meilen von hier. Herzliche Freude ist es mir, dem lieben Bruder so nahe zu sein, und ich bin dem Herrn, der es so gefügt, von Herzen dankbar dafür. — Ihr Bruder in Christo   A. Baltzer.

Inwieweit seine Wünsche für das Gedeihen der Gemeinde in Erfüllung gingen, wissen wir nicht, wohl aber wissen wir, daß die Leute, die er dort konfirmiert hat, und die jetzt auch schon grau sind, heute noch sagen: Er war ein guter Lehrer und Prediger.

*   *   *

In der Sitzung des Kirchenvereins des Westens im Juni 1846, als der zehnten Vereinssitzung, wurden Baltzer und Binner gleich zu Anfang der Sitzung dem Vereine durch P. Wall vorgestellt. Der Verein bestand damals aus acht Pastoren, deren Namen, mit der ersten Liste vom Jahre 1840 verglichen, zeigen, daß schon mancher Wechsel vorgefallen. Es waren: Wall, Rieger, Nollau, Rieß, Knaus, Bode, Jung, Köwing. Dazu kamen die lizensierten Kandidaten: Eppens, Schünemann, Tölke und der aus Basel hinzugekommene Wettle; diese letztgenannten wurden geprüft und feierlich ordiniert und sodann mit Baltzer und Binner in den Verein aufgenommen.

Liest man die ersten zehn Protokolle des Kirchenvereins des Westens, so findet man, daß derselbe gar nicht so recht zum Gedeihen kommen konnte. Einige der Gründer gehörten schon nicht mehr dazu, zwei waren in den Osten gegangen, also aus dem Bereiche des Vereins, etliche waren als faule Glieder abgefallen, denn sie hatten sich übel bewährt. Da gehörte denn wirklich Mut und Überzeugungstreue dazu, sich anzuschließen. Aber gerade diese zehnte Konferenz brachte den ersten bedeutenden Zuwachs von sechs Gliedern, eine an und für sich aufmunternde Thatsache, die sich für die Folgezeit noch wichtiger erwies, als man damals ahnte, indem zwei der Neuaufgenommenen, Binner und vornehmlich Baltzer, dazu ausersehen waren, eine bedeutende Rolle in dem Vereine zu übernehmen. Gleich bei dieser Konferenz wurde Baltzer zum korrespondierenden Sekretär ernannt und ihm also gleich Gelegenheit gegeben, kräftig am Aufbaue des Vereins thätig zu werden; zugleich lag ja darin ein bedeutendes Vertrauensvotum vonseiten des Vereins, daß man dem eben Aufgenommenen das wichtige Amt des Vertreters des Vereins nach außen übertrug. Der für Baltzer und für die Synode wichtige Tag der Aufnahme war der 15. Juni 1846.

Zu jener Zeit bestand in St. Louis eine ziemlich große Gemeinde mit zwei Kirchen, welche von P. J. Rieß bedient wurde. Dieser machte nun in der Neujahrsversammlung 1847 den Antrag, einen zweiten Prediger zu wählen, da sich wegen Arbeitsüberhäufung des Predigers die Bedienung zweier von einander ziemlich entfernt liegenden Gemeindeteile nicht wohl mehr durchführen ließ. Er bekam denn auch in dieser Versammlung, die in der südlichen, jetzt St. Markus-Gemeinde gehalten wurde, den Auftrag, sich nach einem zweiten Prediger umzusehen, der mit ihm beide Gemeinden gemeinschaftlich bedienen sollte. Bei dem herrschenden Mangel an Predigern war das nicht so leicht. Im April 1847 erging an Baltzer eine Aufforderung, eine Probepredigt zu halten, welcher er am ersten Sonntage im Mai in der südlichen Kirche nachkam. In einer am 16. Mai von der Gesamtgemeinde abgehaltenen Versammlung wurde er ordnungsmäßig gewählt und ihm der Wohnsitz in der südlichen Gemeinde zugewiesen, und am 21. Mai wurde er nach Annahme des Rufs feierlich in sein neues Amt eingeführt. Die beiden Prediger bedienten die Gemeinde bis zum Januar 1848 in der Weise, daß sie abwechselnd in der nördlichen und der südlichen Gemeinde predigten, so daß derjenige, der vormittags in der einen Kirche gepredigt hatte, nachmittags in der andern predigte. Daß dies Verhältnis zu mancherlei Unzuträglichkeiten führen mußte, ist leicht einzusehen; darum stellte denn auch P. Rieß in der Neujahrsversammlung 1848 den Antrag, daß sich die Gemeinde in zwei selbständige Gemeinden trenne und jede von ihnen einen ständigen Prediger wähle. Die südliche oder Markus-Gemeinde wählte Baltzer zu ihrem Prediger.

Nachdem die Trennung der St. Peters- und der St. Markus-Gemeinde unter mannigfachen Schwierigkeiten sich vollzogen hatte, platzten in der Markus-Gemeinde die Geister aufeinander, und es kam zu einer zweiten Trennung, infolge deren dann eine dritte, die St. Pauls-Gemeinde, entstand, welche dann Baltzer zu ihrem Seelsorger wählte und zugleich als erste Gemeinde sich dem bisher nur aus Pastoren bestehenden Kirchenvereine anschloß.

Balzer schreibt über diesen Hergang an Rieger unterm 11. Januar 1849 folgendes: „Die Trennung in meiner Gemeinde ist leider vor sich gegangen. Ich hatte nachgegeben, was nur mit meinem Gewissen zu vereinigen war, um sie zu verhüten. Die Führer jedoch der größern Partei wollten mich los sein, wollten aber doch diese Absicht nicht offen erklären und machinierten darum so, daß ich nicht anders konnte, als meine Stelle einem andern räumen. So ist denn ein Pfarrer Meier aus der Schweiz, der hier mit einem negativen Empfehlungsbriefe von Jadt ankam, sich außerdem für einen Missionar der reformierten Synode von Pennsylvania ausgab, ferner schon elf Jahre in der Schweiz Pfarrer gewesen sein will, provisorisch (zum Schein) auf 3—4 Monate gewählt worden. Derselbe hat schon allerlei Lebenszeichen von sich gegeben, die ihn nicht allein als einen ungläubigen Prediger charakterisieren, sondern auch anderes befürchten lassen. Die Gläubigen und Bessergesinnten sind fast alle aus der Gemeinde ausgetreten, haben eine neue Gemeinde organisiert und mich berufen. Es sind etwa dreißig Mitglieder, fast alle recht tüchtige Leute, die mit großer Freudigkeit dies Werk begonnen haben und jetzt ein Herz und eine Seele sind. Sie haben ein neues Haus gemietet, dessen Untergeschoß zu gottesdienstlichen Versammlungen eingerichtet ist, und dessen oberes Stockwerk meine Wohnung werden soll. Diese kleine neue Gemeinde ist wirklich eine Oase in der gegenwärtigen Wüste hier in St. Louis; sie verspricht viel, und mit großer Freude arbeite ich an ihr."

Er bemerkt dann noch, daß die Gemeinde trotz allem guten Willen kaum imstande sein werde, für seinen Unterhalt das Nötigste aufzubringen, und daß er sich wohl werde an die Home Missionary Society wenden müssen, und bittet um Auskunft, welche Schritte er zu letzterem Zwecke thun müsse. Aus demselben Briefe mögen noch einige Mitteilungen wiedergegeben werden, die zeigen, wie er schon damals sorgend und beratend sich am Wachstum und Gedeihen des Kirchenvereins mit ganzer Seele beteiligte.

Zuerst teilt er dem Präses Rieger Näheres über die Kränklichkeit des Br. Binner mit, welcher seine Stelle in Waterloo als zu aufreibend werde aufgeben müssen, und fragt, ob Rieger nicht dort in der Nähe von ihm und Bode im sogenannten Rationalisten-Winkel für Binner etwas Passendes wisse. Dann beklagt er sich, daß ein junger Vereinsprediger sein gegebenes Versprechen, zu einer bestimmten Zeit eine bestimmte Gemeinde zu übernehmen, nicht gehalten habe, und daß so etwas Anstoß erregen und dem Vereine schaden müsse. Dann spricht er davon, daß ein anderer, der augenblicklich bei Pastor Wall vikariere, noch keine Gemeinde übernehmen könne und dürfe, da er noch zu stark an der altlutherischen Krankheit laboriere; „ehe diese nicht zur Krisis gekommen und er entschieden ist, ob altlutherisch oder evangelisch, können und dürfen wir ihn auch nicht anstellen, damit es uns nicht gehe wie in früherem Falle." Zu Ende des Briefes kommt er dann auf eine Angelegenheit zu sprechen, die schon längst die Gemüter bewegte und dringend der Erledigung bedurfte.

Neben den reichlichen Arbeiten in der Gemeinde beteiligte sich Baltzer mit regem Eifer an der Lösung der synodalen Aufgaben. In der Vereinssitzung vom Juni 1847 wurde er zum Vereinssekretär gewählt und blieb es bis zum Jahre 1850. Nachdem man schon längere Zeit an einem evangelischen Katechismus gearbeitet, wurde eine Extra-Versammlung auf den 2. August 1847 berufen, um das Werk zu vollenden. In dieser Versammlung wurde ein Komitee ernannt, das verlesene Manuskript zu revidieren und druckfertig zu machen. Dies Komitee ging sofort unter Beteiligung Baltzers an seine Aufgabe, die dann nach mehrwöchentlicher angestrengter Arbeit, zum Teil in Gravois, zum Teil in Baltzers Hause in St. Louis, vollendet wurde. Nachdem das Manuskript nochmals vor sechs Pastoren verlesen und approbiert worden war, ward es Baltzer zur Reinschrift und zur Besorgung des Druckes übergeben; es wurden zunächst zweitausend Exemplare für die Summe von $210.00 gebunden angefertigt.

Bei der Vereinssitzung im Juni 1848 hatte der Präses Pastor Wall unter andern wichtigen Gegenständen, die zur Beratung kommen würden, betont, wie nötig und von wesentlichem Nutzen für die Ausbreitung des Reiches Gottes und für das Gedeihen der evangelischen Kirche die Errichtung einer Anstalt zur Bildung von Lehrern und Predigern für die evangelischen Gemeinden sei. Die Beratungen hierüber hatten folgende Beschlüsse hervorgerufen:

Beschlossen: 1. Daß, ehe die schriftliche Aufforderung an die benachbarten Gemeinden zur Mitwirkung bei Errichtung einer Bildungsanstalt für Lehrer und Prediger ergehe, ein bestimmter Plan dazu von einem dazu zu ernennenden Komitee angefertigt werde;

2. beschlossen, daß das Komitee aus drei Predigern und dem Vorstande der evang. Gemeinden in St. Louis bestehen soll, und daß die drei Prediger Rieß, Baltzer und Wall sein sollen;

3. beschlossen, daß das freundliche Anerbieten der Herren Pastoren Binner und Rieger, Zöglinge für das Predigt- und Schulamt unentgeltlich vorbereiten, d. h. unterrichten zu wollen, dankbar angenommen werde, solange kein Institut für ihre Ausbildung errichtet ist;

4. beschlossen, daß sofort bei günstiger Gelegenheit zur vorläufigen Aufnahme von Aspiranten geschritten und ein Komitee zur Prüfung der Aufzunehmenden ernannt und bis auf weitere Bestimmungen zur Aufnahme von Zöglingen bevollmächtigt werde. —

Auf diese ersten Schritte zur Gründung eines Seminars bezieht sich der Schluß des obigen Briefes. Er lautet: „Mit unserm Institute, fürchte ich, wird es auf diesem Wege nichts. Die Leute außerhalb zeigen wenig Willigkeit und sträuben sich gegen einen jährlichen Beitrag. Die Helden hier in der Stadt, die anfänglich das Maul so voll genommen hatten, und bei denen es schien, als wollten sie Tausende opfern, stecken etliche Löcher rückwärts und reden jetzt mit Mißtrauen von der Sache.

Die thörichten Leute! Ich denke, wir werden wohl suchen müssen, das Ding ohne die Gemeinden in Gang zu bringen, und das möchte vielleicht gehen, wenn man mit Hilfe christlicher Amerikaner suchte, eine Presse anzuschaffen und den Ertrag derselben, den sie gewiß reichlich liefern würde, wenn man christliche deutsche Bücher, Traktate, Gesangbücher, Schulbücher 2c. für das Volk druckte, zum Fonds machte, der das Institut begründen hilft; hernach erhält sich, meine ich, das Institut selbst, wenn man damit etwa eine höhere Schule verbindet. Denken Sie einmal über diesen angedeuteten Plan nach, ob es möglich ist, ihn auszuführen. Lehrer für solch Institut und höhere Schule, meine ich, sind schon da in der Person von Binner und Steinert. Ich wünschte, Sie kämen anfangs Februar her, damit man mündlich weiter hierüber reden kann. Liegen lassen dürfen wir die Sache nicht, ein Seminar ist uns nötig."

Das Jahr 1849 brachte dem Evang. Kirchenverein zwei wichtige Fortschritte und Errungenschaften, bei deren Entstehung Baltzer sich in bahnbrechender Weise beteiligte und hervorthat: Das Seminar bei Marthasville und den „Friedensboten." Nach vielen Mühen, Beratungen und inbrünstigen Gebeten wurde nämlich in einer Extra-Versammlung des Ev. K.-V. vom 13. Febr. 1849 in St. Louis die Gründung des Prediger-Seminars beschlossen und ein reizendes (!) Thal bei Marthasville, Mo., das dem Vereine zu diesem Zwecke geschenkt wurde, als Ort auserwählt. In der regelmäßigen Jahresversammlung im Juni 1849, gleichfalls in St. Louis, wurde dann die Gründung eines kirchlichen Vereins-Organs beschlossen. Dies Organ bekam den bezeichnenden und seine und des Vereins Tendenzen aussprechenden Namen: „Der Friedensbote." Neben dem Hauptredakteur Binner wurde Baltzer zum Mitredakteur ernannt, dem als solchem hauptsächlich die Korrektur und die Rechnungsführung des Blattes zufiel. Auch wurde ihm und Binner auf dieser Konferenz der Auftrag zuteil, eine weitere Auflage des Katechismus zu besorgen und dabei einige sprachliche Härten und Übelstände auszumerzen. Zugleich wurde Baltzer zum Mitglied des Direktoriums und des Aufsichtskomitees ernannt, als dessen Sekretär er ununterbrochen bis zum Jahre 1854 fungierte. Dieses Direktorium und das Aufsichtskomitee hatten die Aufgabe, das Seminar und etwaige weitere Anstalten in der Zwischenzeit zwischen den Konferenzen zu leiten und zu vertreten, Zöglinge aufzunehmen, Lehrer anzustellen und überhaupt die Exekutiv-Behörden der Anstalt zu sein.

* * *

Ehe wir Baltzers Amtsthätigkeit weiter verfolgen, ist es nun an der Zeit, seinen persönlichen Verhältnissen und Führungen den Blick zuzuwenden. Als Pastor der beiden St. Louiser Gemeinden dachte er nun daran, sich eine Lebensgefährtin zu suchen, und er fand sie in der Person des Fräulein Anna Miché, einer „frommen Holländerin," wie eine Zeitgenossin sie bezeichnet. Sie wurde ihm im Hause des Dr. Steinnestel, eines Schwagers der Braut, am 18. Nov. 1847 von Pastor J. Rieß in Gegenwart der Zeugen P. W. Binner, J. Knaus und G. Steinert angetraut. Hatte er auch in ihr eine treue, tüchtige Lebensgefährtin gefunden, so sollte er nach Gottes Ratschlusse dies Glück nicht lange genießen, denn schon nach anderthalb Jahren, im Sommer 1849, starb sie an der damals in St. Louis herrschenden Cholera und wurde mit einem neugebornen Söhnlein auf dem gemeinsamen, später unter dem Namen Pickerts Graveyard bekannten Kirchhofe begraben; das Datum des Sterbetags läßt sich leider nicht mehr feststellen. Es muß eine schwere Zeit für Baltzer gewesen sein, denn seines Amtes eingedenk war er unermüdlich im Besuchen und Pflegen der Cholerakranken, die ja besonders in jener Zeit als „Pestbehaftete" von jedermann gemieden wurden; und man kann sich wohl hineindenken, wie ihm zu Mute gewesen sein mag, als sich der Würgengel auch in seinem eigenen Hause einstellte und ihm die Lebensgefährtin und die gerade in solchen Lagen so nötige Stütze und Pflegerin raubte. Aber auch hier half ihm über den harten Schlag eben wieder der Trost hinweg, der besser ist als Menschentrost, der feste Glaube und die Ergebenheit in den Willen Gottes. Durch die Verhältnisse gezwungen, that er bald Schritte, eine zweite Heirat einzugehen. Es war zu jener Zeit für einen evangelischen Pastor in Amerika kein Geringes, eine passende, ebenbürtige Lebensgefährtin zu finden. Unter den kirchlich gesinnten, evangelischen Deutschen waren wenig gesellschaftlich gebildete Familien; der Abstand zwischen ihnen und einem Manne, der sich in Deutschland in den besten gesellschaftlichen Kreisen bewegt, war im allgemeinen zu groß; vor allem konnte ein evangelischer Pastor damaliger Zeit seiner zukünftigen Frau kein glänzendes Los, ja oft kaum ein einigermaßen genügendes Auskommen bieten; dazu war das Verhältnis zwischen Pastor und Gemeinde selten ein festes, länger dauerndes, man wußte kaum je, ob man nicht in den nächsten Wochen den Wanderstab weitersetzen müsse. Es gehörte also ein fester Glaube, frommes Gemüt und ein starker Mut dazu, die Frau eines evangelischen Pastors zu werden. Unter solchen Umständen suchten und fanden denn die deutsch=evangelischen Prediger Amerikas öfters ihre Lebensgefährtinnen unter den frommen Jungfrauen Deutschlands, die gewillt waren, in ihrer Weise sich dem Dienste des Herrn zu widmen und mutig das größte Opfer für seine Sache zu bringen; und da nun ein Pastor selten in der Lage war, die Reise nach Deutschland noch einmal machen zu können, so wurde manche solche Heirat durch Vermittelung guter Freunde zuwege gebracht, ohne daß sich die Beteiligten vorher persönlich kennen gelernt, sondern indem sie im Vertrauen auf Gottes Schickung noch unbekannt miteinander den Bund fürs Leben eingingen. Auf ähnliche Weise kam Baltzers zweite Heirat zustande. Die Geschichte derselben mag hier eine Stelle finden, denn die so erlangte zweite Gattin wurde ihm eine treue, langjährige Gehilfin nicht nur in sei=

nem Haushalte, sondern auch im Aufbau des Vereins und seiner Anstalten, die Mutter von dreizehn Kindern, und sie hat es fürwahr wie wenige verdient, daß ihr in den Annalen der Synode ein Denkstein gesetzt werde.

Pastor Rieger, der bekanntlich seine erste Frau auch bald verloren hatte, war im Jahre 1845 nach Deutschland gereist und hatte dort in Bremen seine zweite Lebensgefährtin, eine Tochter der in älteren Synodalkreisen als Wohlthäterin des Ev. Kirchenvereins wohlbekannten Frau Wilkens gefunden und heimgeführt. Zu jener Zeit war im Hause eben jener Frau Wilkens eine junge Verwandte, aus Schleswig stammend, die ihre Erziehung zum Teil im Wilkensschen Hause erlangt hatte, Namens Luise von Laer. Eben durch Rieger war Baltzer bei seinem Aufenthalte in Bremen vor der Abreise nach Amerika auch in das Haus der Frau Wilkens gekommen und hatte die junge Schleswigerin flüchtig gesehen; sie hatte ihn in der Anschari=Kirche predigen hören; in persönlichen Verkehr waren sie nicht gekommen. Als nun Baltzers Frau gestorben war und sich ihm die Notwendigkeit der Wiederverheiratung immer unabweislicher aufdrängte und er das wohl seinen Freunden, Riegers, gegenüber ausgesprochen hatte, machten ihn diese auf Luise von Laer aufmerksam und veranlaßten ihn, um sie zu werben.

Jungfrau Luise Benedikte von Laer war am 19. Mai 1829 zu Beierholm in Nordschleswig auf dem Gute ihres Vaters geboren, war also gerade zwölf Jahre jünger als Baltzer. Ihre Eltern hielten sich zur Brüdergemeinde in Christiansfeld. Der Vater stammte aus der Brüdergemeinde in Neuwied und hatte sich in Schleswig auf dem Landgute Beierholm angesiedelt. Er lebte dort mit seiner Familie schlicht und fromm, ohne große Reichtümer zu sammeln, vielmehr erlitt er infolge seiner Vertrauensseligkeit einigemal empfindliche Verluste durch Betrug und Unterschlagung, ohne daß ihm seine religiöse Richtung erlaubte, durch Prozeßführung wieder zu dem Seinen zu kommen; daher wurde es ihm schwer, seine zahlreiche Familie von elf Kindern anständig durchzubringen. Um ihm dies zu erleichtern, hatte seine reiche Verwandte, Frau Wilkens, einige seiner Kinder, und so auch Luise, zeitweilig zu sich genommen, um ihre Erziehung zu vollenden. Sie wurde in Bremen von Pastor Treviranus konfirmiert. Sie besaß einen kindlichen Glauben und unentwegtes Gottvertrauen, weswegen sie denn auch in allem Gottes Walten sah, dem sie sich ihr ganzes Leben lang freudig mit Ergebung fügte. Um diese Luise Benedikte nun warb Baltzer durch Vermittelung der Frau Pastor Rieger und deren Mutter, Frau Wilkens, welche letztere in der Familie Laer als eine Autorität galt, und er wurde erhört. Die Eltern gaben, der Frau Wilkens vertrauend, und vor allem, weil sie einen Befehl Gottes an ihr Kind darin sahen, ihre Einwilligung, ihre Tochter übers Meer dem fremden Manne zuzusenden und sie ihm fürs Leben anzuvertrauen. Auch Luise sah in der Werbung einen Befehl von oben und gehorchte willig, wenn auch mit Zittern und Zagen; denn ihr Leben war, Gott dienen, wie und wo sie seine Aufforderung sah und fühlte. Wie sie zitterte und zagte, geht aus einer Stelle eines Briefes an Frau Pastor Rieger hervor, der ja eigentlich, als das keusche Herzensgeheimnis einer Jungfrau aussprechend, nicht vor die Öffentlichkeit gehört, den aber kindliche Pietät zur Ehre der Entschlafenen wohl an die Öffentlichkeit stellen darf. Sie schreibt: „Es freut mich sehr, daß du nicht vergessen hast, daß ich so sehr an Blödigkeit leide; ich denke, daß du Baltzer selbiges mitgeteilt hast; ich will aber den gnädigen Herrn bitten, daß er mir alle Angst benimmt; es ist mir jetzt schon viel leichter wie zuerst, und im rechten Herzensgrunde freue ich mich doch sehr und habe nur Ursache, dem lieben Heilande zu danken und ihn zu loben. Möchte ich doch nur dem teuern Manne, der mir vom Herrn zugedacht ist, recht zur Genüge sein, er kommt mir immer vor, als wäre er viel zu gut für mich; aber ich will nicht kleingläubig sein, sondern getrost den Weg gehen, der mir von oben gezeigt wird. So wird er noch alles wohl machen."

Auf der andern Seite geht aus Balzers Briefen an Rieger aus jener Zeit hervor, daß auch sein Herz unruhig und doch von demselben Gottvertrauen beseelt ist, daß er der bestimmten Hoffnung lebt, diese Verbindung müsse ihm zum Segen gereichen, da er Gottes Willen in ihr sehe.

Nach einer Reise von acht Wochen auf einem Bremer Segelschiffe, das vom Bruder des Pastor Treviranus, einem lieben, frommen, wenn auch etwas rauhen Seekapitän, geführt wurde, landete Luise in Begleitung ihrer Schwester Sophie im Frühjahre 1850 wohlbehalten in New Orleans und langte nach weiterer fünftägiger Fahrt auf dem Mississippi-Dampfer in St. Louis an. Dort wartete der Schwestern eine Enttäuschung, insofern als niemand ihnen bei der Landung vom Quai entgegenkam; sie waren durch Quarantäne-Maßregeln länger als bestimmt aufgehalten worden, und so wußte Balzer nicht, wann das Boot ankommen würde. Sie wurden von einem deutschen Agenten nach seiner Wohnung, dort, wo jetzt die St. Pauls-Kirche steht, gebracht, wo Balzer eben in seinem Garten Kohl hackte. Da er sie nicht erwartete, erschrak er sichtlich bei ihrem Anblick und wurde blaß vor Schreck und Überraschung. Seine Braut, sich bewußt, daß sie als solche komme, ging auf ihn zu mit den Worten: „Hier sind wir, lieber Balzer," und bot ihm den Brautkuß. Gerade diese naive, kindlich-freimütige Art, ihm zu begegnen, ließ auch den letzten Zweifel in ihm verschwinden und eroberte sofort sein Herz ganz für seine künftige Lebensgefährtin. Wenn er von dieser Begegnung sprach und sie erzählte, fügte er immer hinzu: „Ein Blick in Luises kindlich reines Auge sagte mir alles und ließ mich ahnen, daß mir der liebe Gott eine besonders liebliche und treue Gattin zugeführt." Diese Hoffnung ging ihm voll und ganz in Erfüllung, und sie beide haben fast einundzwanzig Jahre in treuer Liebe und Einhelligkeit miteinander im Dienste ihres Herrn verlebt.

Schon gleich bei der Verlobung hatten Riegers sich die Ausrichtung der Hochzeit ausbedungen. Da nun die Hochzeit bei Riegers sein sollte, die damals an der Charette Creek, jetzt Holstein, wohnten, ging es wieder auf Reisen, und zwar diesmal auf eine den Damen ganz neue Art, nämlich zu Pferde durch Busch und Berge. Viele Jahre später haben die Beteiligten noch gerne unter großer Heiterkeit von dieser Reise zur Hochzeit erzählt.

Man mußte von St. Louis aus etwa achtzig Meilen über St. Charles durch St. Charles County und einen Teil von Warren County reisen, um sein Ziel zu erreichen, und zwar, wie schon gesagt, zu Pferde. Natürlich mußte man abends ein gewisses Quartier zu erreichen suchen, und zwar war die erste Nachtstation das Pfarrhaus der Friedensgemeinde bei St. Charles. Dies war damals eine schon dem Verfalle geweihte Blockhütte mit einem Zimmer. Die Reisegesellschaft bestand aus vier Personen, den beiden Schwestern Laer und den Pastoren Baltzer und Birkner, die sich alle nur kurze Zeit kannten. Als sie nun in diese Blockhütte mit einem Zimmer kamen, machten sich die beiden Schwestern natürlich Gedanken über die Möglichkeit, wie eine solche Reisegesellschaft noch neben der Familie des Pastors (Schünemann) für die Nacht Unterkommen finden könne. Auf desbezügliche Äußerungen ihrerseits wurden sie bedeutet, daß die Herren miteinander in der Küche übernachten würden. Als die Zeit, zur Ruhe zu gehen, herankam, entfernten sich denn auch sämtliche Herren, und die Schwestern gingen mit Frau Pastor Schünemann zur Ruhe, und von der ungewohnten Art zu reisen ermüdet, lagen sie gar bald friedlich in Morpheus' Armen. Nachdem sie fest eingeschlafen, stand die Frau Pastorin, die sich nur zum Schein gelegt hatte, auf und zog einen für diesen Zweck bereit gehaltenen Vorhang quer durch den Raum, ihn so in zwei Hälften teilend. Nun schlichen sich die Herren in die für sie abgetrennte Hälfte wieder herein und begaben sich ebenfalls zur Ruhe. Früh am nächsten Morgen wurden die Herren von der Frau Pastorin wieder geweckt, und alle Zeichen ihrer Gegenwart wurden entfernt, noch ehe die Damen aufwachten. Beim

Frühstücke wurde dann die ganze Geschichte unter großer Heiterkeit, wenn auch zu einiger Verlegenheit der wegen ihres festen Schlafes geneckten Damen, zum besten gegeben. So ging denn die etwas beschwerliche Reise unter Heiterkeit und gewürzt durch den Genuß der schönen Natur von statten, und wohlbehalten kamen sie in Charette an, wo zugleich vom 30. Mai bis zum 4. Juni Konferenz war. Bald nach derselben, am 15. Juni 1850, fand die Trauung in Gegenwart der Zeugen Prof. W. Binner und D. Kröhnke statt. So war denn der Bund geschlossen, der, bis der Tod dazwischen trat, voll und ganz und segenbringend zwischen ihnen bestand.

* * *

Nicht lange nachher bekam Baltzer einen Ruf an die Friedens-Gemeinde bei St. Charles, Mo., den er als von Gott kommend annahm, und dem folgend er im Oktober 1850 übersiedelte. Hier zeigte sich bald, daß er nun endlich für längere Zeit ein Arbeitsfeld, auf dem er mit Segen und mit Freuden arbeiten konnte, gefunden hatte. In dieser Zeit wurde er neben seinem Amte als Seelsorger vielfach auch als Sekretär des Direktoriums der Lehranstalten, wie auch als Vereins-Sekretär in Anspruch genommen. Namentlich ersteres Amt kostete ihn viel Zeit und Mühe, abgesehen von den öfteren beschwerlichen Reisen, die er in das ca. 30 Meilen entfernte Seminar, das unterdessen eingeweiht und in Thätigkeit gesetzt worden war, zu machen hatte. Jährlich einigemale mußte er hin, um nach dem Rechten zu sehen und mit den andern Direktorialgliedern das Nötige anzuordnen. Und aller Anfang ist schwer. So waren die Sorgen und Arbeiten des Direktoriums nicht gering, denn es fehlte an nicht weniger als an allem; man war ohne Mittel, ja ohne Aussicht auf Mittel, um das Nötigste zu beschaffen.

In den Jahren 1850—53 war Baltzer Synodal-Schatzmeister, '54 wurde er Vize-Präses und '55 Präses des Kirchenvereins des Westens, also nachdem er dem Verein zehn Jahre, von Anfang an immer ein Amt bekleidend, angehört hatte. Ehe wir nun seine Thätigkeit als Vereinsbeamter weiter verfolgen, wenden wir uns zunächst seiner Thätigkeit als Pastor in der Friedensgemeinde und seinem Familienleben zu.

Obwohl die Gemeinde schon damals von denen, welche ihre Zustände nicht näher kannten, als eine begehrenswerte betrachtet ward, sah es doch bei Baltzers Eintritt in dieselbe ziemlich traurig aus. Sie war eine der ältesten, die vom Kirchenverein bedient worden waren, und ursprünglich eine der größten mit guter Aussicht auf Wachstum; aber in den letzten Jahren war sie in Verfall geraten. Eine Zeit lang war sie von ganz unwürdigen Predigern ruiniert, und als dann wieder ein dem Verein angehöriger Prediger hinkam, hatte auch dieser, obwohl ein recht wohlmeinender Mann, vielleicht durch Mangel an Begabung, aber auch durch unweisen Eifer, mehr Schaden als Segen angestiftet. Durch sein allsonntägliches Eifern gegen die streng-konfessionellen Gemeinschaften hatte er die konfessionell Gesinnten, deren es auch in seiner Gemeinde viele gab, vor den Kopf gestoßen, so daß die lutherisch Gesinnten sich zur altlutherischen Gemeinde nach St. Charles wandten, die Reformierten sich in Ermangelung einer reformierten Kirche den deutschen Methodisten angeschlossen hatten und die Gemeinde bei Baltzers Ankunft fast um zwei Drittel kleiner geworden war; ein unwiederbringlicher Verlust an Gliedern. Selbst das zur evangelischen Richtung haltende Drittel war voll Mißtrauen gegen jeden neuen Prediger. Unter diesen Umständen war Baltzer berufen, dem es zufiel, den Schaden so viel als möglich zu heilen. Mit Gottvertrauen ging er an das schwierige Werk. Durch unsträflichen Wandel und durch heiße Liebe zu den Seelen erwarb er sich nach und nach das Vertrauen der einzelnen Glieder in hohem Maße und brachte es bald dahin, daß seine Wünsche ihnen Gebot waren. Er wurde in dem kurzen Zeitraume von acht Jahren der Vater seiner Gemeinde, und als er im Jahre 1858 im Interesse des Vereins sich von derselben trennte, wurde sie von jedermann als eine Mustergemeinde unter den deutsch-evangelischen Gemeinden im Westen angesehen, wenn auch ihre Gliederzahl nicht sehr gewachsen war.

Er war aber auch in aller seiner amtlichen Thätigkeit äußerst gewissenhaft, weil sein Grundsatz war: „Ein Prediger auf der Kanzel oder am Altare steht an Gottes Statt und wird von den Laien als ein ‚Wissender‘, als eine Autorität betrachtet, deren Aussagen und Behauptungen geglaubt und befolgt werden müssen, und da muß ein jedes Wort, das er sagt, wohl überlegt und durchdacht sein, denn sonst kann er durch unüberlegte Behauptungen die ihm anvertrauten Seelen irre führen und dadurch vielleicht den Untergang einer Seele oder der ihm überwiesenen Gemeinde herbeiführen." Deswegen predigte er nie, außer im äußersten Notfalle, ohne gründliche Vorbereitung, ja er schrieb fast alle seine Predigten vollständig und memorierte sie gewissenhaft. In der ersten Zeit ging er auch nie auf die Kanzel, ohne sein Manuskript oder doch eine ausführliche Disposition vor sich zu haben; er glaubte gar nicht anders predigen zu können. Eines schönen Sonntags nun, da er bei offenen Fenstern predigte, kam ein Windstoß und nahm ihm seine vor ihm liegende Disposition weg, so daß ihm nichts übrig blieb, als ohne solche zu predigen oder stecken zu bleiben. Mit aller Energie setzte er das erstere durch und nahm dann nie wieder ein Schriftstück irgend welcher Art als „Eselsbrücke" mit auf die Kanzel. Oft noch, als er schon ein alter Mann und erfahrener Prediger, ja bekanntlich ein guter, bibelfester Redner war, versicherte er guten Freunden, daß ihn jedesmal, wenn er auf die Kanzel ging, eine den ganzen Körper durchziehende Aufregung befalle. Er war so fest davon überzeugt, daß er nicht ohne Vorbereitung predigen könne, daß er dabei sein Können unterschätzte. Als er schon mehrere Jahre in der Friedensgemeinde gewirkt hatte, wurde er einst zu dem Leichenbegängnisse eines jungen, frommen Mädchens gerufen, deren Familie sich sonst von der Kirche fern hielt. Sie hatte

ein kirchliches Begräbnis verlangt und hatte sich den Text zu
ihrer Leichenrede bestimmt. Hiervon erfuhr er erst, als er zur
Leiche ins Haus kam. Als man nun verlangte, er solle über
den vorherbestimmten Text reden, weigerte er sich zunächst
energisch dies zu thun und willigte erst nach manchem Sträu=
ben ein, den Wunsch der Verstorbenen zu erfüllen unter der
Bedingung, daß man ihm einige Zeit zur Vorbereitung lasse.
Er hielt dann die Rede über den verlangten Text und sagte
nachher, Gott habe es ihm gelingen lassen, daß es wohl eine
seiner besten Leichenreden geworden sei. Immer aber warnte
er, man solle sich durch ein derartiges Gelingen nicht verleiten
lassen, ohne zwingende Not unvorbereitet zu reden, und er
betonte dann auch, daß es ja gut und nötig sei, daß ein Predi=
ger ex tempore reden könne, nur dürfe es nie Regel werden.
Bei ihm ist es auch nie dazu geworden.

In den ersten Jahren seines Wirkens in der Friedens=
Gemeinde mußte er auch Schule halten, was er mit Fleiß und
Eifer that, obwohl er eigentlich kein guter Lehrer für Kinder
war. Er setzte immer zu viel voraus und verlor bei Faulheit
und Dummheit der Kinder, weil ihm das unbegreifliche Dinge
waren, leicht die Geduld, auch war er fast zu streng. Dennoch
kenne ich manchen aus jener Zeit, der gerne bei ihm in die
Schule ging und mit Freude und Dankbarkeit bekannt hat, er
habe etwas Ordentliches bei ihm gelernt und verdanke ihm
seinen Glauben.

Besonders streng drang er auch auf äußere Zucht in der
Gemeinde und in den Familien bei Jungen und Alten. Bälle
und Pikniks, wie sie heute in manchen Gemeinden florieren
und sogar „zum Besten der Kirche" gehalten werden, waren
ihm mit Recht ein Greuel und galten ihm als ein Fallstrick
Satans, als Quelle der Verführung und Unzucht, und daher
hat er stets dagegen geeifert. In der Friedens=Gemeinde
brachte er es denn auch thatsächlich dahin, daß alles derartige
Unwesen unterblieb. Er wußte eben den Leuten eindringlich
klar zu machen, daß man an ihrem Wandel erkennen müsse,

daß sie Christen seien. Freilich hätte er ein solches Resultat nie erreichen können, wenn seinem Lehren und Predigen, seinem Thun und Wandeln nicht der Stempel der Liebe zu den Seelen aufgedrückt gewesen, wenn seine Gemeindekinder nicht auf Schritt und Tritt gefühlt hätten: „Er lebt, was er predigt." Er war eben Diener Gottes mit seinem ganzen Sein.

So hat er denn acht Jahre mit großem, man kann wirklich sagen, weithin leuchtendem Segen an der St. Charleser Friedens=Gemeinde gewirkt, und es bereitete der Gemeinde und ihrem Pastor wirklich tiefen, nachhaltigen Schmerz, als das Band zwischen Prediger und Gemeinde nach Gottes Ratschlusse gelöst werden mußte.

Auch auf die Gestaltung seiner äußeren Verhältnisse und seines Familienlebens muß der Vollständigkeit wegen ein Blick geworfen werden. Hatte er auch eine nach damaligen Begriffen gute Gemeinde bekommen, so betrug doch sein Pfarrgehalt in den ersten drei Jahren schwerlich mehr als einhundertfünfzig Dollars nebst freier Wohnung und Futter für Pferd und Kuh. Nach dem Gemeinde=Protokoll von 1853 wurde damals beschlossen, das Gehalt auf 200 Dollars festzusetzen, 1856 wurde es auf dreihundert erhöht, und im letzten Jahre 1858 bekam er vierhundert Dollars. Man sieht, daß die Stelle, obwohl ihn mancher längst darum beneidete, doch nicht dazu angethan war, Schätze zu sammeln, zumal da die Familie sich schon bedeutend vergrößert hatte.

Als Baltzer mit seiner jungen Frau bei St. Charles aufgezogen, war die alte Blockhütte, die der jungen Frau schon auf ihrer Hochzeitreise Grauen eingeflößt, nicht mehr in bewohnbarem Zustande: dafür hatte die Gemeinde ein neues Pfarrhaus gebaut, welches jedoch bei seinem Antritte noch nicht ganz fertig war, so daß er eine kurze Zeit erst bei einem in der Nähe wohnenden Farmer logieren mußte. Das alte Pfarrhaus hat dann noch lange Jahre als Kuh= und Pferdestall gedient. Das neue Pfarrhaus galt viele Jahre als eines der stattlichsten Landpfarrhäuser im Westen, obwohl es nach heutigen Begriffen und Ansprüchen ein ziemlich bescheidener Palast war. Ein nettes Häuschen aus Backsteinen erbaut, das zwei leidlich geräumige Zimmer und noch ein drittes kleineres enthielt, in welchem sich zugleich die Treppe nach dem Bodenraum befand. Das kleinste Zimmer diente zur Küche, das größte zur Wohn- und Schlafstube, das mittlere zur Studierstube und im Winter zugleich zum Konfirmanden-Zimmer, vor der ganzen Front nach der Straße zu war eine sogenannte „Porch" oder Veranda.

In dies Häuschen zog das neue Pfarrpaar im Herbst 1850 ein und richtete sich, so gut als die Verhältnisse erlaubten, wohnlich ein, um einmütig und freudig an die neue Arbeit zu gehen. Außer der amtlichen Arbeit galt es, das Heim und dessen Umgebung lieblich und freundlich zu gestalten; daher war denn auch mit das erste, woran sie sich machten, die Verschönerung des Pfarrplatzes. Es wurden Obst- und Schattenbäume verschiedener Art angeschafft und angepflanzt. Vor dem Hause und um die Kirche (damals noch die alte Steinkirche ohne Turm und ohne Glocke) ward ein Hain von Akazien angelegt, hinter dem Hause dehnte sich in kurzem ein ganz ansehnlicher Obstgarten aus. Baltzer grub selbst die Löcher, und als eines Abends um Sonnenuntergang die Bäumchen ankamen, machten er und seine Frau sich daran und pflanzten sie fröhlich im Mondenschein. Sie gediehen denn auch prächtig, und aus den Bäumchen waren in den acht Jahren schon ansehnliche Bäume geworden, von denen die Apfelbäume eben zu tragen begannen. Unter den Akazien hat Schreiber dieses seine ersten Reitversuche angestellt und ist manch liebes Mal von dem alten treuen, aber etwas bissigen Pfarrschimmel an ihnen abgestreift worden.

Das Jahr 1851 war das erste und auch fast einzige in seiner vierunddreißigjährigen Amtsthätigkeit, in dem er die Konferenz versäumte, denn gerade in dieser Zeit traf der erste Erbe ein, ein von den Eltern mit dankbarem Entzücken begrüßtes Gottesgeschenk. So wurden in Zufriedenheit, gesunder

Thätigkeit und ehelichem Glücke hier die schönsten Jahre verlebt. Im Äußeren ging es ja bei dem namentlich anfangs dürftigen Einkommen wohl etwas knapp her, die Erträge der Hauswirtschaft, von Hühnern, Kühen und selbstgezogenen Schweinen mußten das Einkommen vergrößern helfen, manchmal wollte wohl gar die Sorge ums tägliche Brot sich heranschleichen, und es gab Fälle, wo der thatsächlich eingetretene Mangel der jungen Hausfrau ein paar hausmütterliche Thränen entlockte; aber der liebe Gott half durch, man munterte sich in Gebet und Gottvertrauen gegenseitig auf, und die mancherlei kleinen Durchhilfen zu rechter Zeit gaben Veranlassung, dem lieben Gott für seinen Beistand täglich herzlich zu danken. Anfangs mögen die beiden, die einander vor der Ehe nicht gekannt, sich wohl etwas schwer ineinander eingelebt haben. Sie war eine schüchterne, sanfte Natur, während er bei aller Herzensgüte etwas cholerisch angelegt und infolgedessen von Natur leicht reizbar war. Dazu kam, daß sie wohl eine gute, schlichte Schulbildung genossen, aber doch beileibe keine sogenannte „höhere Tochter" war, weshalb ihr der gelehrte, tüchtige Theolog unendlich hoch über ihr zu stehen schien, so daß sie besonders anfangs fürchtete, sie könne ihm geistig nicht genügen. Aber gerade diese Erkenntnis wurde bei ihrer Pflichttreue zum Quell ihres ehelichen Glückes, denn ihr ganzes Trachten ging darauf, sich mit Gottes Hilfe zu ihm emporzuarbeiten; und sie hat im Laufe der Jahre einen ihr selbst wohl nie völlig zum Bewußtsein gekommenen Einfluß auf ihn ausgeübt, freilich nicht durch das Bestreben zu herrschen, sondern durch das Gegenteil. Fürwahr nur durch ihren reinen Charakter, durch ihre weibliche Demut und Sanftmut, nur dadurch, daß sie ganz nach dem Gebote Gottes: „Er soll dein Herr sein," lebte, siegte sie. Sein Wille war ihr Wille, und ihm gehorchen war ihr Lebensfreude. Sie haben denn auch in allem stets einträchtig gehandelt, in der Erziehung der Kinder, im Berufe, in allen Lebenslagen.

Große Ereignisse und interessante Abenteuer sind allerdings aus dieser Periode nicht zu melden. Die Familie wuchs von Jahr zu Jahr, nach acht Jahren waren fünf Kinder da, und der Herr schenkte ihnen, abgesehen von einigen Krankheitsfällen, fröhliches Gedeihen; die Eltern freuten sich an ihren Kindern und an dem Segen, der durch sie floß. Mancher, der um diese Zeit ins Seminar bei Marthasville pilgerte, sei es, um als Student aufgenommen zu werden, sei es, um einen Besuch dort abzustatten oder amtlichen Pflichten zu genügen, wird sich noch gerne der Stunden erinnern, die er in dem stillen Pfarrhause der Friedensgemeinde in den Jahren fünfzig bis achtundfünfzig hat verleben dürfen. Das Plätzchen war Baltzers zur Heimat geworden, und sie wurden von der Gemeinde wie Vater und Mutter geehrt und geliebt, so daß ihnen jeder Gedanke an Verlassen dieses Ortes schon schmerzlich war.

Da kam im Jahre 1858 ein Ruf, der sie aus ihrer Ruhe und Behaglichkeit aufscheuchte und sie in ein Arbeitsfeld führte, das für sie beide ein dornenvolles, wenn auch gewiß segenbringendes werden sollte. Mit der ruhigen Amtserfüllung und dem gemütlichen Heim war es vorbei.

Doch um dies besser verstehen zu können und keine Lücken in unserer Erzählung zu lassen, müssen wir hier in Bezug auf seine synodale Thätigkeit etwas zurückgreifen. Wie wir gesehen, hatte er sich an allen wichtigen Errungenschaften der Synode von Anfang an mit Eifer und Umsicht beteiligt und manche derselben geradezu ins Leben gerufen. Er gehörte fast zu allen Komiteen, die ernannt wurden, in Gemeinschaft mit Prof. Binner und Birkner fiel ihm die Aufgabe zu, den Entwurf zu einer Agende zu machen; ferner beteiligte er sich fleißig an den Arbeiten, die darauf zielten, den Katechismus kleiner und faßlicher zu machen, woraus nachmals der jetzige Synodal-Katechismus entstand. In seiner Thätigkeit als korrespondierender Sekretär des Vereins hatte er mannigfache Gelegenheit, durch die klare und würdevolle Weise seiner Darstellung das Ansehen des Vereins nach außen zu wahren. Als Direktorialmitglied besuchte er, wie schon gesagt, das Seminar drei- bis viermal jährlich, oft allein erscheinend, weil die andern Glieder keine

Zeit finden konnten, und half da mit Rat und That das Gedeihen der Anstalt fördern.

Bei alledem fand er noch Zeit, etwa 22 Meilen von seiner Gemeinde, in Lincoln Co., Mo., wohin einige seiner Gemeindeglieder gezogen waren, eine Gemeinde zu gründen und zu bedienen. Auch machte er den Versuch, in Cottleville, Mo., etwa 10 Meilen von der Friedens=Gemeinde, ein Filial zu gründen, und legte auch da den ersten Grund zu den beiden Gemeinden, die jetzt in Cottleville und in Weldon Spring bestehen.

Vor allen Dingen vergaß er aber nie das, was jedem, der sich einem wissenschaftlichen Berufe widmet, not ist, — er vergaß nie, zu studieren. So regelmäßig als es eben möglich war (er hatte überhaupt immer für jeden Tag einen bestimmten Stundenplan), widmete er jeden Tag einige Stunden wissenschaftlichen Studien. Erholung suchte und fand er nur im Garten und in der Ökonomie des Pfarrhauses.

Unterdessen war die Synode unter Gottes sichtlichem Segen und Beistande und unter der treuen Pflege ihrer Väter stetig gewachsen. Im Seminar waren zwei Lehrer und ein Ökonomie=Verwalter thätig, und jedes Jahr sandte die Anstalt der Synode einen Zuwachs von einigen wenigstens praktisch tüchtigen, vor allem gläubigen Predigern.

Bei der Konferenz des Jahres 1855 in Burlington, Jowa, zählte der Verein 36 Pastoren und sieben Gemeinden; im Laufe der Konferenz kamen acht Pastoren und vier Gemeinden hinzu, so daß sich schon jetzt begründete Hoffnung zeigte, der Verein werde bei weiterem gleichmäßigem Wachstum ein wenigstens numerisch ansehnlicher Kirchenkörper unter den deutschen protestantischen Kirchen Amerikas werden. Bei dieser Konferenz wurde Baltzer zum Präses des Vereins erwählt. Zugleich wurde auf derselben ein Schritt gethan, der für die Weiterentwickelung des Vereins, wie auch insonderheit für die Lebensführung Baltzers, von großer Bedeutung werden sollte. Es wurde die Errichtung eines sogenannten

College, einer höheren Schule, die sich etwa nach Art der deutschen Gymnasien entwickeln sollte, beschlossen. Über die Bedeutung und die Art der Ausführung dieses Planes, welcher ja wohl hauptsächlich von Baltzer betrieben wurde, werden wir noch weiter zu reden Veranlassung haben. Einstweilen wurde ein Komitee zum Entwurf eines genaueren Planes und zur Einleitung der nötigen Maßregeln ernannt, dem der neuerwählte Präses ex officio beigegeben ward.

Im nächsten Jahre, 1856, sehen wir Baltzer gewissermaßen auf einem Höhepunkte seiner Thätigkeit als den geschickten, takt- und würdevollen, zielbewußten, kurz seiner Aufgabe nach allen Seiten gewachsenen Präses. Er hielt zunächst die Synodalpredigt über 1 Thess. 2, 9—12, die allerdings schon einmal gedruckt worden ist, weil sie auf Beschluß dem gedruckten Konferenzprotokoll beigefügt wurde, die wir uns aber nicht versagen können noch einmal wiederzugeben, einmal, weil auch sie dazu beiträgt, den Charakter und die Wirksamkeit Baltzers erkennbar zu machen, und sodann, weil sie es wirklich verdient, abgesehen davon, wer sie verfaßt haben möge, noch einmal und noch einmal gelesen zu werden.

Synodalpredigt über 1 Thess. 2, 9—12, gehalten bei der Eröffnung der Jahres-Konferenz des Evangelischen Kirchenvereins des Westens in der evang. Zions-Kirche, St. Louis Co., Mo., Mai 1856.

Die Gnade unseres Herrn Jesu Christi und die Liebe Gottes und die Gemeinschaft des heiligen Geistes sei mit uns allen. Amen. —

Die Worte der Schrift, die wir unserer Betrachtung zu Grunde legen wollen, stehen aufgezeichnet 1 Thess. 2, 9—12 und lauten also:

„Ihr seid wohl eingedenk, liebe Brüder, unserer Arbeit und Mühe; denn Tag und Nacht arbeiteten wir, daß wir niemand unter euch beschwerlich wären, und predigten unter euch das Evangelium Gottes. Des seid ihr Zeugen und Gott, wie heilig und gerecht und unsträflich wir bei euch, die ihr gläubig waret, gewesen sind. Wie ihr denn wisset, daß wir, als ein Vater seine Kinder, einen jeglichen unter euch ermahnet und getröstet, und bezeuget haben, daß ihr wandeln sollet würdiglich vor Gott, der euch berufen hat zu seinem Reiche und zu seiner Herrlichkeit."

Will eines Christen Herz sich erquicken an der lieblichen Gestalt einer Gemeinde in Christo, so muß er den Brief Pauli, aus welchem unser Text entnommen, lesen. Da ist es nicht bloß die tiefsinnige Zärtlichkeit und Liebe des Apostels gegen seine teure Gemeinde, die das Herz weit macht, sondern daneben auch besonders der erfreuliche Stand derselben, der uns für eine Zeit lang die meist so traurige Gegenwart in unsern Gemeinden vergessen läßt, uns wie liebliche Himmelslüfte anweht, wie Heimatsruf aus der Ferne klingt und uns ein Vorbild im Spiegel schauen läßt von der Zeit, da die Reiche dieser Welt unsers Christus geworden sind und der Herr alles in allem sein wird. — Da, bei den Thessalonichern, hatte es seine volle Richtigkeit, daß sie alle Stunden bereit waren für die Erscheinung des Herrn Jesu in seiner Zukunft. Noch war die Gemeinde frei von allerlei Auswüchsen in Lehre und Wandel, wie sie nachgehends sich auch in die apostolischen Gemeinden einschlichen und den Apostel in seinen spätern Briefen zu schärferem und ernsterem Tone drängten. Das Werk der Gnade war in vollem Gange. Die Thessalonicher sind des Apostels Hoffnung, Freude und Krone des Ruhms; ein Vorbild allen Gläubigen in Macedonien und Achaja. Darum hat Paulus auch nichts zu strafen, sondern nur durch freundlich ermahnende Worte zu stärken. —

Wendet sich aber unser Blick von diesem lieblich stärkenden Bilde der Gemeinde zu Thessalonich, wie sie damals war, auf den gegenwärtigen Zustand der Christenheit, insonderheit in der evangelischen Kirche, deren Diener wir sind, auf unsere Gemeinden, so zieht tiefer, wehmütiger Schmerz durch unsere Seelen. Da vermag man kaum noch einige halbverwischte Spuren der Hauptzüge jenes Bildes zu entdecken. Hier offenbare Feindschaft gegen den Herrn und sein Wort mitten in der Gemeinde, dort Kälte und Lauheit, Trägheit und Sicherheit; hier glaubenslose, liebeleere Werkgerechtigkeit, dort wilde Zuchtlosigkeit. Einzelne fruchttragende Bäume hier und da; sie verlieren sich aber unter dem dichten Walde des dürren Holzes. Die lebendig Gläubigen stehen in den Gemeinden meist so vereinzelt, daß sie kaum einander die Hände reichen können zu gemeinsamer Stärkung. Und doch wird unter der zahlreichen Menge der Seelen, die unserer Obhut, l. Br., anvertraut sind, das lautere Evangelium verkündigt. Hätte dies seine Kraft verloren? Das sei ferne. Es ist und bleibt eine Kraft Gottes, selig zu machen, die daran glauben; es behält unaufhörlich seine weltüberwindende und erneuernde Macht. Ist der Geist aus der Höhe nicht mehr so wirksam, so bereit, seine Gotteskraft in die Menschenherzen zu ergießen? Er ist in dem Worte und kommt mit dem Worte, und die Rechte des Höchsten ist nicht verkürzt. Liegt's nur an dem Geiste der Zeit, der ein Geist des Abfalls und des Mammondienstes ist und der Fleischeslust, Augenlust und dem hoffärtigen Wesen in tausend und abertausend Gestalten Vorschub leistet, daß dem segensreichen Eingang des Wortes vom Kreuze so vieler Herzen sich verschließen, als seien sie mit ehernem Panzer umgeben, an welchem Gottes Pfeile der Drohung und Lockung abprallen? Daran hat's freilich von jeher gelegen. Der Widerstand des natürlichen Menschen gegen das Wort der Wahrheit hat allezeit seine Stärkung gefunden einerseits im bösen Willen derer, die nicht ans Licht kommen wollen, anderseits in der Herrschaft eines sündigen Zeitgeistes. Aber sollte es das allein sein? Traten diese Feinde nicht auch den Aposteln entgegen? Ihre Zeit, die Zeit der römischen Kaiser, möchte unserer Zeit an Üppigkeit, Sinnenlust, Gottlosigkeit, Schätzesammeln für diese Welt nichts nachgeben. — Es muß auch, l. Br., an uns liegen, die wir Verkündiger des Wortes sind. Wir sind freilich keine Apostel nach dem Maße des heiligen Geistes; aber doch wie sie Botschafter an Christi Statt und schwingen dieselben Waffen gegen die von Gott abgefallene Welt. Führen wir nicht Luftstreiche? Kämpfen wir recht? Beseelt uns apostolischer Liebeseifer und Liebesfeuer? Ist's uns wahrer Ernst um die Errettung der Seelen? Sind wir treu? Sind wir weise? Sind wir ausdauernd? — Wie viele Fragen könnte ich noch stellen, die in meinem Herzen wie Spieße und Nägel stecken und mir fast den Mund verschließen vor dieser ehrwürdigen Versammlung!

Möge uns Paulus aus unserm Text wenigstens einiges zu unserer Demütigung sagen von dem:

Wodurch wir selbst unserer Verkündigung des Wortes segensreichen Eingang verschaffen?

und möge solche Betrachtung uns die rechte Stimmung geben für die bevorstehende Konferenz des Ev. Kirchen-Vereins. Wir hoffen und erflehen neuen Segen durch dieselbe für Herz, Gemeinden und unsere vielgeliebte Kirche. Der weiteste Kanal aber für den Segen aus der Höhe ist Demütigung und Selbstgericht. Herr, demütige uns! daß wir uns selbst richten und nicht gerichtet werden. Heilige uns in deiner Wahrheit! Dein Wort ist die Wahrheit. Amen. —

Wodurch wir selbst unserer Verkündigung des Wortes segensreichen Eingang verschaffen? ist unsere Frage; und der Text gibt uns dreierlei an als wirksame Hilfsmittel für die Aufnahme des Wortes vom Kreuze, nämlich: I. Aufopfernde Uneigennützigkeit; II. unsträflichen Wandel; III. heiligen Zeugenernst.

I.

"Ihr seid wohl eingedenk, liebe Brüder," — so beginnen Pauli Worte in unserem Text, — "unserer Arbeit und unserer Mühe; denn Tag und Nacht arbeiteten wir, daß wir niemand unter euch beschwerlich wären, und predigten unter euch das Evangelium Gottes."

Da steht er vor uns, der treue Apostel, der mit seinen eigenen Händen Tag und Nacht arbeitete und unter mannigfacher Entbehrung sich abmühte, damit er niemand beschwerlich fiele. Während er zeitweise von denen, die Christum kennen, sein Wort lieben, des Evangelii Segnungen erfahren haben, Gaben dankbar annimmt, arbeitet er lieber da, wo er Gemeinden sammeln will aus Juden und Heiden, wo man den Wert der einen köstlichen Perle, die er bietet, erst kennen lernen soll, Tag und Nacht zur Erwerbung seines Unterhaltes, damit es jedem, der sehen will, klar werden könne, er predige das Evangelium nicht um schnöden Gewinnes willen, und ihnen eine thatsächliche Auslegung gegeben werde zu dem Worte: Ich suche nicht das Eure, sondern euch. Kein Wunder, daß den armen Heiden, an die sein Wort sich richtete, daraus eine uneigennützige Liebe entgegenleuchtete, die ihnen neu, ungewohnt, unerhört war aus ihrer bisherigen Erfahrung; kein Wunder, daß diese aufopfernde Uneigennützigkeit sie zu achten trieb auf das Wort dieses Mannes und auf das, was er ihnen darbot.

Uneigennützigkeit ist zu allen Zeiten eine seltene Pflanze gewesen auf dem von allerlei giftigem Unkraut durchwucherten Boden der Menschheit. Hintansetzung des eigenen Vorteils, Verachtung irdischen Gewinnes, sich genügen lassen, wenn man Nahrung und Kleidung hat, arm und niedrig sein können, ist auch heutzutage ein selten Ding, wenn man es gepaart sieht mit seligem Gottvertrauen und fröhlichem Herzensfrieden, und wenn es getragen werden soll ohne Murren und ohne mancherlei eigenwillige Versuche, diese eine Last dünkende Stellung zu ändern. Fehlt es aber einem Verkündiger des Wortes, einem evangelischen Prediger in diesem Punkte, besonders hier, wo unsere Gemeindeglieder der Mehrzahl nach noch unter viel Mühe und Arbeit zu ringen haben fürs tägliche Brot des Leibes, so ist damit eine hohe Schranke gezogen zwischen seiner Predigt und den Herzen seiner Zuhörer, an welchen der Schall des Wortes abprallt. Wir sind nun freilich weit davon entfernt, des Geistlichen Uneigennützigkeit und Opferwilligkeit darin zu suchen, daß er es machen solle wie einst Paulus hier und da und durch Arbeiten mit den Händen sich den Lebensunterhalt erwerben. Es besteht ein großer Unterschied zwischen ihm und uns; zwischen unserer Lage und seiner. Unser Predigen kommt nicht so unmittelbar aus Anregen des Geistes. Die Predigt soll kommen aus dem Wort. Das Wort will durchforscht sein. Es ist ein tiefer Schacht voll köstlichen Goldes. Diesen Schacht zu durchsuchen, auszubeuten für die jeweiligen Bedürfnisse der Gemeinde, ist unsere Aufgabe. Ernstes, anhaltendes Studium der Schrift ist dem Geistlichen unerläßlich, sonderlich dem, der Diener ist der Kirche, welche vorzugsweise die Kirche des Worts sich zu nennen berechtigt ist. Alle unsere Zeit und Kräfte darauf verwendet, gibt dennoch oft genug ein mangelhaftes Resultat. Wessen Predigten von uns hätten nicht tiefer, eingehender in die Schrift, reichhaltiger an Leben aus der Schrift sein sollen und können? Wie ist es doch meistens ein so armselig Ding um die Verkündigung, die, wie man es wohl zu nennen beliebt, unmittelbar aus dem Geiste kommt, leider aber an ihrem regellosen Umhergreifen zeigt, daß ihr Ursprung der regellose Menschengeist ist und nicht der Geist der Ordnung, der im Worte herrscht; wie geraten doch die Prediger, denen gründliche Vorbereitung unter ernstem Gebet nicht strenge Regel ist, so leicht in schillerndes Gerede, das wie Wetterleuchten über die Köpfe dahinfährt, aber nicht wie feurige Blitze in die Herzen. Nein, wir haben unsere Zeit nötig, zumal da doch so manche Stunde der Bibelforschung entzogen wird durch Anforderungen, welche Haus und Familie, Freunde und allerlei Anläufe von verschiedenen Seiten an uns stellen. Darum ist's denn auch mit Recht ernsten Leuten aus der Gemeinde zum Anstoß und Ärgernis, wenn ihr Prediger halb der Kirche dienen und halb was anderes sein will. Daß wir ernster würden darin, alle unsere Kräfte im Dienste dessen dranzugeben, der mit seinem teuren Blute nicht gegeizt hat, da es galt uns zu erlösen! daß wir uns entschie=

den losmachten von aller unnötigen Beschäftigung mit Dingen, die unserem Amte fern stehen, brächten sie auch noch so erwünschten und scheinbar notwendigen Vorteil für dieses Leben! Mag die thörichte Welt dann urteilen, die Prediger thun nichts, sie fallen den Gemeinden beschwerlich, — thun wir das, was unseres Amtes ist, in Treue und Eifer, so sind wir gerechtfertigt vor dem, der recht richtet, und vor allen, die seine Erscheinung lieb haben. — Und stehen wir nicht in christlichen Gemeinden, die das Wort haben und seiner Segnung Größe kennen sollten? Stände für sie nicht in der Schrift: „Die das Evangelium verkündigen, sollen sich vom Evangelio nähren?" — „Der aber unterrichtet wird mit dem Wort, der teile mit allerlei Gutes dem, der ihn unterrichtet?" — Wir aber wollen uns allezeit begnügen lassen, unter den Armen die Ärmsten zu sein, gern entsagen mancher Bequemlichkeit; die da weiche Kleider tragen, sind ja in der Könige Häusern; gern Opfer bringen um deswillen, der sich selbst für uns geopfert hat. Eine große Sorge regiere unser Leben. Nicht die Sorge, gute Tage zu haben am Abend unsers Lebens; die besten Tage erwarten den, der dem Herrn und seinem Dienst sich treu weihete, — nicht die Sorge für Weib und Kind und deren Zukunft; wir übergeben sie getrost dem großen Waisenvater droben und dem Witwenberater, der im Himmel thront; — nein, die Sorge, Seelen zu gewinnen dem Herrn durchs Wort. „Ich suche nicht das Eure, sondern euch!" Das sei das Gepräge der Bilder unseres Lebens, das allezeit helle unseren Gemeinden entgegenleuchtet; und die Liebe, die uns bringet, das Evangelium zu predigen, wird eindringen in der Hörer Herzen und dem Herrn immer mehr zuführen von seinem teuer erworbenen Schmerzenslohn.

Solche Uneigennützigkeit wird — es kann nicht fehlen — das Band zwischen Seelsorger und Gemeinde befestigen, und der goldene Faden gegenseitigen Vertrauens und gegenseitiger, heiliger Liebe wird es durchziehen. Was hat denn die Apostel so fest an ihre Gemeinden geknüpft, daß sie allezeit ihrer gedenken in ihrem Gebet und selbst in Ketten und Banden sie suchen mit dem trostreichen Worte des Lebens? War's nicht ihre uneigennützige Liebe zu den Seelen? Was lockert denn gegenwärtig unter uns so manchmal das Band zwischen Gemeinde und Prediger und macht Stürme, die etwa von der vorhandenen Feindschaft gegen das Wort heraufbeschworen werden, ja oft leichtere Unannehmlichkeiten, die kaum diesen Namen verdienen, unerträglich und zum Grunde, der Gemeinde schnell den Rücken zu kehren und andere Wirkungskreise zu suchen? Ist's nicht zum großen Teile wenigstens der Mangel an opferfähiger Liebe zu den Seelen? ist's nicht des alten Menschen Selbstsucht? des eigenen Lebens Wohlbehagen? Erwählest du dir denn die Braut, weil du Liebe und alles Gute von ihr erwartest? nein, zuerst weil du sie liebst und ihr Liebe beweisen willst bis in den Tod. Da dünket dich das Band, das du schlingest, ein unauflösliches. Schwere Kämpfe können es nicht zerschneiden. Und ist unsere Gemeinde nicht eine uns anvertraute Braut? Gott hat uns zu ihr gerufen, daß wir ihr Liebe beweisen bis in den Tod. Je uneigennütziger diese Liebe, desto fester die Fessel, die dich an deine Gemeinde knüpft. Da wird leichtfertiges Lösen fern von dir bleiben; du wandelst mit ihr fest vereint durch die tiefen Thäler der Trübsal; du stehest mit ihr auf den hohen Bergesspitzen sonderlicher Erquickungstage vom Herrn; du freuest dich mit den Fröhlichen, du weinest mit den Trauernden, und des Erzhirten Auge ruht wohlgefällig auf dem treuen Unterhirten.—Treue Ausdauer im Beruf, sie quillt nur aus selbstloser Liebe zu den Seelen.

Was hat denn zu allen Zeiten die treuen Diener des Herrn, und insonderheit die Apostel, das rechte Wort finden lehren für die rechte Stelle, so daß sie in Wahrheit das Wort recht zu teilen verstanden in Schärfe und Klarheit? War's nicht wieder die uneigennützige Liebe zu den Seelen, in welche, als in den rechten Kanal, sich des Geistes Licht und Wärme ergoß? und wenn wir öffentlich an heiliger Stätte oder sonderlich dem einzelnen gegenüber in polterndem, fleischlichem Eifer daherfahren und dadurch vorhandenes Übel nur verschlimmern, — und wer wäre ganz frei davon? — ist's nicht des Herzens Selbstsucht, die nach Herrschaft ringt und darum thöricht anmaßend einherschreitet? Der Mangel uneigennütziger Liebe zu den Seelen gibt uns das unheilige Zornesschwert in die Hand. Und wenn wir anderseits stumm sind, wo wir zeugen sollten ohne Ansehen der Person, nur flache Schwertstreiche thun, und wohl noch in die Luft, thun wir's nicht neunmal unter zehn, weil wir fürchten, dem lieben Ich möchte Unangenehmes erwachsen, falls wir mit scharfem Messer als rechte Ärzte Schmerz bereiteten dem kranken Bruder, der dahinsiechenden Gemeinde? Rechtes Teilen des Wortes quillt nur aus uneigennütziger Liebe zu den Seelen. Ohne sie sind wir ein tönend Erz und eine klingende Schelle. Der Herr gebe sie uns allen je mehr und mehr, damit wir durch sie dem Worte der Predigt Eingang verschaffen.

Was wäre aber all unser Predigen ohne unsträflichen Wandel? Jedes Christen Wandel soll ja predigen von dem, bei welchem das Siegel nur gilt: Es trete ab von der Ungerechtigkeit, wer den Namen Christi nennt. Vor allem aber soll des Predigers Wort nicht allein predigen, sondern sein ganzer Wandel; Unsträflichkeit im Wandel muß dem Wort den Weg bereiten in die Menschenherzen. Darum fährt Paulus fort in unserm Texte: „Des seid ihr Zeugen und Gott, wie heilig und gerecht und unsträflich wir bei euch, die ihr gläubig waret, gewesen sind."

II.

Durch unsträflichen Wandel verschaffen wir selbst der Verkündigung des Wortes segensreichen Eingang.

Wohl dem, der aus reinem Gewissen also von sich zeugen kann wie Paulus; der mit fröhlicher Zuversicht, wie er, seinen Gemeinden zurufen kann: Folget mir, liebe Brüder, und sehet auf die, die also wandeln, wie ihr uns habt zum Vorbilde (Phil. 3, 17). Die Welt ist ihm gekreuzigt und er der Welt; er begibt nicht mehr seine Glieder zu Waffen der Ungerechtigkeit; er freuet sich nicht mehr der Ungerechtigkeit; er lebt ein reines Leben, und ob er wohl weiß, daß er um deswillen vor dem Herrn nicht gerechtfertigt ist, so ist es ihm doch auch ein Geringes, daß er von einem menschlichen Tage gerichtet wird. Seitdem ihm das Licht des Erstandenen auf dem Wege nach Damaskus in die Augen geschienen, seitdem er ihn verkündigt, der in ihm lebt; wandelt er im Lichte des unsträflichen Wandels und gibt so selbst Zeugnis von der Gotteskraft des Evangeliums, das aus den Erwählten Christi neue Kreaturen macht, die da rein und unsträflich sind in der Liebe. Da gibt der Wandel dem Worte Nachdruck und Kraft. —

Wär's doch allenthalben so bei denen, die berufen sind, Christum zu predigen! Die Lästerzunge der Welt wäre längst verstummt; dem Eingang des Wortes ein weites Thor geöffnet. Fließet Wasser aus unreiner Quelle, so wird's trübe und labt nicht. Wie soll das Lebenswasser laben, erfrischen, wenn's mit unreinen Händen geboten wird? Wer soll's nehmen? Doch es thut nicht not, daß ich von dieser Wahrheit uns erst überzeuge. Wir sind alle davon überzeugt; die Bibel predigt sie ja allenthalben deutlich genug. Aber ist solche Überzeugung auch zu rechtem Leben geworden bei uns allen? Vor groben Ärgernissen im Wandel hat uns der Herr bewahrt. Schon manches Jahr besteht unser Ev. Kirchen-Verein, und seine Geschichte weiß wenig von dergleichen zu berichten; möge sie auch je und je, wo auf ihren Blättern solche schwarze Flecken verzeichnet stehen, zugleich Zeugnis ablegen von der Entschiedenheit, mit ganzem Ernst abzuthun, was dem evangelischen Prediger nicht ziemt und der Kirche zur Schmach gereicht. Aber sind's denn bloß die groben Ärgernisse im Wandel, die unsere Predigt hemmen, ihr die Kraft nehmen? Thun's nicht gleicherweise die kleinen, unscheinbaren Flecken? Werden die etwa nicht bemerkt? Unser Leben ist ein öffentliches; wir leben und wandeln unter den Augen einer Gemeinde und vieler anderen, die näher oder ferner zu derselben stehen. Des Menschen Auge aber, wenn es Beobachtung des Bruders gilt, ist scharf und sieht dreifach genauer, als wenn's eigene Prüfung gilt. Die einen schauen scharf, weil sie uns lieben und gern an uns sehen möchten, was ehrbar ist, was wohllautet, ist etwa eine Tugend, ist etwa ein Lob, weil sie sich stärken möchten an unserem Sichunbefleckterhalten von der Welt zu gleichem Ringen und Kämpfen; die andern, weil geheime Feindschaft gegen den Herrn und seine Diener sie spornt, nach Flecken an diesen zu suchen, damit sie mit gutem Vorwande ihr Wort von sich schütteln und ihr Zeugnis mit scheinbarem Grunde zu nichte machen können. Wie tiefe Trauer bei jenen, wenn sie gewahr werden, was nicht recht stimmen will mit dem, was wir auf Grund des Wortes von jedem Christenmenschen fordern, und am ersten von einem Vorbilde der Herde! Wie lauter Jubel bei diesen, wenn sie im Betragen des Predigers gegründeten oder ungegründeten Vorwand finden, in der Sünde zu beharren und die Buße von sich zu schieben! Die Kirche bleibt nach wie vor voll, aber die Herzen bleiben leer. Der Pfeil des Wortes hat seine Schnellkraft verloren, er sinkt zu Boden, ehe er das Ziel erreicht.

Und nun, geliebte Brüder, sind wir denn allezeit in heiligem Ernste darauf bedacht, diese kleineren oder größeren, scheinbaren oder unscheinbaren Flecken im Wandel, wie sie zu Tage treten im täglichen Verkehr mit den Leuten, im Regiment im Hause, in der Erziehung der Kinder, im Kauf und Verkauf, auf der Reise und daheim, und sonst wo immer, von uns zu thun, damit unser Wandel je mehr und mehr ein heiliger, gerechter und unsträflicher werde? Tragen wir denn das Amt eines evangelischen Predigers nur, wenn wir Amtskleidung anlegen? Hat unser sonstiges Leben nichts damit zu thun? Wir fordern doch von den Gliedern der Gemeinde, daß sie allewege Christen sein sollen, und nicht bloß sonntags und bei ihren Hausandachten; wollen wir nicht dieselbe Forderung an uns stellen, Vorbilder der Herde zu sein im Wandel allewege. Sprechen wir nicht abweisend: man kann's ja doch den Leuten nicht recht machen; sie haben beständig zu tadeln

und zu richten; der eine fordert dies, der andere jenes von
seinem Prediger; wer kann sich um Menschen und ihr Urteil
kümmern; das ist meine Sache, daß ich recht stehe vor Gott.
Recht, mein Bruder. Wachen wir über uns selbst, halten wir
fleißig Einkehr bei uns selbst, lassen wir uns aufdecken unsern
eigenen Mangel, unsere vielfache Untreue, unsere uns immer
anklebende Trägheit durch das Licht von oben, nahen wir täg=
lich dem Gnadenthrone im ernsten Gebet um Selbsterkenntnis
und Selbstgericht: so ist das allerdings der rechte und einzige
Grund, aus dem ein gesundes Nachjagen der Heiligung bei
einem Herzen, das im Glauben steht, erwachsen kann. Aber
sollte der Menschen Urteil uns gar nichts gelten, die guten und
bösen Gerüchte, durch die wir müssen, zu nichts nütze sein?
Achte darauf, und sie werden dir in hundert Fällen gute Hand=
leiter sein zur Selbstprüfung und Demütigung. Es wird
vieles rein wie aus der Luft gegriffen; aber doch nicht alles.
Es schadet dir nicht, wenn die Menschen dich schmähen, so sie
daran lügen; aber wenn sie nun nicht lügen; wenn doch, und
sei es nur ein Körnlein, Wahrheit dabei wäre, und du hättest
es unbeachtet, ungeprüft gelassen, — wie dann? Wir sind ge=
wissermaßen ein öffentliches Gewissen unserer Gemeinden.
Sollten wir der Gemeinde Urteil über unsern Wandel nicht
aufnehmen als eine mahnende Gewissensstimme, die von
außen kommt und uns anspornt, uns heiligen und reinigen zu
lassen von jeder Ungerechtigkeit und Unheiligkeit? Den Füh=
rern eines heiligen Volkes ziemt nicht ein beflecktes Gewand.
Und so wir in Treue und Demut uns selbst reinigen lassen von
allen Flecken im Wandel, uns selbst demütigen unter der Zucht
des Geistes Gottes, über uns selbst wachen mit ganzem Ernst,
immer uns erst gesagt sein lassen das Wort, das wir predi=
gen, so sind wir fern von der Gefahr, Mantelträger aus Men=
schenfurcht zu werden und um eines möglichen Anstoßes willen
bei unverständigen Leuten die Wahrheit und Liebe und evan=
gelische Freiheit zu verleugnen; dann reden wir es dem
Apostel nach aus lauterm Gewissen in seinem Sinne: Es ist

mir ein Geringes, daß ich von euch gerichtet werde oder von einem menschlichen Tage; — der Herr ist es, der mich richtet; unserer Verkündigung des Wortes fehlt nicht das nachhaltige Zeugnis des Wandels, und es findet um deswillen leichter Eingang.

III.

Noch eins aber ist, worauf unser Text uns hinweiset als auf ein notwendiges Erfordernis, der Verkündigung des Wortes segensreichen Eingang zu verschaffen, nämlich auf den heiligen Zeugenernst.

Paulus sagt in den zwei letzten Versen unseres Textes: „Wie ihr denn wisset, daß wir als ein Vater seine Kinder einen jeglichen unter euch ermahnet und getröstet und bezeuget haben, daß ihr wandeln sollet würdiglich vor Gott, der euch berufen hat zu seinem Reiche und zu seiner Herrlichkeit." —

Haben uns die ersten Verse unseres Textes einen Einblick gegeben in des Apostels öffentliches Predigen des Evangeliums, wie seine aufopfernde Liebe ihn dazu drängt, und in seinen unsträflichen Wandel, durch welchen er seine Predigt bekräftigt, so führt uns dieser Vers in sein eigentümliches Verhältnis zu jedem einzelnen aus seiner Gemeinde und in seine seelsorgerische Thätigkeit. Haben uns jene ersten Verse schon gedemütigt und uns manches vorgestellt, das anders mit uns werden muß, so schlägt uns dieser Vers vollends zu Boden. — Jeglichem ist Paulus mit dem Worte ans Herz gerückt; jeglichen hat er ermahnt, getröstet; jeglichem bezeuget, wie er würdiglich wandeln solle vor Gott; jeglichem vorgehalten den Beruf zu Gottes Reich und zu seiner Herrlichkeit; und das alles aus einem gegenseitigen Verhältnis heraus, wie es nur stattfindet zwischen Vater und Kind, in solchem Ernst, in solchem heiligen Liebeseifer, wie er im Herzen des Vaters flammt, der sein Kind gerettet wissen will. —

Wir legen die Hand auf den Mund und schlagen beschämt an unsere Brust und können nur seufzen: Wäre doch die Kraft der Liebe in uns größer! und können nur flehen: Herr, entzünde dein Feuer in uns! — Da wäre also das rechte Verhältnis zwischen Seelsorger und Gemeinde hergestellt, wo jener stünde inmitten dieser, wie der Vater unter seiner Schar Kinder; wo väterliche und kindliche Liebe einander begegneten, in einander überflössen, wo väterlicher Ernst kindlich demütige Herzen fände zur Aufnahme. Wo ist solches Verhältnis zu finden? Anklänge hier und da, einzeln, zerstreut; aber die rechte Gestaltung, wo ist sie? Wäre sie denn auch möglich? Müssen wir nicht tausendfach wahrnehmen, daß unsere Gemeindeglieder eben sich nicht wie Kinder mehr ermahnen und zurechtweisen lassen wollen, und am wenigsten unter ihnen die, welche kaum die Kinderschuhe ausgezogen haben und kaum der Kinderlehre entwachsen sind? Aber liegt denn der Grund dafür allein in den hochmütigen Herzen der Leute? Wodurch lernen denn unsere leiblichen Kinder den Vater als Vater lieben, achten, ehren, ihm folgen? sicherlich nicht, wenn der Vater ihnen fern bleibt, sie kaum dann und wann eines Blickes würdigt, geschweige, daß er ihnen seine väterliche Liebe kund werden ließe durch Wort und That. Zeigen wir uns unsern Gemeindegliedern als Väter in Liebe und Ernst, und sie werden sich hineinleben in dies innige Verhältnis und nicht bloß mehr genannt werden Pfarrkinder, sondern wirklich sein. Verkehrt wäre es freilich, wenn wir sie betrachten wollten als um deswillen uns in allen Stücken untergeordnet, wie Kindlein, die vorerst der väterlichen Autorität, strenger Gewöhnung an Gehorsam bedürfen. Eine Gemeinde Gottes hat eine hohe Würde. Sie ist berufen zu seinem Reich, zu seiner Herrlichkeit. Jeder einzelne derselben ist gleichberechtigt, gleichbegnadet, stehet auf gleicher Stufe mit dir vor Gott. Selbstüberhebung und Herrschaft muß darum fern sein aus solchem Verhältnis. Wir sind nicht berufen zu herrschen über unsere Gemeinden, sondern Gehilfen zu sein ihrer Freude. Statt dessen muß der Seelsorger der erste und treuste Diener sein der Gemeinde. Ist nicht auch der Vater, der sich's sauer werden läßt bei Tag und Nacht, für die

Seinen zu sorgen, ihr treuster Diener? Dienende und doch
väterliche Liebe; heilige Strenge und ernste Zucht und doch
Anerkennung der hohen Würde jedes Gliedes der Gemeinde,
auch des geringsten und kleinsten,—laß kund werden, du Seel=
sorger, unter denen, die dir der Herr zu pflegen befohlen hat,
und du wirst stehen unter ihrer Schar geliebt, geehrt, geachtet
wie von Kindern der Vater. Und ob sie von dir fern sich hiel=
ten nach wie vor, und ob auch nicht brechen wollten die
Schranken, die ihr Mißtrauen, ihre Kälte, ihre Entfremdung
aufgerichtet haben; du an deinem Teil sollst an deinem Vater
im Himmel lernen, der dich gesucht hat, da du fern warest vom
Vaterhause, der dich liebte, da dein Herz nicht für ihn schlug,
der dich warnte und mahnte, da jenes: Sollte Gott gesagt
haben? in deine Ohren drang und dein Herz mit Mißtrauen
erfüllte; — ein Vater sein, als Vater dich beweisen denen, die
der Herr dir zu deinen Pfarrkindern gegeben. Das kann sein,
das soll sein. Die Thessalonicher waren freilich noch in einem
anderen Sinne Paulus' Kinder; er hat sie gezeugt durch das
Wort der Wahrheit, sie sind geboren aus Gott durch seinen
Dienst. Wir Prediger kennen wohl auch hier und da in unsern
Gemeinden solche in diesem eigentümlichen Sinn unsere Kin=
der. Aber es sind einzelne. Wir kommen meistens in eines
andern Arbeit und ernten, wo wir nicht gesäet haben; oder
säen erst, wo wir nicht mehr eruten sollen. Zu denen zieht es
uns wohl mit ganz besonderem Zuge; und wer wollte es uns
verargen? Sollen aber die andern darunter leiden? gegen sie
Herz und Mund kalt sein? Paulus schreibt an die Römer. Sie
sind nicht durch seinen Dienst für Christum gewonnen; und
atmet sein Brief etwa den Ton des Kaltsinnes? ist's nicht der=
selbe Vater in Christo, der wie zu geliebten Kindern redet!—
Ja, sprichst du, wären nur alle Glieder unserer Gemeinden
Gotteskinder, da würde solch heiliger Liebeszug sich leichter
Bahn machen aus unsern Herzen in ihre. Aber nun! Soll das
dein Herz einzwängen, deine Liebe eindämmen? Hätte
Gott also gedacht, er hätte uns nicht seinen eingebornen Sohn

gegeben, da wir doch seine Feinde waren! Hätte Christus also gedacht, er wäre den verirrten Schafen nicht nachgegangen in die Wüste. Nein, geliebte Brüder, die Hindernisse, die sich unserm eigentlich seelsorgerischen Berufe entgegensetzen von außen, sind zwar groß, aber drinnen im Herzen steckt das größeste, der Mangel heiliger Vaterliebe und heiligen Vaterernstes gegen verlorne und gerettete Kinder.

Schwer wird es uns freilich gemacht, jedem einzelnen derer, die unserer Pflege anvertraut sind, zu nahen mit Ermahnung und mit Trost und Zeugnis, je nachdem sie es bedürfen. Hier ist ihre Zahl zu groß, wir vermögen nicht herumzukommen; dort sind sie zu zerstreut, wir vermögen sie nicht zu erreichen. Einzelne Versuche schrecken uns oft mehr ab, als sie uns antreiben zu fortgesetztem, treuem seelsorgerischen Thun. In den Häusern, deren Thüren sich uns öffnen, kann man so recht zu keiner ernsten Unterredung kommen; der einmal angesponnene Faden wird immer wieder abgeschnitten durch dies und jenes. Kommen die Leute zu uns, so erscheinen sie im Staatsgewande und sind ängstlich bemüht, jeden Flecken, auf den man ihr Auge richten könnte, zu verbergen, oder sind Jasager zu allem, was ernstlich mit ihnen geredet wird und an ihr Seelenheil sich wendet. Auf Kranken- und Sterbebetten noch, den Tod im Auge, kehrt man das heuchlerische Pharisäergewand heraus und kommt nicht an das Licht. Das lähmt, das schließt den Mund, das verstopft des Herzens Kanäle, das Zeugnis ergießt sich nicht frei und ungehindert; oder es reizt fleischlichen Eifer, daß unser Ermahnen zu falschem Zürnen wird, unser Zeugnis, weil getrübt und gefärbt mit beleidigter Eitelkeit, kraftlos. Wer kennte diese Hindernisse für unsere seelsorgerische Thätigkeit nicht! Wessen Herz hätten sie nicht schon gebeugt! Wer wüßte nicht, wie gerade hierin des eigenen Herzens Trägheit Nahrung sucht und Entschuldigung für mannigfache Untreue in dieser Beziehung. Und doch darf's uns nicht erlassen werden, die einzelnen zu suchen, ihren Seelen nahe zu rücken mit den Waffen des Lichtes. In der Kirche schiebt's so gerne ein jeder von sich, auf den Nachbar, den Vormann, den Hintermann. So oft man da auch „du und du" redet und mit den Fingern zeigt, die meisten wollen doch eben nicht gemeint sein und gehen ungetroffen zur Kirchthüre hinaus. Wollen wir segensreichen Eingang der öffentlichen Verkündigung des Wortes sehen, wir müssen bessere Seelsorger werden in väterlich heiligem Zeugenernst.

Und können wir's nicht? Mit unserm Gott können wir über die Mauer springen. Fehlt uns uneigennützige, aufopfernde Liebe zu den Seelen, ist er nicht die Liebe, die wir predigen; gießt er nicht seine Liebe aus durch den heiligen Geist in die Herzen derer, die ihn mit Ernst suchen? Fehlt uns der geschärfte Blick für die mancherlei Flecken, die unserm Wandel noch ankleben und dem Lauf des Evangeliums hemmend im Wege stehen, fehlt uns der entschiedene Wille, der ausreißt das Auge, abhaut die Hand, wenn sie ärgern, ist er nicht, den wir predigen, auch uns gemacht zur Heiligung? Fehlt uns der heilige Zeugenernst, der die einzelnen sucht und stets gerüstet ist, auf Christum zu weisen, zu Christo zu führen, ist er nicht, den wir predigen, in den Schwachen mächtig; lebt er nicht, der treue, wahrhaftige Zeuge, der in uns und durch uns zeugen will von seiner Heilandsliebe und Heilandsherrlichkeit?

Darum laßt uns je länger je ernstlicher suchen bei Christo unserm Herrn die rechte Ausrüstung, zu treiben das Amt, das die Versöhnung predigt, die rechte Treue in diesem Amte, die rechte Weisheit darin. Wie wollen wir bestehen, wenn wir selbst hindernd dem Worte entgegenstehen, das wir predigen? Wie wollen wir Seelen retten, wenn wir selbst dem Worte die Spitze abbrechen? Wie wollen wir bauen an unserer Kirche, die nur aus dem Eingang des Worts und durch Geltung des Worts sich erbaut, wenn wir selbst die Pforte verrammeln, durch die das Wort eingehen könnte? Wir bauen vielleicht, aber Holz, Heu und Stoppeln. —

Möge das dürftige Wort, das geredet ist, durch Gottes Gnade uns allen zum Segen sein. Ich hätte lieber geschwie=

gen und mich mit euch gebeugt vor dem Herrn aller Herren und gerufen: Sei mir armen Sünder gnädig! — Wer will vor dir bestehen! — Ihr Prediger der evangelischen Kirche! Ihr Diener Jesu Christi! Christus ist unsere Botschaft an die Welt; sie erschalle fort und fort in reiner Liebe zu den zu rettenden Seelen. Christus ist unsere Kraft; er heilige uns zu unsträflichen Rüstzeugen in seiner Hand. Christus ist unser Trost; er deckt unsere Sünde zu und nimmt uns an in Gnaden. Christus ist unsere Hoffnung; er wird die Welt überwinden, denn die Rechte des Herrn behält den Sieg. Amen."

Der Präsidialbericht bei dieser am 22. Mai 1856 eröffneten Jahreskonferenz des Evangelischen Kirchenvereins des Westens beginnt so:

„Gott sendet seine Güte und Treue! Pf. 57, 4. Es ist das des heutigen Tages Losung der Brüdergemeinde; und wir mögen sie auch wohl mit vollem Recht an den Altar unseres Dankes schreiben, den wir heut beim Beginn unserer Jahreskonferenz dem Herrn unserm Gott in Beugung errichten. Er hat unserm Verein ein weiteres Jahr seines Bestehens hinzugefügt, in demselben die einzelnen Glieder desselben gesegnet und seine Gnade dem Vereine als einem Ganzen nicht entzogen. Seine Güte und Treue hat unsere Herzen fröhlich gemacht durch mancherlei Erfolg, den wir haben sehen dürfen in dem Werke, das wir treiben; sie ist uns kund geworden durch mancherlei Züchtigung, die er uns gesendet. Möge seine Güte und Treue fort und fort über unserm Vereine walten, insonderheit auch in der diesjährigen Konferenz uns zur Buße leiten und uns geschickt machen, reiche Segnungen aus seiner Gnadenhand aufzunehmen und reichen Segen unter seinem Gnadenbeistand zu verbreiten. —"

Nachdem er dann der schmerzlichen Pflicht Genüge geleistet, über das Ableben des Pastor J. J. Rieß, der zur Zeit Vizepräses und der erste aus der Gründerzahl war, der mit Tod abging, zu berichten, an welchen Bericht er einige kernige Ermahnungen knüpft, fährt er fort, über die Veränderungen innerhalb des Vereins sich zu verbreiten, und knüpft hieran mit folgenden Worten eine tadelnde Bemerkung in seiner kurzen, präzisen Weise:

Übrigens kann ich mich bei Aufzählung dieser Veränderungen im Amte der Bemerkung nicht enthalten, daß es wohl erfreulicher sein möchte und im ganzen ein besseres Zeichen, wenn der Jahresbericht des Vereinspräses von wenigeren derartigen Veränderungen zu berichten hätte, da daraus hervorgehen dürfte, daß das Band zwischen Seelsorger und Gemeinden zu der Festigkeit sich gestaltet, die es haben sollte.

Nachdem dem Verein über verschiedene Klagesachen und über die Suspension, die erste seit Bestehen des Vereins wegen groben Ärgernisses, Rechenschaft gegeben und dann über die Predigernot ausführlich Bericht erstattet worden und in Bezug auf die Anstalten auf den Bericht des Direktoriums hingewiesen, schließt er seinen Bericht mit folgenden Worten:

"Zum Schluß möchte ich noch aufmerksam machen auf die wichtigen Beratungen und Erledigungen, die unserer Konferenz diesmal vorliegen.—Die Agenden=Angelegenheit wird leider auch diesmal nicht zum endlichen Abschluß kommen können, ist aber einen guten Schritt weiter zum Ziele gedrungen, wie der Bericht des deshalb festgesetzten Komitees uns lehren wird. An das ernstliche Wiederaufnehmen der Frage über Gründung einer Prediger=Witwen=Kasse möchte uns der Heimgang eines unserer Brüder dringend mahnen; zwei Jahre ist die Sache in der Schwebe gehalten, es wäre Zeit, daß der Verein sich entschiede, ob oder ob nicht. Der College=Bau geht rüstig voran; das Statut über das College muß entworfen werden und wird um seiner Wichtigkeit willen unsere ganze Aufmerksamkeit in Anspruch nehmen. Das Komitee, welches zur Revision der Statuten ernannt ist, wird solche Revision vorlegen; in derselben werden durchgreifende Veränderungen, die unsern Verein wenigstens äußerlich ziemlich umgestalten, beantragt und fordern ernste, eingehende Erwägung. Für Aufstellung der Grundzüge einer

allgemeinen Kirchenordnung haben sich die Distrikts=
Konferenzen bejahend ausgesprochen; es wären dieselben zu=
sammenzustellen, oder wenigstens anbahnende Schritte dazu
zu thun. — Zu diesen, so schon unserer Thätigkeit ein weites
Feld bietenden Gegenständen möchte ich noch dem Vereine
empfehlen, darauf Bedacht zu nehmen, wie sich Mittel und
Wege eröffnen lassen, unserer Vereinskasse jährlich ein genü=
gendes Einkommen zu sichern. Die Anforderungen an die=
selbe wachsen von Jahr zu Jahr; die Einnahmen nicht. Ohne
hemmende Verlegenheiten für den Kassierer läßt die Finanz=
Verwaltung unseres Vereins sich so, wie bisher, nicht fort=
führen. — Bei dem allem lasse uns der Herr die rechten Wege
finden und erleuchte uns durch seine Weisheit von oben. — Ich
übergebe diesen Bericht dem ehrw. Vereine und gebe damit
zugleich mein Amt als Vereinspräses in die Hände des Ver=
eines zurück mit der fröhlichen Zuversicht: der erbarmende
Gott, der bisher seine Güte und Treue nicht hat fern von uns
sein lassen, wird auch weiter mit uns in Gnaden sein und das
Werk unserer Hände fördern. Es ist ja sein Werk. Das sei
das Licht, das uns durch alle Dunkelheiten helle entgegen=
strahle, das sei der Grund, auf dem wir fest stehen bei allen
Kämpfen, das sei die Hoffnung, die uns beseele, wenn auch
das Ziel, nach dem wir ringen, noch ferne uns deucht. Gott
segne unsern Verein. Amen."

Der Schluß dieses Protokolles lautet wörtlich: „In der
letzten Vereinssitzung, Mittwoch, den 28. Mai, knüpfte der
ehrw. Präses in der Schlußrede an die Worte des Eingangs
seines Berichtes an: ‚Gott sendet seine Güte und Treue!‘ —
darauf hinweisend, wie wir jetzt, in der Scheidestunde, zu die=
sen Worten Amen sagen dürfen, weil der gütige und treue
Gott und Herr mit seiner Güte und Treue auch unter uns
gewesen sei. Er erwähnte die wichtigen Konferenz=Beschlüsse,
machte auf die Gefahren aufmerksam, welche dem Verein durch
die eingeleitete neue Einteilung des Vereins drohen, und gegen
welche Wachsamkeit nötig sei, er legte das Seminar, College

und Reisepredigt den Vereinsgliedern aufs Herz; er ermunterte, heimzukehren in unsere Gemeinden mit neuem Liebeseifer zur Arbeit in ihnen und für unsere teure evangelische Kirche, und empfahl sie nebst dem Verein und dessen Anstalten betend der Güte und Treue des Herrn." Dann wurde mit dem Gesang des Liedes „Ach bleib mit deiner Gnade" geschlossen.

Es sei noch bemerkt, daß Baltzer auch für das folgende Jahr zum Präses gewählt wurde.

Wir lassen hier gleich einen Auszug und Teile des nächsten Jahresberichtes ('57) folgen, um daran den Faden unserer Erzählung weiter anzuknüpfen und weiter zu spinnen. Der Bericht des Präses Baltzer für die Jahres-Konferenz am 21. Juni 1857 beginnt:

„Ich danke dir, Gott, daß du mich demütigst und hilfst mir (Ps. 118, 21); so sprechen wir aus tiefstem Herzensgrunde mit dem Psalmisten beim Rückblick auf das vergangene Konferenzjahr. Wir haben seine Demütigung und seine Gnadenhilfe in mannigfacher Weise erfahren und stehen beschämt und voller Dank vor ihm, dem Getreuen, der zwar unbegreiflich ist in seinen Gerichten und Wegen, aber alles herrlich hinausführt. Demütigungen sind ja allezeit schon das Ausstrecken seiner Hand zur Hilfe; seine zeitlichen Gerichte über die Seinen zugleich Wege des Heils. Mögen wir uns dessen fröhlich getrösten, aber auch in aufrichtig bußfertigem Sinne seine Hilfe suchen und Erleuchtung seines Geistes finden und in fröhlichem Glauben ergreifen, damit wir immerdar aus dem Innersten heraus sprechen können: Ich danke dir, Gott! —"

Im Laufe des Berichtes ist die Rede davon, daß ein Glied des Vereins eine Gemeinde, der aus vom Präses näher bezeichneten triftigen Gründen die Besetzung durch einen Vereinsprediger vom Präsidium abgeschlagen worden war, angenommen hatte, und daß diesem Prediger vom Präsidium infolgedessen ein Verweis erteilt worden war, und wird diese Handlung des Präses mit folgenden Worten begründet:

Ich erwähne dieser Angelegenheit deshalb ausführlicher, nicht etwa um Unfehlbarkeit in Beurteilung der Verhältnisse genannter Gemeinde zu beanspruchen, — P. W. mag aus persönlicher Anschauung ein anderes und richtigeres Urteil über die ganze Sachlage gewonnen haben und darum die Annahme der Wahl dieser Gemeinde wohl begründet sein, — sondern um für ähnliche etwa vorkommende Fälle die größte Vorsicht zu empfehlen und zu raten, daß kein Glied des Vereins ohne vorherige Rücksprache mit dem jedesmaligen Präsidium einen Ruf an eine Gemeinde annimmt, die irgendwie in Unfrieden sich von ihrem bisherigen Prediger, sei es nun, daß derselbe Glied des Vereins ist oder nicht, losgesagt hat oder von ihm aufgegeben ist. Die persönliche Freiheit der einzelnen Glieder des Vereins zur Annahme eines Rufs an eine Gemeinde wird da in einzelnen Fällen allerdings beschränkt, aber nur insoweit, als mir die Wohlfahrt des ganzen Vereins und das Gedeihen desselben es unumgänglich zu fordern scheint. Es kann unmöglich des Vereins Absicht sein, und ist es bisher nie gewesen, in schon besetzte Arbeitsfelder auf jede mögliche Weise einzudringen und etwa Predigern, die, ohne zu unserer Kirche oder zu unserm Vereine zu gehören, doch dem Amte, das die Versöhnung predigt, Ehre machen, in ihren Parochien Oppositionsgemeinden zu errichten, sobald etliche oder mehrere in derselben sich nicht mehr unter das Wort beugen wollen. Anderseits muß es notwendig zerstörend in Bezug auf des Vereins Ansehen einwirken, wenn, wie in vorliegendem Fall, die Vereinsbeamten ein Gesuch um einen Prediger abschlagen zu müssen glauben und hernach doch ein einzelnes Glied des Vereins einen Ruf von derselben ohne weiteres annimmt. Das wird aber bei Befolgung des oben gegebenen Rates vermieden und jedenfalls erst in solchen und ähnlichen Fällen eine Verständigung herbeigeführt. — Wir führen gerade diesen Passus aus dem Bericht an, um zu zeigen, wie wachsam und in die Zukunft vorausehend Präses Baltzer über dem Wohl und vor allem der Würde des Vereins wachte und welche Fähigkeiten er schon damals entwickelte für die Leitung eines größeren Kirchenkörpers. Besonders aber auch, daß er je und je den Gedanken an die Friedensmission des Vereins aufrecht erhielt und hervorhob. Der Verein sollte eben evangelisch sein und das lautere Wort Gottes hinbringen, wo es fehlte, aber nie andern Predigern oder Kirchengemeinschaften zu nahe treten.

Nachdem der Bericht noch manches Erfreuliche und auch Unerquickliche über die Entwicklung des Vereins bringt, schließt er mit folgenden Sätzen:

„Ich schließe meinen Bericht. Unser Verein hat des Herrn Gnadenbeistand bisher reichlich erfahren dürfen. Möge seine Treue und Gnade uns auch in den diesjährigen ernsten und wichtigen Beratungen tragen und leiten. Ohne ihn vermögen wir nichts. Er hat aber verheißen: ich bin bei euch alle Tage. Laßt uns denn sein Antlitz suchen und fröhlichen Mutes und festen Vertrauens voll ans Werk gehen, das uns befohlen ist. Er selbst aber, unser Heiland Jesus Christus, wolle uns die rechten Wege und Mittel zur Verherrlichung seines Namens im Aufbau unserer Kirche finden lassen und uns auf ihnen erhalten bis ans Ende. Er sei mit seinem Segen in unsern Vereinssitzungen und halte seine starke Hand über unserm Vereine. Gelobt sei sein heiliger Name. Amen."

Aus allen diesen Kundgebungen des seligen Präses Baltzer leuchtet uns, bei allem Selbstbewußtsein, bei allem Gefühl der persönlichen Kraft und Energie, doch nur der bescheidene, demütige Diener Gottes, der all sein Können und all sein Wissen einzig und allein aus der unaussprechlichen Gnade seines Gottes, dem er treu sein will bis in den Tod, herleitet, entgegen.

Es sei hier noch folgendes aus dem Protokoll eingefügt, weil es wichtig sowohl für die Geschichte der Synode als für das Verständnis unseres Büchleins scheint: „Die revidierten Statuten, in der Jahreskonferenz 1856 dem Vereine vorgelegt und den einzelnen Gliedern des Vereins zur reiflichen Erwägung gedruckt eingehändigt, waren von den einzelnen Distrikts-

Konferenzen des vorigen Jahres schon besprochen und beraten worden, und dieselben hatten ihre vorgeschlagenen Veränderungen in ihren schriftlichen Protokollen eingesandt. Bei der Jahreskonferenz wurden nun in mehreren Sitzungen diese revidierten Statuten auf das ernsteste erwogen und beraten und angenommen, worauf der Präses im Gebete den Herrn um seinen ferneren Segen und Gnadenschutz für unsern Verein bei seinem Eintritt in ein neues Stadium seiner Entwicklung (die Einteilung in drei Distrikte) anflehte." Das Protokoll schließt dann mit folgenden Worten:

„Erst am siebenten Tage, dem 18. Juni, wurden die Geschäfte beendigt. Noch keine Konferenz hatte so lange gedauert, noch nie hatten so ernste und wichtige Verhandlungen stattgefunden. War fast jedes Vereinsmitglied mit schwerem Herzen zur Konferenz gereist, so durften doch alle mit leichterem Herzen heimkehren; denn der Herr hatte gnädig hindurchgeholfen. Deswegen ermunterte der ehrw. Präses am Schlusse auch zum Lobe Gottes für alles, was er gethan, zur Treue in alledem, was er uns vielleicht noch zu thun heißen werde, und zum Festhalten an dem Wahlspruch unsers Vereins: Seid fleißig zu halten die Einigkeit des Geistes durch das Band des Friedens."

Bei dieser Konferenz hatten sich zwei wichtige Dinge vollzogen. Erstens wurde auf ein Gesuch des Pastor Abele, Delegat des „Evang. Kirchenvereins von Ohio," betreffend die Aufnahme seines Vereins, beschlossen: „Daß der Ohio-Verein in Pleno dem östlichen Distrikt des Evang. Kirchenvereins des Westens einverleibt werde, unter der Bedingung, daß sämtliche Glieder desselben bei der ersten Jahreskonferenz des besagten Distrikts sich durch Namensunterschrift und Handschlag auf die revidierten Statuten des Evang. Kirchenvereins des Westens verpflichten."

Dann wurde der Gesamt-Verein in drei Distrikte mit eigenen Beamten, unter einem General-Präsidium des Gesamtvereins, in den östlichen, mittleren und nördlichen eingeteilt, nachdem die Statuten dementsprechend revidiert worden.

Zum General-Präses über diesen so vergrößerten, sich nun über ein weites Gebiet der Ver. Staaten erstreckenden Verein wurde Pastor A. Baltzer, dem ja der Verein hauptsächlich, durch seinen Takt und sein administratives Talent, den Anschluß des Ohio-Vereins verdankte, auf zwei Jahre gewählt.

Er war also der erste General-Präses des Vereins, obwohl es in Gottes Ratschluß beschlossen war, daß er seinen ersten Termin als General-Präses nicht ausdienen sollte; denn schon hatte der Herr aller Herren ein anderes wichtiges Arbeitsfeld für ihn ausersehen.

3. Teil. — Die College- und Seminarzeit, 1858–'66.

Das College. — Baltzer als Inspektor, Lehrer und Ökonom. — Die Aufhebung der Anstalt. — Professur am Prediger-Seminar. — Überlaß der Arbeit für die Ehegatten.

Wir kommen jetzt zu einem neuen, wichtigen Abschnitte im Leben des sel. Präses Baltzer. Haben wir ihn bisher hauptsächlich als Prediger und Synodalbeamten kennen gelernt, so hatte er sich jetzt im Gehorsam gegen Gottes Willen dem Lehrfache zu widmen, ein Schritt, der ihm umsomehr schwer wurde, weil er seinen eigentlichen Beruf nicht im Lehrfache, sondern als Prediger des Wortes zu sehen meinte. Allerdings blieb sein Einfluß auf die Entwickelung des Kirchenvereins, nachdem er Professor geworden war, nach wie vor fühlbar, und er widmete auch in seiner neuen Stellung dem Wachstum und Gedeihen desselben jede freie Minute seiner Zeit.

Vom Standpunkte unserer heutigen Erfahrung aus möchte man wohl sagen: Es war schade, daß Baltzer aus einer Laufbahn, für die er so sehr geschaffen war, und die sowohl ihn selbst, als auch die, mit denen ihn sein Amt verband, so sehr befriedigte, herausgenommen und auf eine Laufbahn gestellt wurde, die ihm so manche Sorgen und Kämpfe, so manchen Druck und auch Mißerfolg brachte. Was dabei tröstet, ist, daß er im Gehorsam gegen den Willen Gottes, wie er ihn erkannt zu haben glaubte, gehandelt hat.

Der Plan zur Gründung einer höheren Schule nach Art eines deutschen Gymnasiums ist wahrscheinlich, wenn's auch nicht mit Gewißheit nachgewiesen werden mag, hauptsächlich von Baltzer selbst ausgegangen. Er hielt die Ausführung desselben für sehr wichtig und erwartete davon Großes. Das ist auch ganz natürlich. Ein Mann, der, wie er, seine Vorbildung für sein theologisches Fachstudium auf einem deutschen Gymnasium erhalten hatte, dem die hohe Bedeutung des Gymnasial-Unterrichtes für sein persönliches Leben, wie für das ideale Leben seiner ganzen Nation vor Augen stand, mußte am meisten fühlen, was uns hier in Amerika fehlt. Daß ein im christlichen Sinne geleitetes Gymnasium, welches nicht bloß gut vorbereitete Jünglinge in das Prediger-Seminar liefern, sondern auch den Samen einer höheren Bildung in andere Berufskreise tragen würde, einen unabsehbaren Segen stiften könnte, das ist eine Wahrheit, für die allerdings nicht jeder Verständnis hat, die aber nichtsdestoweniger unumstößlich ist. Wer die Schule hat, dem gehört die Zukunft, das gilt nicht bloß von der Volksschule. Die von einem deutschen christlichen Gymnasium ausgehende Wirkung würde der beste Schutz sein gegen die Gefahr der Verenglisierung und der damit so vielfach verbundenen Verflachung unserer Jugend, sie würde einen Damm bilden helfen gegen die ungeistige, bloß auf materiellen Gewinn gerichtete Strömung unserer Zeit. Erkennen wir nun den weitsichtigen Blick Baltzers darin, daß er die Errichtung einer derartigen Anstalt als ein Lebensinteresse unserer deutsch-evangelischen Kirche betrachtete, so irrte er wohl andrerseits in Bezug auf die Leichtigkeit der Ausführung eines solchen Unternehmens. Wenn er erwartete, die Sache werde allgemeine Zustimmung und Förderung finden, man brauche eine solche Anstalt unserer deutschen Bevölkerung nur darzubieten, und sie werde alsbald von allen Seiten freudig benutzt und unterstützt werden,—wenn er erwartete, die Anstalt werde nicht nur allein sich selbst unterhalten und bezahlt machen, sondern auch noch einen Überschuß abwerfen, der zur Unterstützung des Seminars dienen könne, so war dies eine Illusion, über die man vom Standpunkte unserer heutigen Erfahrung aus fast wehmütig lächeln könnte; es gehört aber diese Illusion zu denen, die zu hegen nur ehrenvoll ist, und wir können sie uns leicht aus Baltzers idealer Denkrichtung erklären. Schwerer erklärlich ist bei der sonstigen klaren, man möchte sagen kaltblütigen Weltklugheit Baltzers, daß er in den Mißgriff, den man in der Wahl des Ortes für die Anstalt beging, eingewilligt hat. Daß man acht Jahre zuvor das „romantische" Waldthal bei Marthasville zur Heimstätte für das Prediger-Seminar erkoren hatte, das läßt sich erklären.

Man mußte den Grund und Boden nehmen, wo man ihn geschenkt bekam; derselbe lag in der Mitte von Gemeinden, von denen man Unterstützung für die Anstalt erwarten konnte; und jungen Leuten, die sich selbständig für einen ernsten Beruf entschieden hatten, konnte man wohl für etliche Jahre den Aufenthalt in klösterlicher Abgeschiedenheit zumuten. Daß man aber auch das College, eine Anstalt, die sich selbst bezahlt machen sollte, auf denselben Grund und Boden in die romantische „Wolfsschlucht" verlegte, war doch wohl ein Wagnis, das nur ganz außerordentlich günstige Umstände hätten davor bewahren können, sich schließlich als Mißgriff zu entpuppen. Diese günstigen Umstände fehlten aber gänzlich. Der selige Präses Baltzer bekannte selbst in dem weiter unten abgedruckten Berichte an die General-Synode zu Indianapolis, Ind. (Oktober 1868), daß die Placierung des College-Gebäudes in jenem verlassenen Waldthal Missouris ein Mißgriff war. Wo aber kämen unter Menschen keine Mißgriffe vor? Zudem

wäre es sehr thöricht, den Verstorbenen allein für den Fehl=
schlag verantwortlich zu halten. Hatte doch der ganze Kirchen=
Verein bei seiner anno 1855 zu Burlington, Jowa, abgehal=
tenen Konferenz einstimmig den Bau des College am
angegebenen Orte beschlossen!

Im Frühjahre 1858 war das stattliche neuerbaute College
auf dem Seminargrunde eröffnet worden. Leider stellte sich's
aber bald heraus, daß man mit der Wahl des ersten Inspek=
tors einen argen Mißgriff gemacht hatte. Derselbe, ein
gewisser Prof. Koch, ein Mann, durch dessen Gewandtheit
man sich hatte täuschen lassen, verriet sich bald als gänzlich
unwürdig und mußte schon im August 1858 Knall und Fall
entlassen werden. Wahrlich ein böser Anfang. In dem
Protokoll der Versammlung des Direktoriums, in welcher
diese Entlassung verfügt wurde, heißt es dann: „Es drängte
sich dem Direktorium die Notwendigkeit auf, das vakant ge=
wordene Inspektorat sobald als möglich durch einen bekann=
ten und bewährten geeigneten Mann wieder zu besetzen, und
wurde unser ehrw. Präses Baltzer zur Wahl als Inspektor
vorgeschlagen und mit völliger Einmütigkeit einstimnig zu
diesem wichtigen Posten gewählt. Pastor Baltzer erklärte
hierauf, daß er dem Rufe dann folgen werde, wenn er den
Willen Gottes darin erkenne, seine Gemeinde ihre Zustim=
mung gebe und der Verein für die Wiederbesetzung derselben
sorge. Pastor Nollau erhielt den Auftrag, am künftigen
Sonntage die Gemeinde von der stattgefundenen Wahl und
Berufung ihres Predigers in Kenntnis zu setzen und die Zu=
stimmung derselben nachzusuchen."

Letzteres geschah. Die Antwort darauf ist im Protokoll
der Friedens=Gemeinde vom 22. August 1858 ausgedrückt:
„Nach reiflicher Besprechung dieser Angelegenheit, in welcher
sich zur Genüge kundgab, daß Gemeinde und Prediger nur
mit tiefem Schmerze das bisherige Verhältnis und innige,
nun acht Jahre bestehende Band zu lösen sich entschließen
konnten, lenkte der Herr das Herz der Gemeindeglieder dahin,

daß dieselben beschlossen: daß die Gemeinde, wenn Pastor Baltzer erkenne, vom Herrn zu dem neuen Amte berufen zu sein, ihm kein Hindernis in den Weg legen, sondern ihn in Frieden und mit herzlichem Segenswunsche ziehen lassen wolle."

Unterm 2. September schreibt Baltzer an den Präses des Direktoriums, Dr. G. Steinert: „Ich war Montag und Dienstag dieser Woche im Seminar und College, habe nachgesehen, was dort vorhanden ist, damit ich mich mit Ordnung meiner Sachen danach richten kann. Es wird mir sehr schwer, hier fort und dort hinzugehen. Ich komme mir vor wie der Vogel auf dem Dache. Mancherlei schwere Besorgnis will mich oft niederdrücken. Und doch ließ mir mein Gewissen nicht zu, ‚nein‘ zu sagen. Meine Gemeinde ist sehr betrübt, zum Teil auch unwillig auf das Direktorium; man fürchtet, die frühere Zeit der Zerwürfnisse möge wiederkehren. Gott wird alles zum besten lenken. Ich seufze jetzt nur."

Durch diese wenigen Zeilen geht ein Zug von Verzagtheit, die seinem Charakter fern zu liegen schien. Es war wohl auch nicht eigentliche Verzagtheit, denn als mutigen und entschlossenen Kämpen für die Sache seiner Kirche hatte er sich ja genugsam gezeigt, sondern es war echt evangelische Demut, die sich der menschlichen Schwäche wohl bewußt ist. Und aus dieser Demut entsprang dann die Gewissenhaftigkeit, mit der er an alles ging. Das Wort des Apostels: „Nicht daß wir tüchtig sind von uns selber, etwas zu denken als von uns selber, sondern daß wir tüchtig sind, ist von Gott," war ihm immer vor Augen und machte ihn vorsichtig.

So leicht war die Aufgabe auch gar nicht, die ihm gestellt wurde. Das College war ein Experiment, das sich noch nicht bewährt hatte und gut oder schlecht ausfallen konnte, und nach dem ersten Fehlgriffe sah es sehr aus, als ob das Ganze ein Mißerfolg werden könne. Nun sollte Baltzer, dessen Fähigkeiten, Energie und Ausdauer man erkannt hatte, durch seinen guten Namen und sein Talent der gefährdeten Sache wieder aufhelfen. Aber nicht nur an ihn persönlich stellte man große Forderungen, sondern auch an seine Familie, besonders an seine Frau.

Ihre Ehe war bereits mit fünf Kindern, von denen das älteste über sieben, das jüngste etwa ein Jahr alt war, gesegnet; da hatte die Mutter vollauf zu thun, wenn sie außer ihren häuslichen Arbeiten ihre Pflichten ihren Kindern gegenüber ganz erfüllen wollte. Für manche Frau wäre das schon zu viel gewesen. Nun sollte sie aber ihre Kräfte noch dem Haushalte des College und dem leiblichen Wohle von dessen Schülern widmen. Als gewissenhafte und treue Mutter — und die war sie, wie wenige — mußte sie sich die Frage vorlegen: Werden meine Kinder nicht darunter leiden, nicht zu kurz kommen, wenn ich dem College gegenüber meine Pflicht thun will? Und darf ich sie leiden lassen? Diese Frage legten sie sich beide mit gewissenhafter Beratung und unter Gebet vor. Bedenkt man alles, so muß man zugeben, daß sie beide der Synode ein großes Opfer brachten und so ihre uneigennützige Liebe zu den Seelen und ihren Gehorsam gegen den Herrn ihren Gott durch die That bezeugten. Sie machten mit diesem Schritte das Wort wahr, das er in seiner angeführten Synodalpredigt ausgesprochen: „Nicht die Sorge, gute Tage am Abend unseres Lebens zu haben, — die besten Tage erwarten den, der dem Herrn und seinem Dienste sich treu weihte, — nicht die Sorge um Weib und Kind und deren Zukunft, — wir übergeben sie getrost dem großen Waisenvater droben und dem Witwenberater, der im Himmel thronet, — nein die Sorge, dem Herrn Seelen zu gewinnen durchs Wort, sollte das Thun und Denken eines evangelischen Predigers leiten und regieren."

Schreiber dieses, obwohl damals erst ein siebenjähriger Junge, kann sich noch des tiefen, gewaltigen Eindrucks erinnern, den die Ende September gehaltene Abschiedspredigt gemacht hat, deren Text er aber leider nicht behalten. Es war kein Auge trocken in der übervollen Kirche, und dem Prediger wurde es schwer, seinen eigenen Schmerz zu bemeistern. Ein merkwürdiger Zwischenfall diente noch dazu, die Erinnerung an den Gesamteindruck dieser Predigt tiefer einzuprägen. Ein von auswärts gekommener, etwas kränklicher Mann, der sich bei Verwandten zu Besuch aufhielt, war mit zur Kirche gekommen. Beim Austritte aus der Kirche äußerte er zu den mit ihm Hinausgehenden: „War das eine Predigt! nachdem man eine solche gehört, möchte man unter ihrem Eindrucke gleich sterben und zum Himmel eingehen." Sprach's und ging hinaus zu seinem Pferde. Als er's eben bestiegen, fragte ihn ein Bekannter, wie's ihm gehe, und er antwortete: „O ziemlich, ich fühle nach dieser Predigt wie im Himmel." Kaum hatte er ausgesprochen, so fing er an zu hüsteln, das Blut schoß ihm aus dem Munde, und er sank sterbend vom Pferde!

Nachdem Baltzer von seiner Gemeinde, die ihn bis an sein Ende lieb behalten, geschieden, ging die Reise am 1. Oktober 1858 zu Wagen nach dem neuen Arbeitsfelde. Wie die vorgefundenen Zustände beschaffen waren und wie die Dinge sich im ersten Jahre des Wirkens unter Baltzer gestalteten, ersieht man am besten aus seinem Inspektorats-Berichte vom Jahre 1859. Es heißt dort: „In der ersten Woche des Oktobers im vergangenen Jahre konnte ich, nachdem das Direktorium der Lehranstalten mich provisorisch zu der ehrenvollen Stellung eines Inspektors des Missouri-College berufen, mein Amt in unserer Lehranstalt antreten. Die damaligen Verhältnisse waren allerdings entmutigender Art; indessen gab der Herr Gnade, daß ich im Vertrauen auf seine Durchhilfe in die neuen, ungewohnten Verhältnisse hineintreten und, ohne rückwärts zu sehen, meine Aufmerksamkeit und Thätigkeit den Bedürfnissen unserer Anstalt zuwenden konnte. Es sollte bei meinem Eintritte das zweite Semester der Lehranstalt beginnen. Dieselbe war im ersten Semester, im Sommer 1858, spärlich frequentiert. Im Laufe desselben hatten sich allmählich acht Schüler, die im Hause wohnten, eingefunden, sieben Deutsche und ein

Amerikaner; von der um unsere Anstalt herliegenden Bewohnerschaft des Landes hatte niemand seinen Sohn der Anstalt übergeben. Dazu kam die betrübende Veranlassung, die den frühen Schluß des Semesters und den Wechsel des Inspektorats herbeiführte. — Alles erwogen, darf es nicht befremden, wenn auch das zweite Semester von keinem großen Zuwachs an Schülern zu berichten weiß; vielmehr muß dankbar anerkannt werden, daß der Herr unter so entmutigenden Umständen doch noch einen Fortschritt und sichtliches Gedeihen der Anstalt gewährt hat, wenn auch nicht in dem Maße, wie vielleicht mancher im Übersehen der Umstände erwartet hat. Die Zahl der im Hause wohnenden Schüler betrug elf; auch die Nachbarschaft fing an, Interesse an unserer Anstalt zu nehmen; aus derselben nahmen fünf junge Leute am Unterricht teil. Der Beginn des neuen Semesters im April 1859 hatte wieder einen Zuwachs zu verzeichnen. Die Gesamtzahl der Schüler beträgt jetzt achtzehn, fünfzehn Deutsche und drei Amerikaner. Das wenn auch geringe Wachstum soll uns doch Mut machen, in dem angefangenen Werke treu und ausdauernd fortzufahren.

Der Unterricht in unserer Anstalt konnte bis jetzt begreiflicherweise noch nicht in so regelmäßige Kursus und Klassen geordnet werden, wie er gewöhnlich auf den schon länger bestehenden amerikanischen Colleges stattfindet. Es fehlt dazu an wohlvorbereiteten Schülern und auch an Lehrkräften. Der Unterricht wird erteilt vom Berichterstatter und von dem amerikanischen Lehrer Mr. Boardman, der seit Eröffnung der Anstalt in derselben thätig ist. Derselbe erteilt Unterricht in den englischen Fächern in wöchentlich 25 Lehrstunden. Ich selbst erteile Unterricht in der Bibel, in Weltgeschichte und in den Sprachen (Latein, Griechisch, Französisch, Deutsch) in 35 wöchentlichen Unterrichtsstunden. Aus dieser Übersicht des Unterrichts ist zu ersehen, daß schon jetzt die notwendig zu erteilenden Unterrichtsgegenstände fast die Kräfte der einzelnen Lehrer übersteigen. Die Last der Arbeit ist groß. Der Herr hat bis jetzt die nötige Kraft dazu dargereicht. Es ist keine Verminderung der Arbeit im Unterrichtsfache für die nächste Zeit zu erwarten, im Gegenteil noch eine Vermehrung. Tritt für den Unterricht in den verschiedenen Sprachen im nächsten Semester wieder eine Klasse hinzu, die besonders unterrichtet werden muß, so wächst die Zahl der Stunden und der Arbeit für den Lehrer. Ich mache darauf aufmerksam, um damit die oben gemachte Bemerkung, daß eigentlich jetzt schon eine Vermehrung der Lehrkräfte für unsere Anstalt im höchsten Grade wünschenswert wäre, zu begründen. Fleiß und Fortschritte unserer Zöglinge sind im allgemeinen sehr zu loben. Die meisten von ihnen sind Jünglinge, die das Knabenalter hinter sich haben (nur zwei unter 15, die übrigen 15—22 Jahre alt); daher sind die meisten auch verständig genug, um den Ernst und die Kostbarkeit der Zeit beurteilen zu können." U. s. w.

Man sieht, daß schon nach Verlauf eines Jahres Inspektor Baltzer sich ganz in seinen neuen Beruf eingelebt hatte und ganz in ihm aufging, daß sein ganzes Thun und Trachten darauf gerichtet war, alle Hindernisse, die dem Gedeihen der Anstalt entgegenstehen mochten, wegzuräumen und ihrem Wachstum und ihrem Fortschritte den Weg zu bahnen. Es bedurfte einer ganz außergewöhnlichen Arbeitskraft, um alles zu bewältigen. Es fehlte thatsächlich fast an allem, als Baltzer sein Amt übernahm. Es war keine Zisterne am Platze, ein Stall fehlte, die Wirtschaftsräume waren ungenügend, ein Garten war eben erst angedeutet. Da galt es denn, zu schaffen, was nötig war. Doppelt schwierig aber war dies alles, weil überall das Geld fehlte und daher alles möglichst billig, ja, wenn es irgend anging, ohne Kosten hergestellt werden mußte. Nach und nach kam ein genügender Stall für die Esel und Kühe der Anstalt, eine Zisterne wurde gegraben, vor allem ein Gemüsegarten angelegt, in dem Baltzer selber der Gärtner war. Er pflanzte eigenhändig einen schönen Obstgarten, die zuschauenden und mithelfenden Schüler dabei über Baumzucht unterrichtend. Könnte man doch fast sagen, daß seine Thätigkeit in der Hauswirtschaft allein ihm keine Zeit zum Müßiggange ließ, da er für die gesamte Führung der Ökonomie bis ins kleinste verantwortlich war. Dazu die fünfunddreißig Unterrichtsstunden, zu denen er sich gründlich, meist schriftlich, präparierte, und noch dazu das zeitraubende Korrigieren der Hefte. So ist es erklärlich, daß er thatsächlich keine Minute des Tages frei war, und daß er manche Stunde verdienten Schlafes und der Ruhe aufopfern mußte, um seine Arbeiten zu bewältigen. Zu all diesem kam noch, daß er vielfach von der Synode noch zu andern Arbeiten herangezogen wurde, ja auch alle vierzehn Tage zu predigen hatte. In diese Zeit fällt die Herausgabe des kleinen Katechismus, den er im Verein mit Inspektor Jrion ausarbeitete, dessen Reinschrift und dessen Korrektur nach dem Druck er besorgte. Endlich war er auch Mitredakteur und Expediteur des damals im Seminar gedruckten „Friedensboten."

Um das Bild vollständig zu machen, müssen wir einen Blick auf Baltzer als Lehrer werfen. Da er sich gründlich vorbereitete, war auch sein Unterricht gründlich. Er war ein Sprachlehrer, wie es wenige gibt, er verstand die Sprachen, die er unterrichtete, selbst durch und durch; dazu war ihm die Gabe eigen, sich auch den wenig Begabten verständlich zu machen und sie selbst bei trockenem Material zu fesseln. Wo der Unterricht sich hauptsächlich in Gestalt eines Vortrags bethätigte, war er klar und präzis. Sein Vortrag war einfach, aber schön in der Sprache, gründlich im Wissen und fließend gegeben. Man hatte den Eindruck, daß ein Wissender, der seine Sache selbst gründlich versteht, vor einem saß, den der Eifer beseelte, seine Zuhörer auch zu Wissenden zu machen. Man fühlte ihm die Liebe zur Sache und die Wärme, den Ernst ab und hörte gern zu und wurde zur Wißbegierde und zur Nacheiferung hingerissen. Besonders verstand er in der Welt- und Kirchengeschichte seine Schüler zu lebhafter Spannung hinzureißen und durch seine ausgezeichnete Erklärung des Waltens Gottes in allen geschichtlichen Entwickelungen zu fesseln.

Als Inspektor und Seelsorger war er liebreich und suchte den Zöglingen das Vaterhaus und den Vater zu ersetzen. Er konnte bei gegebener Gelegenheit recht fröhlich mit ihnen werden, ja sogar wohl einmal gelegentlich mit den jüngeren schneeballen, ohne daß es seiner Autorität geschadet hätte. Im allgemeinen allerdings war er streng und sah Fehler nie nach, verzieh aber gern, wenn er aufrichtige Reue und Bestreben nach Besserung sah.

Kurz, er trug stets das leibliche und geistige Wohl seiner Pflegebefohlenen mit brünstigem Gebete auf der Seele; und es lebt gewiß noch mancher, der ihm dies gerne bezeugt. Vor allem leitete ihn überall das Bestreben, gerecht zu sein, und niemand verzieh ihm eine etwa vorgekommene Ungerechtigkeit, wenn er sie gewahr wurde, schwerer, als er sich selber.

Schien nun auch die Anstalt unter seiner Leitung einer gedeihlichen Zukunft entgegenzugehen, so war doch diese Freude von nicht langer Dauer; denn, war auch die Schülerzahl in einem Semester bis auf 27 gestiegen, so brachte doch der in diese Zeit fallende Ausbruch des amerikanischen Bürgerkrieges dem College den Todesstoß.

In dem Direktorialberichte, welcher der Generalkonferenz im Juni 1862 in Cincinnati, Ohio, vorgelegt wurde, heißt es darüber:

„Der Stand unserer jüngeren Anstalt, des College, ist minder erfreulich, ja sie ist uns aufs neue ein Sorgenkind geworden. Trotz der Treue und Hingebung, mit der der teure Inspektor Baltzer nebst seiner thätigen Gattin, unterstützt von einem wackeren englischen Lehrer, für das allseitige Wohl der Anstalt und die entsprechenden Fortschritte der Knaben und Jünglinge besorgt waren, ist uns doch nie die Freude geworden, die Schülerzahl über 27 steigen zu sehen, und diese Zahl wurde nur in e i n e m Semester erreicht, hielt sich im allgemeinen zwischen 15 und 19, bis endlich durch den leidigen Krieg und seine mannigfachen Gefahren, noch mehr durch die Befürchtungen der Eltern für ihre Söhne, nicht minder auch durch die Geldnot, die besonders beim Anfange des Krieges schwer drückte, — sämtliche Schüler bis auf fünf zurückgezogen wur=

den, weswegen das Direktorium gegen Ablauf des Semesters im März 1862 den Beschluß faßte, das College einstweilen zu schließen."

Den Beschluß des Direktoriums hatte Baltzer selbst veranlaßt, indem er schon im Herbst 1861 in der Voraussicht, daß sich die Sache nicht werde aufrecht erhalten lassen, seine Resignation eingereicht hatte.

Nachdem der oben angezogene Bericht bei der General-Konferenz verlesen war, wurde beschlossen, das College als solches definitiv zu schließen und das seitherige Collegegebäude dazu zu verwenden, Vorbereitungsklassen für das Seminar einzurichten und solche jungen Leute darin unterzubringen, die später Theologie studieren wollen. Mit andern Worten, das Seminar wurde erweitert und das College=Gebäude für die Zwecke des Seminars in Anspruch genommen.

Bei der Annahme seiner Resignation wurden dem Inspektor Baltzer Gehalt, Emolumente und Wohnung noch auf drei Monate zugesichert, und das Direktorium bat ihn, in dieser Zeit im Seminare auszuhelfen, wo durch den Abgang des Prof. Riggenbach, der nach seiner Heimat, der Schweiz, zurückkehrte, eine Lücke entstand. Auf der Generalkonferenz wurde er dann definitiv zum Professor am Seminar erwählt. Die Stellung zu seinem nunmehrigen Kollegen, Prof. Irion, wurde so geordnet, daß beide einander gleichgestellt wurden; der Titel Inspektor kam in Wegfall, jeder von beiden bekam sein eigenes Ressort zur Verwaltung.

Wie Baltzer schon bei seinem Aufzuge ins College die Verwaltung der Wirtschaft in demselben zugefallen war, so wurde ihm nun auch bei der Vereinigung der beiden Anstalten die Führung der Gesamtwirtschaft und des Rechnungswesens übertragen. Er hatte dabei auf die Führung eines eigenen Haushaltes für seine Familie zu verzichten, genoß freie Station im Seminarhaushalte und hatte alle Bewohner des Seminars, Zöglinge und Gesinde, zu seinem Hausstande zu rechnen. Dadurch hatte er wieder nicht nur für sich, sondern auch für seine Frau eine sehr pflichtenreiche und verantwortungsvolle Stellung übernommen. Mit großer Treue und Aufopferung hatte sich Frau Pastor Baltzer von Anbeginn an den übernommenen Pflichten unterzogen. Vom frühen Morgen bis zur späten Nacht war sie thätig für das Wohl ihrer Pflegebefohlenen. Sie that alles, um ihnen im wahren Sinne des Wortes eine Mutter zu sein; jeden einzelnen hatte sie ins Herz geschlossen und sorgte ebenso treu für ihn wie für ihre Kinder; ja diese mußten oft darunter leiden.

Vergegenwärtigen wir uns nur einmal den Verlauf eines Tages im Seminarleben, um zu sehen, wie angespannt Hausvater und Hausmutter waren. Morgens um fünf Uhr läutet das Glöckchen auf dem Seminartürmchen zum Aufstehen. Um sechs Uhr ist gemeinsames Frühstück, um sieben Uhr beginnen die Stunden, um mit kurzen Zwischenpausen bis ein Uhr fortgesetzt zu werden. Ist die Frau Inspektorin einmal ausnahmsweise nicht vor dem Frühstücke in der Küche, so ist sie nachher gewiß da, um unter dem Beistande der Mägde das Mittagsbrot für die Zöglinge und die Familie zuzurichten. Daneben die mancherlei Arbeiten in Küche, Keller und Wohnzimmern, die verrichtet oder wenigstens beaufsichtigt werden müssen. Folgt nach dem Mittagsessen eine kurze Pause, so ist das eine Ausnahme, denn wenn nicht zu bügeln und Wäsche zu ordnen ist, so gibt's zu flicken und zu stopfen, an die Studenten die gewaschene Wäsche abzuliefern oder neue zu verteilen. Dann muß das Abendbrot vor- und zubereitet werden und nach demselben müssen gleich wieder für den nächsten Tag mancherlei kulinarische Vorbereitungen und Beratungen erledigt werden. Wollen die Kinder ihre Mutter sehen oder mit ihr plaudern, so müssen sie dieselbe in der Küche aufsuchen; gewöhnlich aber werden sie schnell abgefertigt, weil sie im Wege sind, und wenn die Mutter abends todmüde von ihrer Arbeit kommt, schlafen ihre Kinder gewöhnlich längst. Schreiber dieses spricht aus Erfahrung und hat manchmal darunter gelitten. Unsere Mutter war für uns Kinder meist nicht da, außer vielleicht

Sonntagnachmittags, und dann war sie müde und abgespannt. Und ebenso ging es ja uns mit dem Vater. Hatte der Inspektor morgens seine Stunden hinter sich, in denen er auch oft mehr Ärger als Freude erntete, dann kamen nach dem Mittagessen die Arbeitstunden. Da mußte alles angeordnet, die Arbeit unter die Zöglinge verteilt und oft persönlich mit Hand angelegt werden, damit alles richtig werde. Nach diesen Arbeitstunden war er dann, oft spät bis in die Nacht, auf seinem Studierzimmer beschäftigt. Weil er deswegen fast nie für die Kinder Zeit hatte, war der Vater für sie mit der Zeit ein fremder Mann geworden, zu dem sie mehr mit Scheu als mit Liebe aufblickten, und an dessen Liebe sie Zweifel fühlten, — mit Trauer sei es gesagt, — weil sie ja nicht wußten, daß er auch für sie und aus Liebe zu ihnen sich dieser Arbeit und Entbehrung unterzog. Alles zusammen betrachtet, war der Aufenthalt und das Amt am College ein großes Opfer, das Inspektor Baltzer mit seiner ganzen Familie dem Dienste seiner Kirche brachte und seine Stellung eine wenig beneidenswerte.

Etwas erfreulicher nun gestaltete sich diese Seite des Amtes, da das College als für sich bestehende Anstalt aufgehoben und zur Voranstalt fürs Seminar gemacht wurde. War auch da die Arbeit des Lehrers eine schwere, weil es den meisten Schülern an Vorkenntnissen fehlte, so hatten doch die meisten jungen Leute einen wirklich christlichen Sinn. Viel Geduld erforderte es freilich, einem jungen Mann Lateinisch, Griechisch und was sonst noch beizubringen, der noch nicht einmal richtig deutsch schreiben konnte; aber da war doch wenigstens ein gereifter natürlicher Verstand vorhanden und das Bestreben, ein bestimmtes, selbstgestecktes Ziel zu erreichen. Freilich war auch da manchmal Spreu unter dem Weizen; doch muß man im ganzen sagen, daß die große Mehrzahl brave junge Männer waren, die später im Dienste der Kirche Tüchtiges geleistet haben.

Eine große Erleichterung war zu jener Zeit das Verhältnis der Lehrer zu einander. Kamen auch wohl kleine Rei=

bungen vor, wie überall zwischen Menschen, und besonders leicht zwischen zwei so bestimmten, festen Charakteren, wie die Professoren Jrion und Baltzer waren, so arbeiteten sie doch einig Schulter an Schulter, jeder in seiner Weise, an dem Werke des Herrn, und infolgedessen im Segen.

Eine andere Last noch drückte in jener Seminarzeit schwer auf die Lehrer, das war der Krieg. Eine Zeitlang sah das Seminar mehr aus wie eine Militärkaserne. Täglich wurde mit dem Gewehr exerziert oder manchmal hier- oder dahin ausmarschiert, um irgend einer „Räuberbande" den Weg zu verlegen oder sie in Gemeinschaft mit den Farmern aus der Umgegend zu vertreiben. Einmal standen wochenlang Pferde und Esel jede Nacht angeschirrt im Stalle, um zu sofortiger Flucht bereit zu sein; nächtlich waren Posten ausgestellt, um zeitig das Herannahen der Priceschen Guerillabanden, die nur der Missourifluß von uns trennte, anzuzeigen, damit wenigstens die Frauen und Kinder geflüchtet werden könnten.

Nun, diese Zeit der Angst ging vorbei, der Herr hat das Seminar vor der oft nahe drohenden Gefahr behütet; die Zeit der Ruhe kehrte zurück, und man durfte sich wieder im alten Geleise bewegen. Aber diese Bewegung im alten Geleise war doch eben eine drückende und ermüdende, diese beständige Überbürdung, vor allem die beständige Nötigung, auf den ruhigen Genuß des eigenen Familienlebens zu verzichten, hatte etwas Aufreibendes. Es liegt für den unparteiischen Beobachter auf der Hand, die Synode arbeitete im Betrieb ihres Seminarwerkes mit unzureichenden Mitteln, wie sie dazu durch die Dürftigkeit ihrer Lage im Drucke der Zeiten genötigt war, und Baltzer mußte darunter leiden. Er mußte die Arbeiten thun für zwei, und zwar Arbeiten sehr heterogener Art. Wenn jemand eine Arbeit thut mit unzureichendem Werkzeuge, so geht das Werkzeug schließlich entzwei. Man kann sich nicht wundern, wenn Baltzer die Arbeit, in die er mit Freudigkeit, ja wohl mit einer Art Enthusiasmus eingetreten war, nach und nach als eine drückende Last empfand, von der befreit zu werden er sich sehnte. Seine äußere Stellung war, verglichen freilich mit der, wie sie Lehrern an den amerikanischen Anstalten geboten wird, eine recht dürftige; er bezog nebst freier Station für sich und seine Familie einen Gehalt von 700 Doll. Im Vergleich mit dem Einkommen manches Pastors mochte diese **Einnahme** ja manchem als eine brillante erscheinen; jedenfalls war das Einkommen **aber nicht größer, als es notwendig**, und keineswegs dazu angethan, um **Schätze zu sammeln**, denn zu berücksichtigen ist, daß die 700 Doll. Papiergeld damals einen Goldwert von ca. 300 Dollars repräsentierten, daß alle Bedürfnisse sehr teuer waren und daß aus der Familie von fünf Kindern eine von zehn Kindern geworden war.

Die Stimmung, in der sich Baltzer in der letzten Zeit seines Wirkens im Seminar befand, ist **am** treuesten in einem Privatbriefe geschildert, den er an Rieger richtete und den der Unbeteiligte, man möchte sagen, nicht ohne eine Art Mitleid lesen kann. Er schreibt im Januar 1865: „Ich für mein Teil bin müde und matt. Wirst gleich hören, **wie ich das meine.** Seit Jahr und Tag bin ich mit mir **im Kampfe und weiß nicht,** was ich thun soll. Rate du einmal. Bei meiner Stellung hier leidet meine Frau, meine Kinder, mein Familienverhältnis in allen seinen Beziehungen fast zu sehr. Die Last, die auf mir liegt, habe ich mit Gottes Hilfe bisher getragen und werde es auch ferner durch seine Gnade; meine **eigentliche Arbeit** thue ich gerne, und sie ist, hoffe ich zu Gott, auch nicht vergeblich. Aber meine Frau. Seitdem wir in **der Wirtschaft** keine Leute mehr haben, auf die man sich verlassen kann, ist ihre Last, die sonst schon groß genug war, fast unerträglich geworden. Unter unsern Mägden ist die durch die Güte deiner Frau uns besorgte — jetzt die älteste, sie ist sehr gutmütig und willig, aber dabei doch so sehr beschränkt, daß meine Frau nach allem und jedem sehen muß, wenn nicht die dümmsten Streiche gemacht werden sollen. Sie muß daher beständig in Küche, Keller und Vorratskammer sein und **kann** sich um die eigenen Kinder wenig oder gar nicht bekümmern. Das wird ihr jetzt hundertfach schwerer als sonst. Unser jüngstes Kindlein, Otto, ist ein Leidenskind, seit seiner Geburt krank, bald einmal ein paar Tage besser, dann wieder schlimmer, braucht Tag und Nacht besondere Pflege und Wartung. Nun haben wir ja freilich die —— bei uns; sie ist ein treues, liebes Mädchen und thut an dem leidenden Kinde, was sie kann, und ist deshalb für uns ein wahrer Schatz. Aber das bringt der Mutter keine ruhigen Nächte, wenn das Kind die halbe Nacht schreit oder umhergetragen werden muß, und nimmt ihr auch nicht den Schmerz, den sie fühlt, weil sie immer nur höchstens ein Viertelstündchen lang sich der Pflege des Kindchens selbst hingeben kann und die übrige Zeit in der Küche bei den leichtfertigen Mägden zubringen muß oder Trepp auf, Trepp ab laufen oder flicken und nähen fürs Haus; denn die eigenen Familienglieder kommen zuletzt oder gar nicht. Diesen Schmerz kann niemand einer Mutter nachfühlen. Dazu kommt, daß die andern Kinder seit Sommer unbeschäftigt oder wenigstens ohne regelmäßige Beschäftigung dahinleben u. s. w. Das alles dünkt mich fast zu viel, selbst die außergewöhnlichen Umstände, die durch des kleinsten Kindes Krankheit hinzukommen, abgerechnet. Und große Aussicht auf verbesserte Zustände ist nicht da; woher sollen wir zuverlässige Dienstleute bekommen? die sind selten; macht es uns doch schon die größte Mühe, überhaupt welche zu bekommen. Was da thun? Ich sehe das lange, trage es mit innerem Schmerze und bin doch unvermögend dem abzuhelfen, wie ich gerne wollte. Es könnte mir freilich niemand das Recht streitig machen, ganz einfach dem Direktorium zu sagen: „Gib mir ein auskömmliches Gehalt, ein Haus, Stall, Garten für mich allein, wie es ja Professor Frivn auch hat, und — mache mit der Wirtschaft, was du willst." Aber das will und kann ich nicht sagen. Man würde solche Zumutung sehr unverschämt finden, und das mit Recht. Die durch solche Veränderung der Anstalt erwachsenden Kosten würden so bedeutend sein, daß eine solche Zumutung von meiner Seite allerdings anmaßend, zu viel verlangend, erscheinen müßte und auch von seiten des Direktoriums bei jetzigen Verhältnissen schwerlich würde erfüllt werden können. Daß ich mir nebenbei, wenn auch nicht gerade direkt, habe vorwerfen lassen müssen, ich hätte die Wirtschaftsführung mit der Vergütung der freien Station für meine Familie nur meines Vorteils wegen und um mich zu bereichern, übernommen, läßt sich freilich schon noch ertragen, da mir mein Gewissen diesen Vorwurf nicht macht, und da derselbe, wenn auch aus einem sonst gescheiten Gehirn kommend, doch am Ende albern ist. Der einzige Ausgang aus diesem Labyrinth und dieser mein äußeres Leben immer mehr belastenden Not scheint mir eben nur der zu sein, daß ich gänzlich hier Platz mache, und daß ihr einen andern Mann an meine Stelle setzt, der nicht mit einer so zahlreichen Familie gesegnet ist wie ich. Es wird mir das schwer zu denken und auszusprechen, da mir mein eigentlicher Wirkungskreis hier lieb ist. Ich denke und spreche es auch nicht leichtfertig. Ich kämpfe mit diesem Gedanken schon lange, und davon bin ich müde und matt. Ich verhehle mir durchaus nicht die Schwierigkeit, einen Wirkungskreis zu finden, in welchem ich meine zahlreiche Familie, in der die Kinder immer mehr heranwachsen und Jahr für Jahr, wenigstens noch eine Zeit lang, größere Mittel in Anspruch nehmen, ordentlich versorgen und erhalten könnte. Aber wenn ich darüber klar wäre, daß es zum Besten meiner Familie und zum Besten der Anstalt wäre, wenn ich meinen Stab weitersetzte, so würde ich für alles andere Gott sorgen lassen, und er würde meinen Kindern schon Brot geben. — Nun habe ich mein lange beschwertes Herz einmal ausgeschüttet. Ganz kann man das trotzige und verzagte Ding freilich nicht zu Papier bringen. Und nun rate du und sprich deine Meinung, wenn du Zeit und Mühe daranwenden willst, unumwunden und frei aus und hilf mir, daß ich ruhiger und geduldiger werde."

Bemerkt sei zu diesem Briefe, daß das Söhnlein, von dem in demselben die Rede ist, bald nachher im Februar 1865 vom

Herrn heimgerufen wurde. Riegers Antwort auf diesen Brief kennen wir nicht. Sie hat es nicht verhindern können, daß Baltzer im Sommer dieses Jahres seine Resignation einreichte, die sich ganz besonders darauf stützte, daß ihm jede Gelegenheit fehle, seinen Kindern einen ordentlichen Unterricht bieten zu können. Das Direktorium lehnte die Resignation ab und suchte dem Mangel dadurch abzuhelfen, daß einige der begabteren Seminaristen ausgewählt wurden, welche den Unterricht der Kinder der Professoren übernehmen mußten. Auf die bringenden Bitten des Direktoriums entschloß sich Baltzer noch einmal zu bleiben; doch haftete der Gedanke bei ihm, daß er es nicht mehr lange aushalten könne. Er machte denn auch den Versuch, eine Gemeinde in Brooklyn, N. Y., die ihn zur Probepredigt eingeladen hatte, zu bekommen; doch ohne Erfolg, es wurde ihm ein anderer vorgezogen. Es war eben nicht Gottes Wille; er war, wie ihm das nächste Jahr zeigen sollte, für ein anderes Arbeitsfeld berufen. Auf der General-Konferenz zu Evansville, Ind., 1866, wurde er zum besoldeten General-Präses und Visitator der Gesamtsynode, ohne Pfarramt, gewählt und nahm unter Zagen und in Demut vor seinem Gott diese Wahl an.

4. Teil. — Das General=Präsidium, 1866–'80.

Besoldetes Präsidium. — Die Familie in St. Charles, Mo. — Repräsentation nach außen. Schreiben an Dr. Wichern. — Synodal=Bericht und Synodal=Predigt bei der General=Konferenz zu Indianapolis, Ind., im Jahre 1868. — Synodale Verhältnisse. — General=Konferenz zu Louisville, Ky., im Jahre 1870.—General=Konferenz zu Quincy, Jll., im Jahre 1872. — Baltzer als Redakteur, Verlags= und Kassen= Verwalter.—General=Konferenz zu Chicago, Jll., im Jahre 1877.— Schreiben betr. die Patenschaft. — Die letzten Lebensjahre. Familien= leben. Abnahme der Kräfte und Tod. — Schluß.

s ist der letzte und wichtigste Teil der Lebens= geschichte Baltzers, zu dem wir jetzt übergehen. In demselben entwickelte sich seine ganze That= kraft, zeigten sich seine großen Fähigkeiten und seine bewundernswerte Arbeitskraft. Es ist auch der für die Darstellung schwierigste Ab= schnitt, denn dem Wirken Baltzers als General= Präses voll gerecht zu werden, ohne dabei entweder zu übertreiben oder zu verkleinern, erfordert ein nicht geringes Maß von Weisheit. Um seiner Aufgabe nach seinen geringen Kräften möglichst Genüge zu leisten, wird der Verfasser, wo es eben angeht und das Material vorhanden ist, den Verewigten selbst reden lassen durch Predigt, Briefe, Be=

richte, Zeitungsaufsätze von seiner Hand, wodurch der beste Zeuge für seine Auffassung der Verhältnisse und die Führung seines Amtes aufgerufen wird. Seine persönlichen Erlebnisse werden dann wie bisher vom Verfasser eingeflochten werden.

In dem zuletzt betrachteten Zeitraume von 1858—66 hatte sich der Verein bedeutend vergrößert. Aus dem Seminar war von Jahr zu Jahr eine größere Zahl Zöglinge ins Amt entlassen worden, und aus Deutschland war mancher Sendbote herübergekommen. War die Zahl der gliedlich angeschlossenen Pastoren im Jahre 1857 neunundvierzig Pastoren mit sechzehn angeschlossenen Gemeinden, so waren es am Schlusse der Konferenz von 1866 einhundertzweiundzwanzig Pastoren und achtundsechzig Gemeinden; die Zahl der Prediger hatte sich also zweiundeinhalbmal vergrößert, die Zahl der Gemeinden sich vervierfacht.

Infolge dieses Wachstums waren denn auch die Bedürfnisse der Körperschaft andere geworden, und schon seit einigen Jahren hatte man, oder wir wollen sagen ein bedeutender Teil der Synodalen, gefühlt, daß es nötig werde, die Leitung des Ganzen einem Manne zu übergeben, der, ohne eine Gemeinde zu bedienen, sich ganz den Synodalgeschäften widmen könne. Das rief denn zunächst eine Änderung der Statuten und eine Änderung des Namens hervor, und zwar sollte der Name von jetzt an nicht mehr "Evang. Kirchen-Verein des Westens," sondern "Evang. Synode des Westens" sein.

Im Protokoll von 1866 findet sich dann bezüglich des Präsidiums folgendes: Schon auf der General-Konferenz im Jahre 1862 war die Zweckmäßigkeit der Anstellung eines besoldeten Präses zur Sprache gekommen, welcher alle Zeit und Kraft ausschließlich den wichtigen Pflichten seines Amtes als Präses widmen könne.—Diese Angelegenheit war damals noch nicht zur Ausführung gekommen, sie wurde verschoben; die Anregung derselben war jedoch nicht vergebens gewesen. Seitdem war den Synodalen die große Ausdehnung der Synode und die notwendige Mannigfaltigkeit der Geschäfte des

General-Präses noch fühlbarer geworden, und man hoffte, daß die Anstellung eines General-Präses, der lediglich diesem Amte leben könne, zur Befestigung der Einheit unserer Kirche, zur Belebung der kirchlichen Gemeinschaft aller Synodalen und zum Segen der Gemeinden sowie des Ganzen wesentlich beitragen werde. So wurde denn im Laufe der diesjährigen Verhandlungen diesem fühlbar gewordenen Bedürfnis dadurch Ausdruck gegeben, daß die östliche Distrikts-Synode durch ihren Präses den Antrag stellte: daß dem künftigen General-Präses von der Synode ein entsprechender anständiger **Lebensunterhalt** gewährt werde, damit er, jeglichen anderen Amtes entledigt, seine ganze Zeit und Kraft den Pflichten seines wichtigen Amtes widmen könne. Dieser Antrag wurde von der Synode zum Beschluß erhoben. Eine demnächst abgehaltene Wahl fiel auf den am theologischen Seminar angestellten Prof. **Balzer**, welcher dies wichtige Amt im Vertrauen auf den Herrn angenommen hat. Die Wahl erfolgte auf unbestimmte Zeit. Eine ausführliche Instruktion über die Verwaltung seines Amtes konnte dem General-Präses noch nicht gegeben werden. Ein Komitee wurde beauftragt, eine solche zu entwerfen. Die vorläufig dem neuen General-Präses gegebene Instruktion ist **die: daß er die in den Statuten ihm auferlegten Geschäfte besorge, daß er für den „Friedensboten" regelmäßig Nachrichten vom kirchlichen Gebiete schreibe und daß er, soviel seine Zeit und seine Kräfte es erlauben, die zum Synodal-Verbande gehörenden Gemeinden besuche, um das Wohl und Gedeihen des ganzen Körpers sowie die kirchliche Gemeinschaft zu fördern. Das Jahresgehalt des Präses wurde mit Berücksichtigung der gegenwärtigen hohen Preise aller Lebensbedürfnisse auf zweitausend Dollars festgesetzt. Die Wahl seines Wohnorts bleibt dem General-Präses überlassen; doch wird gewünscht, daß dabei auf eine bequeme Postverbindung mit den Synodalen Rücksicht genommen werde."

So war denn Balzers Wunsch, seines Amtes im Seminar enthoben zu werden, in einer für ihn überraschend ehrenden

Weise in Erfüllung gegangen, und obwohl der Wechsel für ihn persönlich keine Arbeitsverminderung bedeutete, so war doch eine überaus dankenswerte Erleichterung damit verbunden, indem er nun Gelegenheit bekam, sich so niederzulassen, daß er für seine Kinder Schulen haben konnte, und besonders, indem seiner Frau ihre übergroße Arbeitslast abgenommen und die Mutter ihren Kindern wiedergegeben ward. Sie durfte sich nun, wie es ja immer ihr Wunsch gewesen war, und wie es ja die natürliche Aufgabe der Frau und Mutter ist, wieder ganz ihrem Manne und ihren Kindern widmen, was sie denn auch redlich in ihrer stillen, sanftmütigen, aber energischen Weise bis an ihr seliges Ende gethan hat.

Von dem Hausvater hatte die Familie freilich nicht mehr, ja namentlich in den ersten Jahren fast noch weniger als sonst; denn er war, um den Pflichten seines Präsidial=Amtes zu genügen, geradezu die Hälfte der Zeit von Hause abwesend.

Nach Annahme des Amtes galt es zunächst, einen Wohn= ort zu wählen. Nach einer großen Stadt zog es sie beide nicht, denn sie scheuten beide das Gewühl, den Rauch und die der Jugend drohenden sittlichen Gefahren der Großstadt. Viel= mehr zog es sie natürlicherweise in die Nähe des Schauplatzes, wo sie die glücklichsten Jahre ihres Lebens zugebracht hatten. Die Wahl fiel daher auf das Städtchen St. Charles, Mo., das ja mit seiner romantischen Lage am linken Ufer des Missouri= Flusses ein ganz lieblicher Wohnort und zugleich durch seine Bahnverbindung mit St. Louis ein ganz geeigneter Ausgangs= punkt für häufige Reisen ist.

Hier kaufte sich Baltzer ein Haus oben auf dem Hügel, abgelegen vom Geschäftsteile der Stadt und als einziges Haus im „Block" auch nicht allzunahe von Nachbarn umgeben. Beim Hause befand sich außer einem geräumigen Hofe ein schöner, großer Garten. Hatte er selbst schon einige Obstgär= ten angelegt, ohne von ihnen Frucht zu ernten, so fand er hier einen ertragsfähigen, wohlangelegten Obstgarten vor, der der Familie im Laufe der Jahre manches Labsal lieferte. Anfang

Oktober 1866 zogen wir in unser neues Heim voll fröhlicher Hoffnungen und Erwartungen ein.

Sofort nach seiner Übersiedelung ging Präses Baltzer mit seiner gewohnten Energie an die Erfüllung seiner Aufgabe und seines wichtigen Amtes und widmete über die Hälfte seiner Zeit den Visitationen in den Gemeinden. Seine Verpflichtung gegenüber dem „Friedensboten" hielt er gewissenhaft ein, und es ist in dieser Zeit trotz seiner häufigen Reisen keine Nummer des „Friedensboten" erschienen, die nicht einen längeren oder kürzeren Beitrag von ihm enthalten hätte. Viel Zeit und Nachdenken nahm auch seine Korrespondenz, besonders mit dem Auslande, in Anspruch. Er suchte eben in jeder Weise die Würde der Synode und ihr Wachstum nach innen und außen zu fördern, denn er lebte ganz für sie und nur für sie.

Es sei gestattet, aus seiner reichen Korrespondenz mit dem Auslande nur eine Stelle aus einem Briefe an Konsistorial-Rat Dr. Wichern in Berlin wiederzugeben, welche zeigen mag, wie er die Stellung und die Aufgabe unserer Synode auffaßte, und wie er es verstand, die Wünsche derselben, ihre Ziele und Bedürfnisse anderen in ernster und herzlicher Weise nahe zu legen, auch gelegentlich falsche Vorstellungen über dieselbe in feiner Weise zu berichtigen. Er schreibt da:

„In Bezug auf Ihre Anfrage wegen des Bekenntnisstandes unserer Synode kann ich kurz hinweisen auf den dahin einschlagenden ersten Paragraphen unserer Statuten. Laut desselben hält sich also unsere Synode zunächst an den Konsensus des lutherischen und des reformierten Bekenntnisses. Sie will aber damit weder das eine noch das andere Bekenntnis negieren. In beiden Fällen, ob sich Gemeinden oder Pastoren im Gewissen gebunden fühlen, die Differenzpunkte beider Konfessionen im Sinne der Augustana und des lutherischen Katechismus zu fassen, oder ob im Sinne des Heidelberger Katechismus, haben solche Gemeinden und Pastoren Raum in unserer Synode, vorausgesetzt, daß sie denen, die in ihrem Gewissen sich gegenteilig gebunden fühlen, nicht die Mitgliedschaft an ihrer Gemeinde und der Leitung derselben und die Abendmahlsgemeinschaft verweigern. Die Gemeinden, die unter der Pflege unserer Synode stehen, seien sie nun derselben bereits gliedlich angeschlossen oder nur von Pastoren, welche Glieder unserer Synode sind, bedient, sind fast alle zusammengesetzt aus Gliedern, die zum Teil von Hause aus der lutherischen, zum Teil der reformierten, zum Teil bereits der unierten Kirche angehört haben; hier und da mag die eine oder andere unserer Gemeinden sein, deren Glieder ausschließlich oder wenigstens überwiegend der einen oder der andern Kirchengemeinschaft in der alten Heimat angehört haben. Das verlangen wir aber von jeder Gemeinde, daß sie keinen um deswillen, weil er für seine Person an dem lutherischen oder dem reformierten Bekenntnisse festhält, die Mitgliedschaft an der Gemeinde oder die Abendmahlsgemeinschaft verweigere. Thäte eine Gemeinde das, so wäre sie nicht in Übereinstimmung mit unserer Synode; wir könnten sie nicht als eine der unseren betrachten und müßten ihr den Rat geben, ihre Stellung in einer der Synoden der beiden Konfessionskirchen zu nehmen. Wir sind der guten und festen Überzeugung, und die Geschichte und Erfahrung unserer Synode hat sie uns fort und fort bestärkt, daß Lutheraner und Reformierte und Unierte unter einem Dache wohnen, gemeinschaftlich sich erbauen, gemeinschaftlich die Gnadenmittel gebrauchen und gemeinschaftlich ihre Gemeinde leiten können, ohne sich gegenseitig in ihrem Gewissen und in ihrem Bekenntnisstande zu beengen. Mit den Pastoren, die zu unserer Synode gehören, steht es gerade so. Wir haben solche, die für ihre Person mehr dem lutherischen, und andere, die mehr dem reformierten Bekenntnisse zugethan sind, aber keinen, der um seines Bekenntnisses willen respektive dem Lutheraner oder dem Reformierten oder dem Unierten die Bruderhand oder die Abendmahlsgemeinschaft verweigern würde; ein solcher hätte keinen Raum in unserer Synode und müßte sich seiner exklusiven Konfessionskirche zuwenden. — — Sie schreiben ferner, daß Sie gegenwärtig im „Rauhen Hause" und im Johannesstifte eine Reihe tüchtiger junger Männer haben, die bereits für Amerika bestimmt sind und sich bestimmt haben, und zwar solche, die tüchtige, zum Teil Gymnasial- und akademische Vorbildung haben, und stellen in Aussicht, daß uns diese und andere zur Verfügung gestellt werden könnten. Wie sehr würden wir uns freuen und dankbar sein, wenn uns auf diese Weise tüchtige und zahlreiche Hilfe von drüben käme. Das setzen wir voraus, daß alle diese jungen Männer, die Sie im Auge haben, entschlossen sind, von Christo, unserm einigen Herren und Heilande, zu zeugen, weil sie ihn als ihren Heiland innerlich erfahren haben, und daß sie willens sind, dieses zu thun unter mancherlei Beschränkung und Entbehrung, ohne Aussicht auf eine bequeme oder gar glänzende Stellung in dieser Welt; wäre es nicht so, Sie würden gewiß diese Männer nicht empfehlen für das schwere, mühevolle Werk, das ein evangelischer Prediger und Lehrer hier im Westen Amerikas unter den Deutschen zu thun hat. Arbeit haben wir genug auch für eine große Zahl Sendboten. Bei der diesjährigen (1868) abgehaltenen Konferenz des mittleren Distriktes unserer Synode lagen allein zwölf Gesuche von predigerlosen Gemeinden vor; keine derselben ist derart, daß ein genügender Grund vorhanden wäre, ihre Bitte abzuschlagen, und doch konnten wir keiner dieser Gemeinden sofort einen Seelsorger zur Wahl präsentieren, weil es uns an diesen fehlte. Auch in den andern Distrikten sind noch einige predigerlose Gemeinden, und außerdem liegt im fernen Westen, namentlich in Kansas und Nebraska, ein weites, weites, leider großenteils sehr wüstes Feld der Arbeit vor uns, und dort könnten gewiß, wenn uns der Herr die rechten opferfähigen Männer sendete, die bereit wären, eine Zeit lang wenigstens, allerlei Entbehrungen zu tragen und gerüstet mit frischem Mute den Feinden des Kreuzes Christi entgegenzutreten und das teure Evangelium in Einfalt und Lauterkeit zu bezeugen, manche evangelische Gemeinden gesammelt werden. Allerdings bedürften wir dazu Männer, die, Christum im Herzen, in heiliger Liebe bereit und geschickt sind, die armen Sünder zu sammeln ums Evangelium, die gottentfremdeten und lange aller geistlichen und kirchlichen Pflege entronnenen verwahrlosten Kinder der Kirche wieder zurückzurufen aus ihrem verweltlichten und materialistischen Sinne und Treiben, und dabei in der ernsten Schule des Lebens gelernt haben oder wenigstens bereit und dazu beanlagt sind, es noch zu lernen, in die eigentümlichen Verhältnisse unseres Landes und Volkes sich zu finden und sie zu verwerten zum Aufbau des Reiches Gottes. Dies letztere ist nicht zu übersehen. Wir pflegen es wohl damit zu bezeichnen, daß wir sagen: wir brauchen **praktische Leute**. Sicher brauchen wir solche in diesem Sinne, und unpraktische Leute werden hier bei aller Herzensfülle, bei allem Eifer, bei aller Gelehrsamkeit verhältnismäßig wenig ausrichten. Wir haben das mannigfach erfahren und bitten Sie darum, bei Bestimmung von Sendboten für Amerika auch diese Seite recht ernstlich berücksichtigen zu wollen.—Auf Ihre motivierte Frage, ob wir uns nicht entschließen würden, ausnahmsweise auch dann und wann einen Mann anzunehmen, dessen Stellung in den Landesverhältnissen drüben unmöglich geworden ist, möchte ich folgendes erwidern: Jedenfalls sind Sie gewiß nicht der Meinung, die sonst wohl noch öfter, als gut ist, drüben in Deutschland gehegt werden mag, als könnten wir hier in Amerika auf kirchlichem und Schul-Gebiete noch gut gebrauchen, was drüben nicht brauchbar und tauglich ist. Ihr limitierendes „ausnahmsweise" und „dann und wann," was beides gewiß recht zu betonen ist, bezeugt das. Sie wollen ja auch, wie Sie schreiben, solche Leute nicht in Bausch und Bogen empfehlen, sondern nur, wenn bei dem einen oder andern derselben nach allen Seiten hin dokumentiert wird, daß er ernstlich Buße gethan und zur Erkenntnis seiner Sünde vor Gott gekommen ist. Wo das der Fall ist, da würden wir allerdings bereit sein, auch eines solchen Mannes uns hier in der Weise anzunehmen, daß wir ihm behilflich wären, einen seinen Fähigkeiten und Kenntnissen angemessenen Wirkungskreis zu finden, so jedoch, daß wir ihm die Hand zu irgend welcher näheren Verbindung mit uns und das Zeugnis, daß er zu uns gehöre, erst dann geben, wenn er sich und seine Buße auch hier bewährt hat. Die Erfahrung hat uns in solchen Fällen vorsichtig zu sein gelehrt. Der gute Name einer kirchlichen Körperschaft hierzulande ist gar leicht bei der großen Geneigtheit in widerchristlichen und auch in christlichen Kreisen, dem Ganzen zur Last zu legen, was der einzelne verunstaltet, getrübt. Jedenfalls würden wir in solchem Falle nur entgegenkommend und helfend handeln, wenn außer einer offenen Darstellung des früheren Lebensganges eines solchen Mannes von Ihrer Seite eine unzweideutige Empfehlung auf Grund reiflicher Prüfung uns vorgelegt werden könnte. —

„Es liegt mir nun noch ob, Ihre Fragen in Bezug auf unser theologisches Seminar kurz zu beantworten. Von den Aspiranten für unser Seminar fordern wir vor allen Dingen lebendigen Glauben an unsern Herrn Jesus Christus, ein bewußtes Leben der Gemeinschaft mit ihm, verbunden mit dem Verlangen, ins Predigtamt einzutreten, weil das Herz dazu treibt und nicht etwa irgendwelche äußere Rücksichten oder unlautere Wünsche. Der Aspirant soll dabei wenigstens achtzehn, höchstens dreißig Jahre alt und unverheiratet sein, und nur in ganz außerordentlichen Fällen sind wir in den achtzehn Jahren, während welcher unser Seminar besteht, von diesen Bedingungen abgegangen. Das Maß der eigentlichen Vorkenntnisse, die wir fordern, ist ein geringes. Gute Bekanntschaft mit der Bibel, namentlich mit der biblischen Geschichte, geläufig und gut deutsch lesen, leserliche, ziemlich geläufige und nicht allzu fehlerhafte Handschrift, nicht gänzliche Unkenntnis in den Realien, kurz, ein Maß von Kenntnissen, wie es gewöhnliche Elementar- und Volksschulen in Deutschland ihren Schülern darzureichen vermögen. Daß dabei gute Verstandesbegabung und gutes Gedächtnis vorhanden sein muß, versteht sich von selbst. Der Unterrichtskursus für solche unserer Seminaristen, die mit diesem geringen Maße von Vorkenntnissen in unsere theologische Anstalt eintreten, dauert fünf Jahre. In den beiden ersten Jahren genießen sie keinen eigentlichen theologischen Unterricht; Bibelerklärung, Erklärung unseres Katechismus, deutsche Sprache, Geographie, Geschichte und im zweiten Jahre die lateinische Sprache sind die Hauptgegenstände. Vom dritten Jahre tritt die griechische Sprache und die Kirchengeschichte hinzu; in den letzten zwei Jahren kommen dazu eigentliche Exegese aus dem Grundtexte, Dogmatik, Homiletik mit praktischen Predigtübungen, kurz fast ausschließlich theologischer Unterricht. Das Hebräische wird bis jetzt noch nicht in unserem Seminare gelehrt. Sie sehen daraus, wir **erstreben** eine tüchtige theologische Bildung und sind mindestens bedacht, für dieselbe einen guten Grund zu legen, auf dem unsere jungen Pastoren dann weiterbauen können. Durch Gottes Gnade hat unser Seminar auch in dieser Beziehung manche höchst erfreuliche Resultate sehen dürfen. Die verschiedene Begabung, der verschiedene frühere Lebensgang und so manches andere läßt allerdings nicht erwarten, daß alle zu dem gleichen Standpunkte einer umfassenden theologischen Bildung kommen; manchen machen vornehmlich die alten Sprachen unüberwindliche Schwierigkeiten, und sie bleiben darum zurück. Aber unter den sechzig bis siebenzig Pastoren, die aus unserem theologischen Seminare bis jetzt ausgegangen sind, sind doch ein gut Teil, die mit treuem Fleiße fortstudiert haben und sich durchaus nicht zu schämen brauchen, sich neben Pastoren mit akademischer Bildung zu stellen." —

So weit die Mitteilung aus diesem Briefe. Man möchte sagen, jede Zeile in demselben, wie in allen derartigen Kundgebungen, atmet bei aller Bescheidenheit einen den Wert des Werkes, an dem er steht, richtig und würdig beurteilenden Geist; er verschmäht es, durch Schönfärberei und glatte Worte sich gefällig zu machen oder der Synode Vorteile zu gewinnen, sondern indem er bei der ungeschminkten Wahrheit bleibt, vertritt er fest und entschieden das ja oft bestrittene gute Recht seines Kirchenkörpers. Aus jedem Worte fühlt man die freudige Zuversicht heraus: „Gott hat uns dies Werk anbefohlen, und wir thun, was wir thun, auf seinen Befehl." Eben dieser Stempel überzeugender Wahrhaftigkeit, der seinen Briefen aufgedrückt war, sicherte ihnen dann auch den Erfolg. Man lernte in den betreffenden Kreisen die Synode und ihre Leiter achten und wandte derselben Aufmerksamkeit und Wohlwollen zu; mancher brauchbare Diener des Wortes ist seitdem von dort aus der Synode zugewiesen worden, das damals geknüpfte Band war ein dauerhaftes und noch bestehendes.

Die Thätigkeit der zwei ersten Jahre seines General=Präsidiums kann man am besten verstehen, wenn man ihn selbst reden läßt, und zwar sind zwei Dokumente vorhanden, die seine innersten Gedanken darüber aussprechen, die Synodal=Predigt, die er bei Eröffnung der General=Konferenz in Indianapolis, Ind., im Oktober 1868 gehalten hat, und sein Präsidial=Bericht vor derselben Konferenz, die darum beide hier hintereinander folgen mögen. Sie geben das beste Bild des Mannes und lassen klar erkennen, in welcher Weise er auch in der ganzen späteren Zeit sein Amt aufgefaßt und geführt hat.

Synodalpredigt, gehalten vor der General=Synode zu Indianapolis, Ind., am 1. Oktober 1868.

Die Gnade unseres Herrn und Heilandes Jesu Christi, die Liebe Gottes, des himmlischen Vaters, und die Gemeinschaft des heiligen Geistes sei mit uns allen, Amen.

Die Worte der heiligen Schrift, die wir unserer Betrachtung zu Grunde legen, finden sich aufgezeichnet 1 Kor. 15, 58 und lauten daselbst:

> „Darum, meine lieben Brüder, seid fest, unbeweglich, und nehmet immer zu in dem Werk des Herrn, sintemal ihr wisset, daß eure Arbeit nicht vergeblich ist in dem Herrn." —

Geliebte in dem Herrn! — Jedesmal ist uns Dienern am Wort gewiß sonderlich ernst zu Mute, wenn wir die Kanzel betreten und die versammelte Gemeinde begrüßen mit dem apostolischen Gruße. Vollends aber, wenn diese vornehmlich besteht aus solchen, die mit uns berufen sind, als Diener Christi Gottes Wort zu verkündigen und Gemeinden des Herrn zu leiten, und die zusammengekommen sind, um sich in gemeinsamer Arbeit und gemeinsamem Gebet zu stärken zu fernerer und festerer Treue in dem ihnen anvertrauten Werke. Da erregt es uns lebhafter denn je, wie sehr wir Diener am Worte der Gnade unseres Heilandes, der Liebe unseres Vaters im Himmel und der Gemeinschaft des heiligen Geistes bedürfen, und unser Gruß wird mehr als je zu herzlichem Flehen vor dem Gott aller Barmherzigkeit und Gnade. Möge er den Gebetsgruß unseres Herzens und Mundes in Gnaden erhören und in uns allen erfüllen. —

Des Herren große Gnade und Treue ist es, ihr lieben Brüder im Amte und Stellvertreter der Gemeinden, daß wir heut wieder hier zusammengeführt sind und unsere Synodal-Versammlung eröffnen dürfen. Seitdem zum letzten Male unsere gesamte Synode versammelt war, haben wir uns des göttlichen Schutzes und Segens erfreut; jeder in seiner Lebensführung und in dem ihm angewiesenen Arbeitsgebiete, und die gesamte Synode in ihrem Werke. Wir preisen dankbar die Erbarmung des Herrn. Hinter uns liegt wieder eine zweijährige Erfahrung der Güte und des Ernstes unseres Vaters im Himmel. Ist sie uns aber bloß dazu gegeben, daß wir wieder schmecken dürfen, wie ein köstlich Ding es sei, dem Herrn gemeinschaftlich zu danken? Nein, auch sicherlich dazu, daß wir daraus lernen in Nüchternheit, heiligem Ernste und ausdauernder Treue an dem uns übertragenen Werke weiterzubauen.

Und wenn wir zurückschauen und hinein in die Erfahrungen der vergangenen Zeit, so tritt uns freilich der gnadenreiche Herr und Erzhirte seiner Gemeinde in seinem Thun an uns und um uns her groß, herrlich, anbetungswürdig entgegen; und wo dasselbe jetzt noch dunkel erscheint und verschleiert, da **wissen und glauben** wir doch festiglich, daß seine Herrlichkeit um so leuchtender hernachmals sich offenbaren werde und wir hintennach erkennen werden seine Weisheit und Liebe. Wie aber kommen wir uns vor? Ach leider wohl in den meisten Fällen wie die armen kleingläubigen Jünger, als sie im Schifflein mitten auf dem Meere waren und Not litten von den Wellen; denn der Wind war ihnen zuwider. Wie manchmal mag unser Herz geschrieen haben vor Furcht, wenn es uns vorkam in dem nächtlichen Dunkel um uns her, als nahe sich irgend etwas Ungeheuerliches unserm Schifflein, unserm Leben, unserm Amte, unserer Gemeinde, unserer Synode, und hintennach war es der Herr! Wie oft schlug unser glaubensstarkes Wandeln auf dem erregten Meere, wie bei Petrus, um und wurde zu mattherzigem Schrecken, sobald unser Blick vom Herrn sich wendete und auf die empörten Wellen schaute. Wenn unser Glaube auch nicht versinkt, doch sinkt er so oft; und das macht uns matt und träge in dem uns anvertrauten Werk. Stärkung des Glaubens, ein stilles, festes, starkes Herz thut uns so not! —

Unsere Synodal-Versammlung soll auch dazu beitragen, daß uns dieser Gottessegen zuteil werde. Wir haben es ja wohl erfahren, daß solche Versammlungen, wenn anders der Herr sich zu ihnen bezeugt, nach dieser Seite hin reich sind an Erquickungen für die matt gewordenen Streiter Christi. Gemeinsames Glaubensbekenntnis vertreibt den Kleinglauben der einzelnen. Die Kohle, die allein gelassen nahe am Verglimmen ist, erglüht wieder kräftig im Verein mit anderen. Gemeinsame Arbeit erhöht das Bewußtsein der Kraft. Was der Einzelkraft schwer dünkte, das hebt die vereinte Kraft leicht. Die Macht des Feindes, das Schwere der Arbeit des Kämpfens, der Not und Trübsal verringert sich, wenn wir's erfahren, es gehen eben dieselben Leiden über unsere Brüder. Die genossenen Freuden und Erquickungen gewinnen an Kraft durch das Bewußtsein: auch unsere Brüder sind ihrer teilhaftig geworden. So ein Glied leidet, so leiden alle Glieder mit, und so ein Glied wird herrlich gehalten, so freuen sich alle

Glieder mit. — Möge auch diese Synodal=Versammlung solche segensreiche Frucht für uns alle haben! — Das Texteswort, das wir betrachten wollen, trage denn auch unter Gottes Bei= stand reichlich dazu bei. Es gibt uns Veranlassung zu reden davon:

Was uns not ist, um in dem uns übertragenen Werke immer zuzu= nehmen.

Wir antworten auf Grund unseres Textes. Es ist uns dazu not: I. zu beherzigen, daß wir das Werk des Herrn zu treiben berufen sind; II. fest und unbeweglich zu bleiben im Glauben auf dem Grunde dieses Werkes; III. hinzuschauen auf die gewisse Vollendung desselben.

I.

Um in dem uns übertragenen Werke immer zuzunehmen, thut uns zuerst not, zu beherzigen, daß wir darin das Werk des Herrn zu treiben berufen sind.

Das Werk des Herrn unser Werk, und unser Werk des Herrn Werk; wir berufene Mitarbeiter Christi! Stände uns das doch allezeit in Flammenzügen ins Herz geschrieben, wahr= lich, Sehnen und Nerven könnten nicht erschlaffen, Gaben und Kräfte müßten wohl sich mächtig entfalten; der Eifer könnte nicht erkalten, die Treue nicht wanken, die Geduld und Aus= dauer nicht erschlaffen. — Gibt's denn ein Werk, das hinan= reichte in innerster Herrlichkeit und in seiner ewigen, seligen Frucht an das Werk des Herrn, von dem er selbst zum Vater sagt: „Ich habe dich verklärt auf Erden und voll= endet das Werk, das du mir gegeben hast, daß ich es sollte thun?" Es bedarf nicht, daß ich weitläufig rede von diesem Werke. Wir kennen es alle und predigen davon so oft im Jahre und jedesmal, wenn wir die ewigen Heils= Thatsachen, in Christo vollbracht, den Christen zu bedenken geben und ihnen zurufen: „Lasset euch versöhnen mit Gott." Die in Christo vollbrachte Erlösung ist ja unser aller Trost und

Friede, Kraft und Leben. Ohne sie wären wir die elendesten Kreaturen unter dem Himmel. Wohl hat unser lieber Heiland dies ihm vom Vater gegebene Werk vollendet. Das Lösegeld für die sündige Menschheit ist bezahlt in seinem Blute, und Leben und ewiger Friede ist vorhanden durch den und in dem, der um unserer Sünde willen dahingegeben ist in den Tod und um unserer Gerechtigkeit willen wieder auferweckt ist von den Toten. Das Wüten der Hölle mit ihrem gesamten Heere vermag sein Werk nicht wieder ungeschehen und zu nichte zu machen. Und ebensowenig wie Christusfeindschaft, Unglaube und des Teufels List und Macht etwas davonthun kann von diesem Werke, ebensowenig kann der lebendigste Glaube, die heißeste Liebe, die innigste Frömmigkeit, der brennendste Eifer etwas hinzuthun. Sein allein ist Mühe und Arbeit, er trat die Kelter allein; sein allein ist Verdienst und Ehre, ihm ist ein Name gegeben über alle Namen. — Weder Engel noch Menschen können sein Werk bessern, vervollkommnen. — In dem Sinne treiben wir freilich nicht sein Werk; dazu sind wir nicht berufen; diesen thörichten Hochmut müssen wir uns vergehen lassen. —

Aber wohl in einem andern Sinne sind wir als Diener des Herrn und seine Mitarbeiter berufen, sein Werk zu treiben. Durch Zeugnis von der Vollendung dieses heiligen Werkes in ihm dürfen wir die bereits erlösten Menschenkinder zu Christo und seinem Heile weisen. Wir sind gewürdigt, ihnen darzureichen die Gnadenmittel, durch welche der heilige Geist aus ihnen lebendige Steine machen und sie einfügen kann in den heiligen Gottestempel der Gemeinde des Herrn. Wir dürfen und sollen den Gläubigen in Wort und Sakrament die Nahrung darbieten, durch welche das göttliche Leben in ihnen gestärkt und sie geschickter werden, des Fleisches Geschäfte durch den Geist zu überwinden, auszuscheiden, zu töten. Sehen wir auf die Menschenkinder und ihre Stellung in dem Erlösungswerke des Herrn, wie sie den ewigen Segen desselben sich aneignen sollen in rechtschaffener Buße und wahrem Glauben und den ergriffenen bewahren und mehren, dann handelt sich's um ein Fortschreiten des Werkes des Herrn, dem Ziele der Vollendung entgegen, und dann wird jeder Christ, der seinen Heiland ergreift, zu einem Mitarbeiter des Herrn, der den himmlischen Beruf hat, das Werk des Herrn zu treiben in sich und anderen. —

Und beherzigen wir auch nur dies allezeit, wie wir als gläubige Christen berufen sind, zur Ehre des Herrn zu leben und dadurch sein Werk zu treiben, so wäre das schon groß und ein stachelnder Sporn, zuzunehmen in dem Werke des Herrn. Manches würde an uns verschwinden, was jetzt noch dem Schwachen zum Anstoß und Ärgernis, dem Lauen und Trägen zum Deckmantel und Schild, dem Boshaften und Widerspenstigen zum Anhalt, den Ungläubigen und Lästerern zur Beruhigung und dadurch unserer Arbeit in dem Werke des Herrn zur Hemmung gereicht.

Nun aber sind wir als Verkündiger des Evangeliums und Diener des Herrn und der Kirche in sonderlichem Sinne berufen, des Herrn Werk zu treiben. Es ist das unsere ganze und einzige Lebensaufgabe. Wir haben sie auf uns genommen aus freiem Entschluß, getrieben von der Liebe Christi, weil uns Barmherzigkeit widerfahren ist. Sie ist uns bestätigt durch die Kirche. Wir stehen in ihrem und des Herrn Dienste nach Gottes Ordnung und Beruf. Dabei sind wir durch des Herrn gnadenreiches Walten jeder in seinem Teil an einen Platz gestellt, an dem wir Gelegenheit und Aufforderung vollauf haben, alle unsere Zeit, Gaben und Kräfte treu in dem Werke des Herrn zu verwenden. Die Ansprüche, die sonst noch an uns gemacht werden von der Familie und dem Staate, von dem geselligen Verkehr, von der Geistesbildung und dem Studium, von Kunst und Wissenschaft, von Freund und Feind, sie sollen uns allezeit finden als Diener des Herrn und seine Mitarbeiter. Orts- und Zeitverhältnisse, Armut und Reichtum, Freude und Leid, Beistand und Widerstand, Erfolg oder Rückgang, innerer oder äußerer Druck, gesunde und kranke Tage sollen da nichts ändern und können das Vergessen unseres Berufs nicht entschuldigen. Daß es doch so wäre! Aber wie oft entschwindet uns das Bewußtsein, daß es unsere Lebensaufgabe ist, das Werk des Herrn zu treiben! und hintennach müssen wir es mit Scham sehen, daß wir darin nicht zu-, sondern abgenommen haben. —

In der großen Werkstätte des Geistes, die unter der gesamten Menschheit zu ihrer Beseligung durch das Werk des Herrn gepflanzt ist, bedarf aber der Herr mancherlei Gaben, mancherlei Kräfte. Thun auch die Arbeiter im Weinberge zu aller Zeit und an jedem Platze dieselbe Arbeit? ist jeder zu jeder Arbeit gleich geschickt? oder stellt nicht der weise Herr des Weinbergs den einen hierhin, den andern dahin, je nach seinen Gaben und Kräften? Bedürfen alle Pflanzen, die der himmlische Vater gepflanzt hat, zu jeder Zeit derselben Bearbeitung? Muß nicht hier beschnitten, dort behackt und umgraben werden? hier Schutz gewährt gegen Kälte, dort gegen versengende Sonnenstrahlen und Gewitterstürme? Freilich, aus einem und demselben Boden, aus einer und derselben lebendigen Quelle ziehen alle Pflanzen Nahrung und Gedeihen; ein und dasselbe Licht fällt auf sie alle zu ihrer Belebung; ein Ziel ist bei aller Arbeit: das Fruchtbringen; ein Geist treibt alle Verwendung der Kraft: der Geist der Treue, des Gehorsams, der Zucht. Da hat der Arbeiter kein Recht und keinen Beruf, zu verfälschen und zu verkümmern. Aber außerdem bedarf er der demütigen Selbsterkenntnis, daß er nicht weiter von sich hält, als sich's gebührt zu halten, nicht hinübergreift auf Arbeitsgebiete, auf die der Herr ihn einstweilen nicht angewiesen hat; daß er seine Gaben und Kräfte weder überschätzt noch unterschätzt und gerade die Stelle, die ihm zugewiesen ist, ganz auszufüllen herzlich gewillt ist. Und so ist es denn für uns Diener des Herrn von der größten Wichtigkeit, wohl zu beherzigen, welchen Teil am Werk des Herrn wir zu treiben sonderlich berufen sind.

Unsere Synode würde wenig ausrichten, wenn sie auch in bester Meinung und selbst aus dem Eifer für Gottes Reich heraus allerlei Versuche ins Unbestimmte hin machte und in rastloser Geschäftigkeit, oder ohne bestimmtes Ziel und ohne festen Mittelpunkt für ihr Thun, ihre Kräfte in Bewegung setzte; wenn sie aus den Augen verlöre, daß für jetzt ihre erste Aufgabe ist, die evangelischen Deutschen dieses Landes und die **nachströmende Einwanderung evangel. Christen aus Deutschland mit Wort und Sakrament zu versehen und unter ihnen evangelische kirchliche Pflege zu handhaben.** Beeinträchtigten andere Bestrebungen, wären sie auch an sich gut und dienlich für Gottes Reich im allgemeinen, diese ihr zugewiesene **Aufgabe und** entzögen ihr die Kräfte, anstatt dieselben dazu zu stärken, — sie könnte schwerlich zunehmen in dem Werke des Herrn.

Und ist's nicht mit **euch**, ihr lieben Brüder im Amte, und mit eurer Leitung der Gemeinden, die der Herr euch anvertraut hat, dasselbe? Wohl gibt's nur eins, was not thut allen Gemeinden, allen Seelen. Wohl fließt ihnen das zu **aus einer und derselben Quelle**, wohl können wir das nur holen aus dieser Quelle, nur ans Tageslicht fördern aus dem **einen** unergründlich tiefen und reichen Schacht des Gotteswortes. Das recht zu lernen unter Gebet und Arbeit des Geistes, ist darum freilich unsere erste und schwerste Aufgabe. Gebe euch allen der Herr zur Lösung derselben reicher und kräftiger seinen heiligen Geist, herzliche Demut und innige priesterliche Liebe zu den Seelen. Wohl sollen wir in allen Gemeinden dafür sorgen, daß der Glaube sich auspräge in lebendiger Kirchlichkeit und in herzlichem Zugethansein zu unserer Synode und ihrem Werke in lebendigem Verständnis und festem Bekenntnis des Glaubens unserer Kirche mit Wort und Wandel. Aber sollen wir denn nicht das Brot des Lebens recht teilen? Ist nicht jede einzelne Seele wieder eine besondere Persönlichkeit, die ihre sonderliche Behandlung in der Schule des Geistes erfordert? Hat nicht jede Gemeinde wieder ihre sonderlichen Eigentümlichkeiten, mögen diese nun hervortreten in Sitten und Gewohnheiten als Anhängsel ihrer Abstammung und ein-

gewurzelten Lebensrichtung, oder sich ausprägen in Anschau=
ungen, Begriffen, Vorurteilen als Folge und Frucht des ganzen
früheren Entwickelungsganges; mögen sie mehr bekunden eine
leichtfertige Anschauung des Verhältnisses zwischen Gott
und Welt und der Stellung des Christen in dieser sündigen,
argen Welt, oder mehr eine einseitige und krankhafte Ver=
kennung des Christen in der Welt; mögen sie ihren Grund
haben in Überschätzung des Wertes der irdischen Dinge, oder
in Unterschätzung derselben. Das alles aber hat wichtige Be=
deutung für die Behandlung und Leitung der Gemeinde.

Sind wir denn schon tüchtig genug, das Amt, das die Ver=
söhnung predigt, auszuüben an einer Gemeinde, wenn wir im
allgemeinen erbaulich und erwecklich reden können über das
Eine, das not thut, auf und unter der Kanzel, an Kranken=
und Sterbebetten, daheim und bei Hausbesuchen, bei Taufen
und Hochzeiten, in Vorstands= und Gemeinde=Versammlungen?
Freilich, ohne solch lebendiges Zeugnis von Christo stets bereit
zu haben, sind wir's nicht und werden's nie. Aber hierzu
muß kommen das, was man aus keinen Büchern, auf keinen
Seminarien und Universitäten durch den bloßen Unterricht
lernt: die Menschen in ihren Eigentümlichkeiten, in der beson=
dern Ausprägung ihrer Persönlichkeit und ihres jeweiligen Zu=
standes zu erfassen, und die Gemeinden in dem, was ihnen
nach der guten oder bösen Seite hin als gemeinschaftliches
Merkmal sich aufgeprägt hat, und den vorhandenen Schäden
gemäß das eine untrügliche Heilmittel anzuwenden. Darum
bedürfen wir neben und mit dem stillen, von Gott getragenen
Studium in Gottes Wort so sehr des herzlichen, warmen,
lebendigen Verkehrs mit der Gemeinde in den zu ihr gehören=
den einzelnen Personen, und ohne diesen und solches Hinein=
leben in die Gemeinde und Zusammenleben mit ihr wird unser
noch so eifriges Treiben des Werkes des Herrn mangelhaft und
verhältnismäßig erfolglos bleiben. Wir stehen dann etwa da
als Hirten, die ihren Schafen im besten Falle gutes, kerniges
Futter vorhalten, aber entweder nicht das für ihre Eigentüm=

lichkeit passende, oder zu hoch oder zu niedrig, so daß sie es nicht erreichen können und ungesättigt bleiben bei voller Tafel.

Auch das erfahren wir, daß unsere Gaben und Kräfte im **Dienste des Herrn** nach den verschiedensten Seiten hin in Anspruch genommen werden. Bald kostet es da große Anstrengung des Leibes und Geistes, bald ist es nur leichte, vielleicht ganz mechanische Arbeit, die uns obliegt. Die eine dünkt uns herzliche Lust und Freude, zu der andern müssen wir uns mehr zwingen und überwinden. Diese dünkt uns besonders groß, gewichtig, folgenreich, jene gering, bedeutungslos, fruchtlos. Wir machen da so gerne einen Unterschied zwischen kleinen und großen Dingen nach u n s e r m Maßstab und erlauben uns wohl ungescheut in j e n e r Untreue, wenn wir auch solche in d i e s e r uns zu Schulden kommen lassen. Sollten wir aber nicht vielmehr auch in den anscheinend geringfügigen Dingen unseres Amtes beherzigen, daß auch sie zum Werk des Herrn gehören? Wird nicht oft ein großes, mächtiges Maschinenwerk unbrauchbar, wenn nur das kleinste Rädchen drin zum Stillstand gebracht wird und versagt? Fühlt nicht der ganze lebende Organismus irgendwie eine Störung, wenn ein Glied abstirbt? Wie wir selbst nicht jeder ein Auge, jeder eine Hand, jeder ein Fuß sein können an dem Leibe, dessen Haupt Christus ist, so hat auch das uns übertragene Thun im Werke des Herrn freilich verschiedene Stellung und Geltung an sich, alles und jedes aber soll eingreifen und mitwirken zum Fortgang des Ganzen, und keins ist in seinem Verhältnis zu dem anderen, zu dem Ganzen bedeutungslos und **unwichtig**. Uns kommt nicht zu, das eine oder das andere zu unterlassen, weil es an sich uns wertlos erscheint, sondern n i c h t t r ä g e z u s e i n i n d e m, w a s w i r t h u n s o l l e n; Treue zu üben im kleinen und kleinsten und bei allem zu beherzigen, daß wir damit berufen sind, des H e r r n W e r k zu treiben.

II.

Wir kommen zu der zweiten Antwort, die unser Text gibt auf die Frage: Was uns not ist, um in dem uns übertragenen

Werke immer zuzunehmen; — nämlich: **Fest und unbeweglich zu bleiben im Glauben auf dem Grunde des Werkes des Herrn.** —

Wenn Paulus seinen korinthischen Christen ermahnend zuruft: „**Seid fest und unbeweglich!**" so setzt er voraus, daß sie einen festen Grund unter den Füßen haben, der ihnen für ihre Haltung eine gewisse Stütze, ein sicheres Fundament darbietet. Wer einen ernsten, heißen Kampf mit einem vielgewandten, wohlgeübten, listigen, schnellfüßigen Gegner durchzukämpfen hat, der bedarf dazu eines Grundes, der unter seinen Füßen nicht wankt. Loser Grund, schlüpferiges Erdreich läßt ihn nicht fest und unbeweglich stehen gegen die listigen Anläufe seines Gegners; er würde bald besiegt zu Boden gestreckt sein. Christenleute bedürfen in dem ihnen verordneten Kampfe mit Sünde, Welt und Teufel eines Glaubensgrundes, auf dem sie wie auf einem Felsen festgewurzelt stehen, der sie vor allem Gleiten schützt, und von dem sie sich nicht wegbewegen lassen. Wenn das für jeden Christenmenschen schon nötig ist, dann vor allen Dingen für uns Diener des Evangeliums in unserm Beruf und Kampf.

Wir können auch ebensowenig, wie die Korinther, an die Paulus schreibt, zweifelhaft darüber sein, wo dieser feste, sichere Punkt für unsere Stellung und unser Wissen zu finden ist. Hat der Apostel doch vorher im ganzen Textkapitel davon geredet. Die Erlösungsthatsache ist es, die da gipfelt und sich vollendet in der Auferstehung Christi. Hier ist der Ruhe- und Schwerpunkt unseres Glaubens, hier das Fundament, auf dem allein wir fest und unbeweglich stehen können: Gott war in Christo und versöhnte die Welt mit ihm selber! — Der Tod ist verschlungen in den Sieg! — Gott aber sei Dank, der uns den Sieg gegeben hat durch unsern Herrn Jesum Christum! — Dasselbe Fundament, aus dem das ganze Werk des Herrn, an dem wir Mitarbeiter sein sollen als seine Diener, hervorgewachsen ist, derselbe Grund, auf dem das Werk fest und unbeweglich steht, so daß die Pforten der Hölle es nicht überwältigen können, derselbe Grund, der gelegt ist, außer dem kein anderer gelegt werden kann: ist der feste Standpunkt, wie für jeden Christen in dem ihm übertragenen Ringen und Wirken nach innen und außen, so auch für des Herrn Diener in ihrer Einzelarbeit an sich und andern, sonderlich ihren Gemeinden, und in ihrer Gesamtheit in Synoden und Kirchengemeinschaften; und es ist für sie kein „fest und unbeweglich sein" möglich, wenn sie nicht im Glauben und darum auch in ihrem Zeugnis fest und gewurzelt bleiben in dem Grunde dieses Werkes des Herrn.

Aber ist es denn nötig, u n s dazu zu ermahnen? Ist Gefahr vorhanden, daß wir diesen Grund unter den Füßen verlieren? Sind wir nicht evangelische Christen, Diener der evangelischen Kirche? Ist das nicht gerade ihr Kennzeichen, daß sie von keinem andern Grunde des Heils wissen will, als dem, der in Christo ruht, in seiner Person, in seinem Verdienst, in seinem Gehorsam bis zum Tode am Kreuze, in seiner Auferstehung und Verherrlichung? Schart sie sich nicht um die Bibel als Gottes Wort und darum um die untrügliche Richtschnur des Glaubens und Lebens? Bekennt sie nicht deshalb Christum, als den ewigen Gottes-Sohn, Gott von Gott, Licht vom Licht, der Mensch geworden, um durch seine Dahingabe uns zu versöhnen mit Gott; als den, der uns von Gott gemacht ist zur Weisheit, zur Gerechtigkeit, zur Heiligung und zur Erlösung; als den Hohenpriester, der mit seinem eigenen Blut eingegangen ist in das Allerheiligste und hat eine ewige Erlösung erfunden? Hat sie nicht nach den Tagen der gesegneten Reformation mit diesem ihrem Bekenntnis und Zeugnis den Schutt und Unrat, der den Glauben verdeckte, die Lehre verkehrte, den Wandel befleckte und so die armen erlösten Menschenseelen in seelenverderbliche Irrtümer und Irrwege hineintrieb, hinweggeräumt und damit wieder angeknüpft an die rechte Gestaltung christlichen Glaubens und Lebens der ersten Jahrhunderte? Können wir nicht unsern Gemeinden im allgemeinen bezeugen, sie wollen keinen anderen Christus in ihrer Mitte von den Kanzeln gepredigt wissen, als den eingebornen Sohn vom Vater, voller Gnade und Wahrheit, der unsere Gerechtigkeit ist?

Das ist wohl so, meine lieben Brüder; — aber doch, wie zu allen Zeiten, so auch jetzt am allerwenigsten, darf nicht verstummen die Mahnung: Halte, was du hast, daß dir niemand deine Krone raube! Satans List, den Bekennern Christi den Glauben an den gekreuzigten Erlöser zu rauben, ihnen aber dabei den Schein des Glaubens zu lassen und auch wohl ein Zeugnis desselben, wenn schon ein hohles, markloses, weil geistloses, ist allezeit groß gewesen; jetzt auch. Wohl manchem Diener des Herrn, dem die rechte Treue, Wachsamkeit, Nüchternheit fehlte, der nicht anhielt am Gebet und nachließ, Gottes Wort fleißig zu lernen und zu studieren, ist ganz allmählich, ohne daß er selbst es recht merkte, der Glaubensgrund zu zerrinnenden Sandkörnern geworden. Damit aber schwand auch seine Festigkeit und Unbeweglichkeit im Kampf gegen den Unglauben, die Sünde in allen ihren Formen, den Abfall von der Wahrheit, wenn auch der Mund im gewohnten Geleise noch lange Zeugnis von Christo ablegte; derer nicht zu gedenken, die im Geiste begannen, aber offenbar im Fleische endeten und aus Bekennern des Glaubens zu offenen Aposteln des Unglaubens wurden. Aber wo selbst noch im besten Falle vorhanden ist ein Lippenbekenntnis des Glaubens, während im Herzen des Geistes Flamme noch nicht brennt oder längst wieder erloschen ist, was mag solch Zeugnis ausrichten? kann es auch zünden, da ihm die Wärme des Lebens fehlt? kann es auch niederschmettern, da ihm die göttliche Kraft gebricht? kann es auch aufrichten, trösten, beleben, da es tot ist? Und dann: andern predigen, aber selbst verwerflich werden — welch schreckliches Los! —

Wo der Unglaube in seiner groben Gestalt uns entgegentritt und, wenn auch einigermaßen verhüllt durch diese oder jene zweideutige Redensart, doch deutlich genug Gottes Wort zum armseligen Menschenwort, den ewigen Gottessohn zum gewöhnlichen sündigen Menschenkinde herabdrückt, sein Erlösungswerk zu einem Machwerk, das andere viel besser hätten zustande bringen können, da wird er gerade nicht sehr gefährlich; sein abschreckendes, heilloses Zerrbild schaut zu deutlich aus der vorgenommenen Maske, als sei dies eigentlich der Geist und Inhalt des Christentums, heraus. Wo er aber einherschreitet in dem gleisnerischen Gewande vermeintlicher christlicher Wissenschaft und tiefer spekulativer Theologie, wo er seine ganze Hohlheit in das Phrasengeklingel christlicher Formeln dicht verhüllt, wo er seine grundstürzenden Irrtümer mit dem falsch gebrauchten Gottesworte schön aufzustutzen versteht und durch Zwang und Drang oder durch allerlei sophistische Kunststücke in Übereinstimmung zu bringen weiß mit dem Wortlaute der kirchlichen Bekenntnisse — da ist die Gefahr nicht geringe; da gilt es fest und unbeweglich zu stehen. Die Augen zudrücken vor diesem Feinde und sich einreden, er sei nicht da, den Kopf in den Sand stecken, wie der Vogel Strauß, das ziemt uns nicht als Dienern des Herrn; wohl aber in Einfalt des Glaubens seine Luftstreiche parieren und das Eindringen in unsere Herzensburg ihm wehren. Hat er sich erst in einem Ecklein festgesetzt, so unterminiert er von da aus leichtlich den ganzen Grund unseres Glaubens und mit der Festigkeit und Unbeweglichkeit ist es vorbei. — Wo man uns das: Christus allein! der Glaube allein! die Bibel allein! nehmen will durch offenbaren Spott und Hohn oder durch thörichtes Geschwätz des sogenannten gesunden Menschenverstandes, da sind wir mit solchem Feinde bald fertig und weichen ihm keine Linie breit. Wo man aber jene Wahrheit scheinbar stehen läßt, aber weiß geschickt nebeneinzuführen oder wohl gar als eigentlichen und vollen Inhalt dieser Wahrheit darzulegen die oberste Geltung dieser oder jener Bekenntnisschriften, das Vertrauen auf die Zugehörigkeit zu dieser oder jener Kirche und das Bekenntnis zu ihrer Lehre, auf diese oder jene Extra-Gnadenmittel, die dem Glauben und göttlichen Leben erst zu rechter Geburt verhelfen können, auf diese oder jene

Kirchenverfassung und gottesdienstliche Ordnung u. dgl., — da gilt es fest und unbeweglich stehen, da ist Gefahr; denn der Pharisäer in uns mit seinem Vertrauen auf äußerliches Menschenwerk findet zu gut dabei seine Rechnung.

Wie sollen wir zunehmen in dem uns übertragenen Werke des Herrn, wo wir nicht fest und unbeweglich blieben auf dem Grunde dieses Werkes? Kann auch mit innerer Haltlosigkeit bestehen ein stetiges, treues, in seiner Kraft wachsendes Zeugnis und Wirken des einzelnen? Kann mit ihr bestehen ein festes Zusammenhalten und einheitliches Vorgehen derer, die in ihrer Gesamtheit ein und dasselbe Werk zu treiben haben? Jeder einzelne von uns in seinem Wirkungskreise und wir alle zusammen mit unseren Gemeinden als ein kirchlicher Körper haben bei dem uns übertragenen Werke von den Menschen her wenig Beistand jemals genossen und wenig zu erwarten, Widerstand destomehr von allen Seiten. Wie soll der überwunden werden, wenn wir nicht dastehen als ein geschlossenes Ganze in Einheit und Festigkeit des Glaubens? Wie wollen wir dem derzeitigen Rütteln an dem Fundament des Christentums erfolgreich die Spitze bieten, wenn wir nicht selbst fest und unbeweglich stehen auf demselben im Glauben und Bekenntnis unseres Herrn und Erlösers Jesu Christi und seines heiligen Wortes! — Und schütten wir denn da Wasser in ein Sieb? Treiben wir ein vergeblich Werk? Ist unser Beten, Glauben, Zeugen, Ringen umsonst? Hat es keine Zukunft? Winkt ihm nicht die Verheißung der Frucht? —

III.

Das ist drittens die Antwort, die unser Text auf die Frage, was uns not sei, um in dem uns übertragenen Werke immer zuzunehmen, uns gibt: **Hinzuschauen auf die gewisse Vollendung dieses Werkes.** — Das soll unser Trost sein bei den vielen sauren Tritten, die wir thun, bei den vielen schweren Mühen, die uns obliegen, bei der Thränen- und Gebetssaat, die wir streuen.

Schon mit dem „Darum," womit unser Text anhebt, weiset der Apostel Paulus auf den Sieg hin, den uns Gott gegeben hat durch unsern Herrn Jesum Christum. In dem vollendeten Erlösungswerke ist der Sieg schon gegeben; wir warten nur noch seiner vollen Erscheinung in dem vollendeten Gottesreiche der triumphierenden Gemeinde beim Herrn. So gewiß der Herr gekommen und vom Kreuze gesprochen hat: es ist vollbracht, so gewiß er von den Toten auferstanden ist, — so gewiß wird sein Werk einst als ein vollendetes erscheinen und der Sieg des Lichtes und Lebens über Finsternis und Tod offenbar werden. Wie kann Arbeit aber in einem Werke, dem der Sieg schon mit in seiner Grundlegung nach Gottes ewigem Ratschluß gegeben ist, vergeblich sein? Jedes hinzugetragene Steinlein trägt etwas bei zur Vollendung des herrlichen Tempelbaues. Darum schließt auch der Apostel unsern Text mit den trostreichen Worten: „sintemal ihr wisset, daß eure Arbeit nicht vergeblich ist in dem Herrn."

Der Apostel will unsere Herzen nicht zu pharisäischem Dünkel schwellen, auch nicht zu scheinheiliger Werkgerechtigkeit spornen damit, daß er so redet von unserer Arbeit. Er weiß wohl aus eigener Erfahrung, und so wir anders ihm einigermaßen ähnlich sind in Selbsterkenntnis und Demut, so wissen wir alle mit ihm: daß wir tüchtig sind, das ist von Gott; aus Gnaden sind wir, was wir sind. Alle Arbeit, Leibes und Geistes, die in dem Werk des Herrn etwas fördert, ist Geisteswirkung, ist Arbeit, die der Herr selbst thut durch seines Geistes Wirkung und seine schwachen Werkzeuge; also seine Arbeit, für die ihm Ehre und Dank gebühret. Aber wir müssen unseren Willen hergeben, unser Herz, nicht bloß mechanisch die Gliedmaßen unseres Leibes und die Kräfte unseres Geistes zu dieser seiner Arbeit durch uns, und darum nennt sie der Apostel auch unsere Arbeit und stimmt uns damit zum Preise dessen, der uns arme sündhafte Menschen gebrauchen kann und will, um seine Geistesarbeit auszurichten unter Menschenkindern. Und worauf kommt sie denn hinaus, alle diese **unsere** Arbeit? Sie ist und bleibt, wenn's anders seine Geistesarbeit ist, ein Dreinschlagen mit dem Schwerte des Geistes, zuerst in unsere eigenen Herzen hinein, gegen unsere eigene Brust, dann in die Herzen anderer und auf die von ihnen vorgehaltenen Schutzwaffen zu ihrer Zertrümmerung. Darum ist's beides, ein Leiden, Dulden, Kreuztragen, Sich= selbstkreuzigen und ein mutiges Angreifen und rastloses Käm= pfen. Wer aber gibt uns das Schwert des Geistes in die Hand? Wer lehrt uns, es recht schwingen? Wer verleiht ihm seine Schneide? Wer schenkt ihm seine tötende und doch bele= bende Kraft? Der Herr ist's, unser Held im Streite! —

Darum schon, weil **unsere** Arbeit, von der hier die Rede ist, in der rechten Weise gethan, des **Herrn** Arbeit ist, kann sie nicht vergeblich, nicht leer, unnütz, segenslos sein. Freilich bloße Menschenarbeit, losgelöst von aller Gnadenwirkung des Herrn, wäre immer vergeblich, und zeigte sie auch die umfas= sendste Wirkung; sie gehört nicht zu den Werken, die uns nach= folgen, sie kann keine bleibenden, ewigen Früchte aufweisen, ihre scheinbare Wirkung, ihr trügerischer Erfolg sinkt mit dem Tode dahin! — Nur soviel und soweit unsere Arbeit des Herrn Arbeit ist, ist sie nicht vergeblich. —

Darum steht auch dabei das bedeutsame: „in dem Herrn!" Also in ihm beruht es, in ihm liegt der Grund, daß unsere Arbeit nicht vergeblich ist. **Unsere** Mühe und Anstrengung, unser Seufzen und Ringen, unsere Gefahren und Entbehrun= gen haben nichts damit zu thun. Wir würden allerdings keine Werkzeuge sein können in seiner Hand ohne Treue und Hingebung. Aber das verursacht nicht den Erfolg. Wäre es so, wie leicht müßten wir nutzlos werden! Wie mancher Diener des Herrn arbeitet unter großer Entbehrung und mit ganzer Kraft jahrzehntelang und sieht nichts von Frucht. Doch kann sein Herz fröhlich und stark sein; doch soll er wissen, er arbei= tet nicht vergeblich in dem Herrn! — In einzelnen Gemeinden mag es rückwärts gehen, das Wesen dieser Welt einreißen und das ernste, rechtschaffene Wesen in Christo verdrängen, auch bei treuer Arbeit des Seelsorgers und der Vorstände. Doch ist die angewandte Arbeit nicht vergeblich, doch trägt der gestreute Samen ewige Frucht.

Synoden mögen eine Zeit lang bestehen und wirken und wieder vergehen, Kirchengemeinschaften weggefegt werden in der Christenheit, ganze Kirchen dahinsinken und ihr Gebiet wieder dem Unglauben einräumen müssen; — was in ihrer Arbeit in des Herrn Namen geschah und aus seinem Geist gewirkt wurde, das bleibt und trägt ewige Frucht. In Christo, um seines vollbrachten Erlösungswerkes willen, liegt allein die feste Hoffnung und Gewißheit, daß sein Werk trotz allem Schwanken und teilweisem Unterliegen doch der Vollendung entgegengeht, und daß jede treue Arbeit an demselben dazu mitwirken muß, wenn unsere Augen auch nichts davon sehen. Ist doch die Macht der Sünde, des Fleisches, des Todes, welche sich überall dem Werke des Herrn hemmend entgegenstemmt, schon überwunden durch den, der die Sünde getilgt an seinem Fleische auf dem Holz, die Welt überwunden, den Tod besiegt hat durch die Auferstehung. Diese Hoffnung und Gewißheit tröstet und stärkt, gibt Mut und Ausdauer, um den Sieg rüstig zu erkämpfen und selbst im Erliegen ihn im Glauben vor Augen zu sehen und sein sich zu freuen.

Und was wir aus der Sache an sich schon gewiß wissen, wird's uns nicht bestätigt durch die Erfahrung? Jene Korinther konnten nur zurückschauen auf eine kurze Erfahrung; und doch, hätten sie auch nichts weiter gesehen, als ihre eigene Gemeinde und was in ihr zu Stand und Wesen gekommen war neben allen Mängeln und Gebrechen, so hätten sie darin ein reiches Erfahrungszeugnis dafür gehabt, daß die Arbeit an dem Werke des Herrn nicht vergeblich ist in dem Herrn. Wir können zurückschauen auf die gesamte Entwickelung der Kirche seit dem ersten Pfingsten, und hellleuchtend tritt uns dieselbe tröstliche Erfahrung allenthalben aus ihr entgegen. Wir haben hinter uns die Geschichte unserer evangelischen Kirche, unserer Synode, unserer Gemeinden, unseres Amtslebens, und tausendfältig tönt uns daraus entgegen die Stimme: Eure Arbeit ist nicht vergeblich in dem Herrn! —

O wir wissen das wohl! Möge es auch seine ermunternde, tröstende und stärkende Kraft an uns bewähren, daß wir zunehmen in dem uns anvertrauten Werke und mit erhobenen Häuptern, gläubiger und fröhlicher Siegesgewißheit im Herzen, festgegründet in dem, der um unserer Sünde willen gestorben und um unserer Gerechtigkeit willen auferweckt ist von den Toten, der zum Haupte der Gemeinde gesetzt ist über alles, in wachsender Treue und Geduld ausharren bis ans Ende.

Dazu erwecke uns auch kräftig unsere diesmalige Synodal-Versammlung. Sie selbst werde mit ihren Beratungen und Erfolgen ein lautzeugender Beweis, daß wir fest und unbeweglich sind und zugenommen haben und zunehmen wollen in dem Werke des Herrn. Unsere Arbeit in diesen Tagen sei des Herrn Geistesarbeit in uns, dann ist sie nicht vergeblich. — Der Gott aber des Friedens, der von den Toten ausgeführt hat den großen Hirten der Schafe durch das Blut des ewigen Testamentes, unseren Herrn Jesum Christum, der mache euch fertig zu allem guten Werk, zu thun seinen Willen, und schaffe in euch, was vor ihm gefällig ist, durch Jesum Christ, welchem sei Ehre von Ewigkeit zu Ewigkeit. Amen. —

Bericht für die General-Konferenz der Deutschen Evangelischen Synode des Westens, eröffnet am 1. Oktober 1868 in Indianapolis, Ind.

Erstattet von A. Baltzer, Präses.

"Die den Herrn suchen, haben keinen Mangel an irgend einem Gut." (Pf. 34, 11.) Dies Psalmwort bestätigt des Christen Erfahrung. An den Dingen, welche die verkehrte Welt zu den Gütern des Lebens rechnet, mögen die, die den Herrn suchen, Mangel haben, wie andere Menschenkinder auch. Was aber wahrhaft den Namen "Gut" verdient, das fehlt ihnen nicht; denn wer den Herrn sucht, der findet ihn und in ihm Leben und volles Genüge; und "solang ich ihn nur habe, fehlt mir's an keiner Gabe; der Reichtum seiner Fülle gibt mir die Füll und Hülle!" Sollte dies liebliche Psalmwort seine Wahrheit und seinen Trost verlieren, wenn wir es auf unsere Synode, ihr Thun, ihr Werk anwenden? Gewiß nicht. Sie mag mancherlei Hemmendes um sich sehen, sie mag arm sein an sichtbaren Erfolgen, an hervorstechenden Gaben und Kräften: ist der innerste Pulsschlag ihres Lebens nur die Verherrlichung des Herrn, sucht sie ihn nur in Einfalt und Demut, ist ihres Wirkens Ziel, daß er eine Gestalt gewinne in den Synodalen, in den Gemeinden, sucht sie in heiligem Ernst aus sich und ihrem Thun auszuscheiden, was dieses Ziel verrückt, hemmt und befleckt: dann wird sie es in dem Maße, wie dieses Suchen des Herrn rein und wahr ist, erfahren, daß sie keinen Mangel hat an irgend einem Gut. Wir dürfen durch Gottes Gnade wohl von unserer Synode seit ihrem Bestehen sagen, daß sie, wenn auch in Schwachheit und je und dann mehr oder weniger getrübt, stets die Signatur getragen und in ihrem Zeugnis von Christo und in ihrer Arbeit für ihn bestätigt hat, sie suche den Herrn; der Herr Jesus Christus, gestern und heute und in Ewigkeit derselbe, sei, wie er ihr Grund und

Haupt ist, so auch ihr Ziel. Wir dürfen dasselbe getrost auch sagen von den zwei letzten Lebensjahren unserer Synode seit ihrer General=Konferenz in Evansville, Ind., im Jahr 1866; wollen aber damit nur ihm, unserm Haupte, die Ehre geben, der durch seine Gnade solches unter uns gewirkt, bisher erhalten und, wie wir hoffen, gestärkt hat.

Was wir über den Zustand unserer Synode, den Fortgang ihres Werkes, die weiteren ihr vorliegenden Aufgaben, sonderlich über die, welche die gegenwärtige General=Konferenz zu lösen haben wird, zu sagen haben, soll uns ein Beleg sein zu dem obigen Psalmworte. Und wenn die folgenden in diese Materie einschlagenden Bemerkungen neben manchen erfreulichen Lichtseiten auch eine oder die andere Schattenseite enthüllen, so mag uns das ein Sporn sein und eine Mahnung, unser Suchen des Herrn immer mehr von den ihm noch anhaftenden Schlacken zu reinigen, auf daß wir auch immer reichlicher die Fülle der Güter unseres Herrn genießen in der Gemeinschaft des Glaubens und Bekenntnisses und in der rechtschaffenen, treuen Arbeit an dem gemeinsamen Werke.

Der Herr hat unserer Synode in den letzten zwei Jahren, wenn unser Blick zunächst nur bei ihrer äußeren Gestaltung verweilt, ein erfreuliches Wachstum gegeben. Bei der letzten General=Konferenz in Evansville zählte sie 122 Pastoren und 68 gliedlich angeschlossene Gemeinden; sie zählt jetzt 146 Pastoren und 80 Gemeinden, ist also um 24 Pastoren und 12 Gemeinden, im ganzen um 36 Synodalglieder gewachsen. Dieses Wachstum war in den drei Distrikten ziemlich gleichmäßig. Im nördlichen Distrikte hat sich am meisten die Zahl der Pastoren, im östlichen der Gemeinden vermehrt. Auch das Gebiet unserer Synode hat sich vergrößert. Außer den Staaten, über welche es sich bis vor zwei Jahren erstreckte, haben wir jetzt auch einen Synodalen in Kansas, und außer ihm und seiner Gemeinde sind daselbst etliche evangelische Gemeinden, die durch unsere Vermittlung mit Pastoren besetzt wurden. Diese sind zwar zur Zeit noch nicht Synodalglieder, wir hoffen jedoch und erwarten, daß sie es werden. Im ganzen sind die Gemeinden, die unter der Pflege unserer Synode stehen, an Gliederzahl gewachsen, etliche bedeutend. Ein Rückgang in dieser Beziehung dürfte nur bei einigen wenigen Gemeinden stattgefunden haben und war da zum Teil bedingt durch lokale Verhältnisse, zum Teil durch mangelhafte Organisation der Gemeinden, die einen Zuwachs von außen her oder aus der eigenen heranwachsenden Jugend so erschwerte, daß er kaum zu erwarten war. Der Wohlstand der Gemeinden hat sich im allgemeinen gehoben. Von den traurigen unmittelbaren Folgen, die der letzte Krieg im Lande mit sich brachte, sind nur wenige unserer Gemeinden, und die nicht sonderlich hart, betroffen worden, so daß sie sich schnell davon erholen konnten, und in den letzten zwei Jahren ist gewiß jede äußere wehthuende Spur jener beklagenswerten und doch segensreichen Katastrophe in der Geschichte unseres Landes verwischt worden. Der Herr hat den Fleiß unserer deutschen Landsleute fast überall gesegnet mit reichlichen Ernten, die sie zu hohen Preisen verkaufen konnten; der Wert ihres Eigentums hat zugenommen. Es ist ein erstaunlicher Unterschied, wenn man nach einem Zwischenraum von etwa zehn Jahren unsere deutschen Ansiedelungen, namentlich im Westen, wiedersieht. Felder, Wiesen und Wohnhäuser, Scheunen, Ställe, Obstgärten und Weinberge reden gar deutlich von dem rasch gewachsenen Wohlstande der Inhaber. Wenn nun auch der Wohlstand unserer Gemeinden in den größeren und kleineren Städten nicht in dem Verhältnisse, wie bei denen auf dem Lande, Fortschritte gemacht hat, so fehlen dieselben doch auch hier nicht ganz. Der Natur der Sache nach werden unsere Stadtgemeinden, was irdische Glücksgüter und irdisches Besitztum betrifft, immer hinter den Landgemeinden im allgemeinen zurückbleiben. Jener Bestandteile sind zu fluktuierend und den besitzlosen Tagearbeitern und Handwerkern großenteils zugehörig. Dennoch fehlt es auch in den Stadtgemeinden an Wohlhabenheit nicht, und die in einigen während der letzten

Jahre neu erbauten zwei großen und kostbaren Kirchen, respektabeln Schulen und Pfarrhäuser beweisen das.

Indessen unsere Synode hat auch Verlust gehabt in den letzten zwei Jahren. Numerisch ist derselbe im Verhältnis zur Größe unseres kirchlichen Körpers sehr gering gewesen, und in dieser Beziehung können wir des Herrn Erbarmen nicht genug rühmen. Freilich, Zahlen geben da allerdings nicht den rechten Maßstab. Auf der einen Seite kann der Verlust von Gliedern ein Gewinn sein; auf der andern kann der Verlust eines Mannes, wennschon jeder entbehrlich und ersetzbar ist, schwer wiegen. So beklagen wir alle das Dahinscheiden unseres seligen Bruders, Pastors G. W. Wall, des Vize-Präses der Synode, der noch munter und rüstig bei der letzten General-Konferenz in unserer Mitte war und auch in gewohnter Lebendigkeit und regem Eifer an den Verhandlungen seiner lieben Synode, der er von Anfang zugehörte, und die seiner Thätigkeit so vieles verdankt, teilnahm. Der Herr hat ihn abgerufen und ins obere Heiligtum versetzt. Wir aber gedenken sein in Liebe und Dankbarkeit. — Zwei Pastoren traten freiwillig aus dem Synodalverbande, und einer mußte im vorigen Jahre vom östlichen Distrikte ausgeschlossen werden. Dasselbe widerfuhr einer Gemeinde desselben Distriktes in diesem Jahre. Einige Gemeinden, die noch nicht gliedlich unserer Synode angeschlossen waren, aber seit einer Reihe von Jahren von unsern Synodalen bedient wurden, haben sich unserem Einflusse entzogen und Glieder anderer Synoden zu ihren Pastoren berufen und erwählt, zum Teil, weil sie auf eine der konfessionellen Seiten, lutherisch oder reformiert, hinüberneigten, zum Teil, weil die bei ihnen eingetretenen Vakanzen nicht so schnell, als sie wünschten, wiederbesetzt werden konnten; Ungeduld trieb sie, nach Hilfe von andern Seiten auszusehen, und lutherische oder reformierte oder unierte Synoden und Pastoren waren gewöhnlich schnell bei der Hand, in solche Lücken einzutreten und auf fremden Arbeitsfeldern sich festzusetzen.

Auch wenn wir nun einen Blick auf das religiöse, kirchliche und sittliche Leben in unsern Gemeinden werfen, haben wir alle Ursache, Gott zu danken für das Gute, das er durch seine Gnade in ihnen gewirkt hat; aber auch ebenso ernstlich zu bitten, er wolle das in ihnen vorhandene Glaubensleben mehren und stärken und durch den Geist der Zucht hin und her heiligen Ernst zu einem rechtschaffenen Wesen in Christo erweitern und den vorhandenen vertiefen.

Im allgemeinen werden die **Gottesdienste** gut besucht, und Klagen über schwachbesuchte Kirchen werden nur ganz vereinzelt laut. Übrigens dürfen wir nicht immer, ja nicht einmal vornehmlich, da, wo der Kirchenbesuch nicht zu=, sondern abnimmt, die Ursache davon in der Feindschaft gegen das Evangelium oder in der Lauheit und Trägheit der Gemeindeglieder und in dem Wachsen des irdischen Sinnes unter ihnen suchen. Wo die Pastoren nicht mit ganzer Treue, unter sorgfältigem Studium und ernstem Gebet, ihre Kraft, Zeit und Gaben auf die Auslegung und Verkündigung des teuren Gotteswortes verwenden, sondern in diesem Hauptteil ihres Amtes sich Leichtfertigkeit zu Schulden kommen lassen und von ihrer natürlichen Rednergabe alles oder das meiste erwarten, kann selten ein anderes Resultat eintreten als ein allmähliches Leerwerden der Bänke im Gotteshause.

In den meisten unserer Gemeinden wird jetzt beim Gottesdienst **unser Gesangbuch** gebraucht. Es dürfte kaum ein Dritteil unserer Gemeinden sein, die sich noch mit einem andern Gesangbuche, gewöhnlich dann dem „gemeinschaftlichen," behelfen, und unter diesem Drittel sind nur einige wenige Gemeinden, die gliedlich unserer Synode angeschlossen sind. Bei einer solchen ist auch der Gebrauch eines andern Gesangbuches als des unsrigen, zumal wenn es in seinem größeren Teile ein so armseliges ist als das „gemeinschaftliche," auffallend und tadelnswert. Der Grund dafür dürfte selten in finanziellen Schwierigkeiten bei der Einführung liegen,—die können unsere Gemeinden leicht überwinden,—sondern mehr in der mangeln=

den Belehrung über den Segen eines guten und den Schaden eines schlechten Gesangbuches von seiten der Gemeindeleitung und in der Besorgnis dieser, durch eifriges Betreiben dieser für das Gemeinde- und Familienleben so höchst wichtigen Angelegenheit irgendwelche Störung eines faulen Friedens oder Ärgernis mit einzelnen eigensinnigen Leuten sich zu bereiten. Wir wollen damit für diese Sache durchaus nicht ein ungeduldiges, eigenwilliges, den Gemeinden ihr Recht schmälerndes Verfahren den Vorständen und Pastoren empfohlen haben. Ernst und Liebe, Eifer und Geduld müssen allezeit in unserem Amte Hand in Hand gehen; Lauheit und Trägheit und beginnender Schlendrian verunzieren uns aber stets, auch in dieser Sache.

Bei den Kommunion-Feiern, die in den kleinen Städten und Landgemeinden fast überall viermal jährlich regelmäßig, in den größeren Gemeinden öfter gehalten werden, stellt sich im allgemeinen eine ziemlich genügende Anzahl Kommunikanten ein, und die meisten Pastoren können den kommunionfähigen Gliedern der zur Gemeinde gehörenden Familien das Zeugnis geben, daß sie wenigstens einmal im Jahre dem Tische des Herrn sich nahen. Immerhin wäre es jedoch wünschenswert, daß die Gemeindeglieder im allgemeinen öfter und jederzeit zahlreicher an den Abendmahlsfeiern sich beteiligten, wenn man auch unter besondern Verhältnissen im Einzelfalle sich mit diesem Zustande vollständig zufrieden geben kann. Dabei dürfte nicht unerwähnt bleiben, daß wohl hier und da die Träger des Amtes einen Teil der Schuld an den schwachbesuchten Abendmahlsfeiern mittragen. Während dafür, den Wert und Segen des heiligen Sakramentes der Taufe einzuschärfen, wohl öfter am Altar und Taufstein oder auf der Kanzel Gelegenheit genommen wird, schweigt das öffentliche Zeugnis und die Belehrung zu viel von dem Wert und Segen des heiligen Abendmahls oder wird nur den Kommunikanten in den Beichtreden nahe gelegt; Schul- und Konfirmanden-Unterricht mögen ebenfalls hier und da sich in dieser Beziehung

Unterlassungssünden und Versäumnisse zu schulden kommen lassen.

In Bezug auf **Zucht und Ordnung** scheint es sich in den Gemeinden immer besser und erfreulicher zu gestalten. Ausschließung vom Abendmahl, Ausstoßung aus dem Gemeinde-Verbande kommen vor, aber verhältnismäßig selten. Damit soll freilich nicht gesagt werden, als ob der Zustand der Gemeinden, wo dergleichen nicht stattfindet, besser sei, als der der andern. Es mag ja auch solches seinen Grund haben in dem leidigen Elis-Verfahren, das nicht einmal sauer dazu sieht, wenn auch die gröbsten Ärgernisse in der Gemeinde vorliegen. Immerhin ist sicherlich eine der Aufgaben, die unsere Wirksamkeit in den Gemeinden mit heiligem Ernst noch zu lösen hat, die Handhabung strengerer Zucht, die freilich nicht von außen her dem Gemeindeleben angeheftet werden kann und wo sie das wird, sich als oberflächliche Tünche kundgibt, die der erste Sturm und Regen abwäscht:—sondern von innen heraus aus gläubiger Annahme des Evangeliums und herzlicher Beugung unter Gottes Wort erwachsen muß. Die meisten Gemeindeordnungen bieten dem Pastor, den Vorständen und Gemeinden als einem Ganzen genügende Handhabe zur Übung christlicher Zucht, die aber dann erst wirksam und heilsam gebraucht werden kann, wenn **der Geist der Zucht in der Gemeinde eine Macht geworden ist.** —

In der Wahl der **Vorstände** haben die Gemeinden im allgemeinen einen gesunden, nüchternen Sinn **bekundet.** Gewöhnlich trifft ihre Wahl auf ältere, rechtschaffene, in gutem Rufe stehende, verhältnismäßig einflußreiche, durch ihren Wandel dem Christentum nicht Schande, sondern Ehre bereitende Leute. Selten sind in den Gemeinde-Vorständen die sogenannten sonderlichen Heiligen, die entweder in echt pharisäischer Manier den Schein eines lebendigen Christentums haben, aber weit entfernt sind von dem Wesen desselben, oder befangen in irgendwelchen Lieblingsanschauungen und sonderlichen geistlichen Ideen, allen Gemeindegliedern gern gerade die Uniform, die sie tragen, aufprägen und überziehen möchten. Ebenso sind selten in den Vorständen Männer, die zwar durch diese und jene äußere Bevorzugung, Reichtum, Redegabe, Advokatengeschicklichkeit oder dergleichen über die anderen hervorragen, aber in ihrem Leben verunzierende Makel sehen lassen und mit Gottes Wort leichtfertig umgehen. Um so erfreulicher ist diese im ganzen herrschende Besonnenheit der Gemeinden bei der Wahl ihrer Vorstände, je leichter bei mißlicher Zusammensetzung derselben in ihrer eigenen Mitte Zwietracht und Verwirrung sich einstellt, die dann doppelt verderblich für die Gemeinde und den für ihre Erbauung so nötigen Frieden wird. Wo aber der Gemeindevorstand in Eintracht und Besonnenheit handelt, weil derselbe als ein Ganzes und jedes seiner Glieder einzeln sich gern unter Gottes Wort beugt und bereit ist, das Gesamtwohl der Gemeinde zu fördern in demütiger Unterwerfung unter die Gemeindeordnung und in gerechter und unerschrockener Ausübung der ihnen zuerteilten Pflichten, — wo die Vorsteher nicht meinen, lediglich zu Aufsehern über den Träger des geistlichen Amtes berufen zu sein oder wohl gar diesen als ihren und der Gemeinde Knecht ansehen, der ihren Willen auszurichten habe, sondern wissen, daß sie denselben als Knecht Christi zu betrachten haben und ihm gesetzt sind zu Helfern in seinem schweren Amte, — wo die Pastoren nicht die Herren sein wollen über ihre Vorsteher, sondern ihnen die gebührende Ehre und Achtung erweisen, ihnen ihre Rechte nicht schmälern und sich selbst als die Mitältesten wissen: — da geht von solcher gottgefälligen Gemeinde-Verwaltung ein reicher erbauender Segen in die Gemeinde und nach außen über. Wir wünschen allen unsern Gemeinden solche Vorstände und möchten es ihnen recht ernstlich zu bedenken geben, daß sie bei der Wahl ihrer Vorstände stets der Gemeinde wahres Wohl im Auge haben und alle andern Rücksichten fahren lassen, die meistens in Menschengefälligkeit und Menschenfurcht ihre letzten Wurzeln haben.

Ist der Vorstand tüchtig und wenigstens annähernd das, was er sein soll, so lassen sich auch die Vorstands=Ver=

sammlungen weit fruchtbarer machen für das Ganze der Gemeinde und für die Beförderung christlichen Lebens in ihr. Dieselben bieten leider häufig nur ein breites und ziemlich hohles Hin- und Hergerede über äußerliche Angelegenheiten dar, die allerdings nicht bloß ernst und genau besprochen, sondern auch mit der peinlichsten Treue und Pünktlichkeit verwaltet werden, aber doch nicht den ausschließlichen Geschäftskreis des Vorstandes ausmachen sollten. Es sollte derselbe in seinen Versammlungen doch auch allezeit Raum haben und Drang in sich spüren, Mittel ausfindig zu machen und Wege zu eröffnen, daß die geistliche Gesundheit der Gemeinde erstarke, was gut und Gott gefällig in ihr ist, gefördert, was böse und anstößig ist, gehemmt und entfernt werde, ohne daß dem sündlichen Splitterrichten und Afterreden die kostbare Zeit gewidmet werde. — In einer einzigen Gemeinde habe ich eine ganz sonderliche und gewiß nicht zu empfehlende Einrichtung getroffen. In ihr halten die Vorsteher mit ihrem Pastor die Vorstands-Versammlungen gewissermaßen öffentlich, d. h. die sonstigen Gemeindeglieder haben nicht nur zu derselben freien Zutritt, welches Recht sie fleißig gebrauchen, sondern reden auch und raten nach Belieben mit. Es ist das gewiß ein Mißbrauch, der nicht einreißen sollte, da man bei solcher Art; Vorstands-Versammlungen zu halten, nicht einsehen kann, wozu die Gemeinde überhaupt einen Vorstand hat und einer Gemeindeleitung bedarf; sie könnte dann ohne diese ebensogut alles und jedes durch Gemeinde-Versammlungen ausmachen, ein Verfahren aber, das zu vielem Wirrwarr Veranlassung geben dürfte.

Die Sorge für die Jugend sollte sich unsere Synode im allgemeinen und jede unter ihrer Pflege stehende Gemeinde im besonderen recht angelegen sein lassen. Es bleibt auf diesem Gebiete noch vieles zu wünschen und zu thun übrig. Es ist nicht zu verkennen, daß in einem großen Teile des Gebietes unserer Synode ein reger Eifer für Aufrichtung und Leitung von Gemeindeschulen vorhanden ist, die zum

Bestehen und zur Förderung unserer Gemeinden wesentlich notwendig sind. Aber anderseits müssen wir es auch beklagen, daß ein gutes Teil der Gemeinden in dieser Beziehung weit hinter dem zurückbleibt, was man mit Recht von ihnen erwarten könnte. In nicht wenigen Gemeinden fehlen die Gemeindeschulen ganz, ja selbst der Wunsch sie zu haben und der ernste Wille, der Hand anlegt, sie in Gang zu bringen. Wir verkennen durchaus nicht, daß oft große Schwierigkeiten mannigfacher Art der Organisation regelmäßiger Gemeindeschulen im Wege stehen; aber Pastoren, Vorstände und Gemeinden sollten mit ernstem Willen darangehen, diese Schwierigkeiten zu beseitigen, und es würde sich wenigstens an manchen Orten in dieser Beziehung besser gestalten. — Häufig wird Klage geführt über die **konfirmierte, erwachsene Jugend**; ihr leichtfertiges, zum Teil zuchtloses Wesen zeigt wenigstens sehr mangelhaftes kirchliches Leben. In den Landgemeinden ist dies aus sehr nahe liegenden Gründen weniger der Fall, am wenigsten in denen, die durch eine lange Reihe von Jahren sich einer geordneten und gut gehaltenen Gemeindeschule erfreuen; am meisten in den größeren Stadtgemeinden. Es ist schmerzlich, daß für diesen Teil der unserer kirchlichen Pflege Befohlenen so wenig gethan wird und den Verhältnissen zufolge gethan werden kann. Es ist hier allerdings ein schwieriges, aber gewiß nicht unfruchtbares und in die ferneren Geschlechter hinein Segen verheißendes Feld unserer christlichen und pfarramtlichen Fürsorge. Möchten die Herzen der Glieder unserer Synodalen für dieses Gebiet recht warm schlagen und Mittel und Wege gefunden werden, deren Erfolg jene Klage in das Lob verwandele, daß unsere erwachsene Jugend züchtig und ehrbar, dem Herrn zu allem Gefallen und in geregelter Kirchlichkeit wandelt. Gut geleitete Jünglingsvereine, wo die Verhältnisse ihre Organisation gestatten, Versorgung der Jugend mit gesunder Lektüre, Einwirkung auf christliches Familienleben durch öffentliches und sonderliches Zeugnis aus Gottes Wort, treue kirchliche Pflege und Erziehung der unerwachsenen Jugend, regelmäßige kirchliche Kinderlehren und Jugendgottesdienste können da unter des Herrn Gnadenbeistande viel Gutes wirken, und die Pastoren und Gemeindeleiter sollten das eine oder das andere dieser Mittel, das gerade den obwaltenden Verhältnissen gemäß am angemessensten und anwendbarsten ist, nicht unversucht lassen.

Mit Freude und Dank gegen den Herrn müssen wir es auch anerkennen, daß die Verkündigung des Evangeliums in unseren Gemeinden nach der Seite der **Liebesthätigkeit und Opferwilligkeit für Gottes Reich** manche liebliche Frucht gebracht hat. Nicht wenige Gemeinden machen bereitwillig erhebliche Anstrengungen, um die Pastoren und Lehrer in ihrer Mitte so zu stellen, daß sie ohne Sorgen ihr Amt verwalten können. Eine ziemliche Anzahl neuer Kirchen sind in den letzten zwei Jahren in unseren Gemeinden gebaut worden, darunter einige mit bedeutendem Kostenaufwande. Selbst in den Landgemeinden verschwinden die alten kleinen Blockkirchen immer mehr, ja sie gehören jetzt schon zu den Seltenheiten. Sie haben stattlicheren und ihrer Bestimmung angemesseneren Gebäuden aus Holz und Steinen Platz gemacht. Gute Pfarrwohnungen fehlen fast nirgends, und darunter sind manche geräumig und ansehnlich. Gute Schulhäuser und Lehrerwohnungen vervollständigen hin und her in guter Anzahl die Gemeinde-Gebäulichkeiten. Der Glockenruf von den Türmen der Kirchen her ist **nichts Seltenes** mehr. Orgeln, und darunter wertvolle Instrumente, oder wenigstens stark tönende Melodions sind ziemlich zahlreich in den Kirchen vorhanden. — Auch nach außen hin bekundet sich der Gemeinden Liebesthätigkeit. Unsere Lehranstalten erfreuen sich der Unterstützung derselben, und die Zahl derjenigen Gemeinden, die gar nichts oder nur sehr wenig für dieselben thun, ist nicht sehr groß. Die Opfer aus monatlichen, in vielen Gemeinden gehaltenen Missionsstunden und bei den jährlichen, schon in großer Anzahl gehaltenen Missionsfesten sind nicht unbedeutend und gewähren den Werken der Inneren und Äußeren Mission eine namhafte Hilfe. Andere christliche Liebeswerke, wie vornehmlich die Evangelische Waisenheimat bei St. Louis, auch das Hospital zum „Barmherzigen Samariter" in St. Louis, die Traktat- und Bibelgesellschaften u. dgl. haben immer noch bisher in unseren Gemeinden manchen fröhlichen Geber gefunden. Bei alledem und unbeschadet unserer dankbaren Anerkennung dessen, was nach dieser Seite hin geschehen ist, müssen wir doch sagen, daß die selige Pflicht des Gebens für Gottes Reich in unseren Gemeinden bei weitem noch nicht so erkannt ist, wie sie sein sollte, und daß die dargebrachten Opfer noch lange nicht in dem richtigen Verhältnisse stehen zu den Mitteln und Kräften, die in unseren Gemeinden vorhanden sind. Während manche Gemeinden unserer drei Distrikte, und sonderlich auch des östlichen, den andern in dieser Beziehung ein nachahmungswertes Beispiel geben, stehen andere ebenso wohlhabende oder noch wohlhabendere gewaltig zurück und bekunden eine traurige Engherzigkeit und Kargheit sowohl in dem, was zu ihrem eigenen Gedeihen notwendig ist, als auch in der Handreichung für das Werk ihrer Synode und Kirche oder des Reiches Gottes in ferneren Kreisen. Wären Glaube und Liebe allenthalben so kräftig, wie sie sein könnten und sollten zum Durchbrechen des selbstsüchtigen Eigennutzes und irdischen Sinnes, — träte jede Gemeinde in Reih und Glied bei der Beteiligung an den nötigen Liebeswerken, und thäte jede, was sie könnte: — die Gemeinden zusammen könnten mit den ihnen von Gott aus Gnaden verliehenen Kräften und Gaben zur Zeit wenigstens zwei- und wohl dreimal so viel thun, als von ihnen geschieht, und manche Hindernisse eines erfolgreicheren Fortganges unseres Werkes würden aus dem Wege geräumt.

Freilich, wenn wir die Geschichte unserer Gemeinden und die frühere Stellung der meisten ihrer Glieder zu den Bedürfnissen der eigenen Gemeinde und Kirche und des Reiches Gottes ins Auge fassen: so müssen wir uns wundern und Gottes Gnade preisen, daß aus der freiwilligen Liebesthätigkeit derselben so viel, als jetzt da steht, hervorgewachsen ist. Es ist da ein Resultat zu Tage getreten, das kaum jemand von uns zwanzig Jahre zurück geahnt hätte. Das hält aber jene Wahrheit nicht auf, daß wir hinter dem, was wir unter Gottes Beistand **ausrichten könnten**, zurückbleiben. Es thut uns Synodalen darum recht not, durch kräftiges und ernstes Zeugnis unsere Pflegebefohlenen immer mehr von der Armseligkeit und Sündlichkeit des irdischen Sinnes, der für diese Welt Schätze, gute Tage, Ruhe und Genuß sucht, zu überzeugen und zur thatkräftigen Dankbarkeit gegen den Herrn, der uns zu den zeitlichen noch die ewigen Güter aus Gnaden darreicht, anzuspornen. Möchten es alle Glieder unserer Synode immer besser lernen, frisch und fröhlich, ohne Menschenfurcht und Menschengefälligkeit, ohne die falsche Besorgnis, anzustoßen und sich selbst Schwierigkeiten und Hemmnisse zu bereiten, die Wahrheit öffentlich und sonderlich ihren Pflegebefohlenen oft und eindringlich ans Herz zu legen, daß dem, der nicht gibt, auch nicht gegeben werden kann; jedoch so, daß wir uns stets hüten vor Verletzung christlicher Zartheit und vor der Anwendung unlauterer und dem Weltsinn Nahrung darbietender Mittel, wie sie leider heutzutage so häufig als Hebel für die Förderung des Reiches Gottes angewendet werden.

Es unterliegt keinem Zweifel, unsere Synode bedarf **vermehrter Geldmittel**, wenn sie ihr Werk auch nur in dem Maße, zu welchem es bis jetzt durch des Herrn Gnade gediehen ist, fortführen will, vollends, wenn sie beabsichtigt, es zu erweitern und auszudehnen und gleichen Schritt mit den vorliegenden Bedürfnissen und den an uns gestellten Bitten und **Forderungen zu halten**. Die Erfahrungen der jüngsten Zeit zeigen das deutlich. So hat z. B. der mittlere Distrikt auf seinem Gebiete im äußersten Westen von Missouri und in dem angrenzenden Kansas die **Reisepredigt** in Angriff genommen. Einer unserer Pastoren hat, nachdem seine eigene Gemeinde ihn dazu beurlaubt hatte, einige Monate hindurch die deutschen Ansiedelungen dort, **welche** jeder kirchlichen

Pflege entbehren, besucht, um ihnen den Segen des Wortes und der Sakramente nach langer Entbehrung wenigstens zeitweilig zu bringen, ihre Verhältnisse kennen zu lernen und ihnen zur Organisierung ordentlicher evangelischer Gemeinden die Hand zu bieten. Seine Erfahrung lehrt, daß ein Reiseprediger fort und fort dort Arbeit genug haben würde, und daß die Arbeit eines geeigneten Mannes auf diesem Gebiete nicht ohne Segen und Erfolg für Gottes Reich im allgemeinen und für die Erweiterung unserer Kirche im besondern sein würde. Nun aber reichen die vorhandenen Mittel der Kasse für eine Mission nicht weit, und doch sollte die begonnene Reisepredigt in jenem Gebiete nicht wieder aufgegeben werden, vielmehr, wenn möglich, nicht bloß da, sondern auch im Westen Jowas und in dem angrenzenden Nebraska, womöglich auch in Minnesota, durch einen zweiten und dritten Reiseprediger stetig fortgesetzt werden. — Es ist ferner der Versuch gemacht worden, in etlichen wichtigen Städten des fernen Westens unter ihrer zahlreichen deutschen Bevölkerung, die aber jeder evangelischen kirchlichen Pflege entbehrte, Gemeinden zu sammeln. Zwei unserer jungen Brüder, die in diesem Jahre ihr Studium in unserem theologischen Seminar vollendet hatten und ordiniert werden konnten, wurden dazu ersehen. Der eine sollte in Council Bluffs, Jowa, und dem gegenüberliegenden Omaha, Nebraska, der andere in Chillicothe, Missouri, evangelische Gemeinden sammeln. Berichte benachbarter Pastoren unserer Synode stellten einen Missionsversuch an den genannten Orten einigermaßen hoffnungsreich dar, und auf Grund dieser Berichte wurde der Versuch gemacht. Beides ist gescheitert, und beide Brüder haben von diesen ihren Missionsposten wieder zurückgezogen werden müssen und haben ihr Arbeitsfeld jetzt in schon länger bestehenden Gemeinden. Wenn wir auch wohl wissen, daß die Gottentfremdung und Entkirchlichung der meisten Deutschen gerade in den neuen, schnell wachsenden Städten des Westens groß ist und eine Sammlung in eine geordnete Gemeinde um das entschiedene Zeugnis von

Christo schwer macht,—daß ferner zu solchem Werke sonderliche
Begabung, große Ausdauer, demütige Selbstverleugnung und
ein nicht geringes Maß Erfahrung gehören und daß diese Ga=
ben vereint kaum bei jungen, eben aus dem Seminar tretenden
Pastoren zu erwarten sind und daher denselben leicht bei so
schwerem Werke der Mut eher ausgehen kann, als es nötig ist,
— daß endlich und zuletzt aller Segen und alles Gedeihen vom
Herrn kommt: so ist doch auch ebenso gewiß, daß eine nachhal=
tige, längere Zeit andauernde Geldunterstützung bei solchem
Werke von der größten Bedeutung ist und nicht wenig zur Er=
möglichung eines Erfolges beiträgt. Die fehlte aber bei den
unternommenen Versuchen. Die Kasse für innere Mission kann
nicht viel leisten, und die betreffenden Distriktskassen fühlten
sich zur weiteren Hilfe zu schwach. Und solange unsere
Synode mit ihren Geldmitteln in der bisherigen Beschränkung
stecken bleibt, wird sie sich auch wohl genötigt sehen, von der
Reisepredigt abzustehen und die frühere Praxis allein zu befol=
gen, daß sie nämlich nur ihre verwendbaren Arbeitskräfte
verwertet, wo bereits organisierte Gemeinden bestehen oder
wenigstens die neu sich organisierenden Massen willig und im=
stande sind, den ihnen gesendeten Pastor zu erhalten. Daß
solche Beschränkung im Hinblick auf die große, verlassene
deutsche Bevölkerung des weiten Westens und Nordwestens
aber schmerzlich ist, wer wollte das leugnen? Glaubt die
Synode aber, diese Missionsarbeit unter unseren deutschen
Landsleuten, die meines Erachtens ganz sonderlich ein Teil
ihrer Aufgabe ist, nicht länger liegen lassen zu dürfen, so muß
sie Schritte dafür thun, daß der Kasse für innere Mission die
Hilfsquellen bei weitem reicher zufließen als bisher. Wir
haben bisher der Freude und des Segens dieser Arbeit ent=
behren müssen. Wir sind übrigens dabei der guten Zuversicht,
daß diese Entbehrung, die uns der Herr auferlegt hat,
wenn wir sie auch zum Teil durch die mangelnde Glaubens=
kraft und Liebesthätigkeit verschuldet haben, doch durch des
Herrn Gnade auch nicht ohne Segen für unsere Synode bisher

gewesen ist. Unser kirchlicher Körper wäre vielleicht innerlich nicht so fest zusammengeschlossen durch Eintracht und Friede im gemeinsamen Bekenntnis des Herrn, wenn er äußerlich schneller vorgeschritten und sein Gebiet sich rascher erweitert hätte.

Ja die gleiche Mahnung, unsere Kräfte besser anzustrengen, besser unsere Dankbarkeit gegen den Herrn und unsere Liebe zu den Brüdern durch die That zu bewähren, ergeht an uns, wenn wir einen Blick auf unsere Lehranstalten werfen. Ich kann mich hier alles speziellen Eingehens auf deren gegenwärtigen Zustand enthalten, da das Direktorium des theologischen Seminars und das Komitee, welchem die provisorische Organisation des Lehrer-Seminars vor zwei Jahren übertragen wurde, gewiß die erforderlichen Berichte über beide Anstalten der General-Konferenz vorlegen werden. Sicherlich haben wir alle Ursache, den Herrn für die Gnade, die er unsern Lehranstalten bisher erwiesen hat, und für den Segen, den er über dieselben durch die Liebesthätigkeit unserer Gemeinden und Freunde ausgeschüttet hat, zu preisen. Sicherlich müssen wir danken für den reichen Segen, der aus unserem theologischen Seminar bis heute hervorgegangen ist, und dürfen darin ein Unterpfand sehen, daß der Herr auch ferner mit uns sein werde und daß er auch unsere zweite Lehranstalt, das Schullehrer-Seminar, zu einer reichen Segensquelle für unsere Gemeinden und unser Volk machen werde. Aber vergessen wir auch unsererseits nicht die Treue und Pflege für diese aus der Hand des Herrn uns anvertrauten Segensquellen. Es bedarf dazu fortgesetzter und verstärkter Opferwilligkeit in unsern Gemeinden. Unser theologisches Seminar hat in den letzten zwei Jahren wieder eine nicht unbeträchtliche Schuld machen müssen, und dieselbe sollte abgetragen werden. Erweiterung der Lehrkräfte, wenn sie auch nicht gebieterisch gefordert wird, würde doch ein gutes Teil zu seiner Nützlichkeit beitragen. Für unser Schullehrer-Seminar liegen aber noch schwerere und kostspieligere Aufgaben vor uns. Es sollte aus

seinem provisorischen Zustande heraus. Der Herr hat uns in
den letzten zwei Jahren deutlich genug gezeigt, daß wir uns
nicht täuschten, als wir eine solche Anstalt für ein Bedürfnis
unserer Synode erkannten. Die zahlreich uns fürs Lehrer-
Seminar zugesandten jungen Männer, die in evangelischem
Geiste dem Schulfache sich zu widmen gesonnen sind, sein ge-
segneter Fortgang bisher, das sehnsüchtige Warten mancher
Gemeinden auf Lehrer aus unserm Seminar, die Freundlichkeit des Herrn, in der er uns bisher ohne große Mühe die
nötigen Lehrkräfte für diese Anstalt hat finden lassen, sind Beweis genug dafür. Verhehlen wir es uns aber nicht, daß
dieser für unser Schullehrer-Seminar höchst wünschenswerte,
ja man dürfte wohl sagen dringend geforderte Übergang aus
dem Provisorium in ein Definitivum eine Aufgabe ist, zu deren
Lösung schwere und reiche Opfer nötig sind. Es fehlt dazu vor
allen Dingen an einem geeigneten Platze eines geräumigen
Eigentums mit den nötigen Baulichkeiten und ihrer Ausrüstung. Und liegt uns nicht der Gedanke nahe, — ich wenigstens kann ihn nicht zurückdrängen und halte seine Realisierung
nur für eine Frage der Zeit, wenn anders der Herr auch ferner
zu unserem Werke sich bezeugt, — daß unsere Synode bei Erwerbung eines solchen Eigentums gleich darauf Bedacht
nehmen sollte, unserm Schullehrer-Seminar in der Folge eine
dritte Anstalt, eine höhere Schule und Erziehungsanstalt für
Knaben zuzufügen? Wie vor Jahren, so bin ich noch jetzt der
Überzeugung, daß eine solche Anstalt für unser Werk nach allen
Seiten hin reichen Segen und Nutzen eintragen würde. Der
mißglückte Versuch früherer Zeit darf uns nicht irre machen.
Daß er mißglücken mußte, lag in den Zeitverhältnissen, in der
unpassenden Ortslage der Anstalt, in der vielleicht unzweck-
mäßigen Anlage derselben; es war wohl auch damals in Hinsicht auf das Bedürfnis noch nicht die rechte Zeit. Jetzt und
in der nächsten Zukunft dürfte das anders sein, und die frühere
Erfahrung dürfte uns vor den ersten Mißgriffen bewahren.
Wer möchte nun nicht wünschen, daß diese vor uns liegende

Aufgabe in Bezug auf unsere Lehranstalten über kurz oder lang erfüllt werden könnte? Nehmen wir dazu, daß von der ersten Einrichtung unseres provisorischen Schullehrer-Seminars noch Schulden vorhanden sind, daß der Hausvater desselben für den laufenden Unterhalt der Anstalt mit einer beträchtlichen Summe im Vorschuß ist, daß überhaupt voraussichtlich die Einnahmen für dieselbe von den darin unterrichteten Seminaristen schwerlich so bald schon die laufenden Ausgaben für den Unterhalt, die Lehrkräfte und Lehrmittel decken werden, und daß auch hierzu unsere Synode vielleicht noch manches Jahr wird beisteuern müssen: so liegt auf der Hand, daß die Anforderungen an unsere Kräfte groß sind, und wir dürfen wohl ernstlich beten: Herr, stärke uns den Glauben! mehre uns die Liebe! gib uns Selbstverleugnung und Opferwilligkeit!

Bei alledem möchte ich nicht, daß das bisher Erwähnte so verstanden würde, als sei der Synode daraus, daß in den letzten Jahren die Opferwilligkeit nicht so rege gewesen ist, als sie hätte sein sollen und können, eine große Schuldenlast erwachsen. Die Rechenschaftsberichte der einzelnen Kassen der Synode werden allerdings in einigen derselben bedeutende Schulden zu berichten haben, dagegen aber auch in anderen ein nicht unbeträchtliches Guthaben, das zwar größtenteils zur Zeit noch nicht flüssig ist, aber es doch allmählich wird. Und wenn man dann beides gegeneinander hält, so wird sich herausstellen, daß letzteres das erstere übersteigt. Darum, wenn das Interesse an unserem Werke in den Gemeinden wächst, so dürfte auch für die Folgezeit die Bestreitung unserer Bedürfnisse nicht über unsere Kräfte gehen, falls dieselben getragen und gestählt werden durch gläubiges Vertrauen auf den Herrn und er Gnade dazu gibt, daß sie durchgehends gern angespannt und fröhlich gebraucht werden. Er erhalte uns außerdem dabei in der Demut, daß wir bei treuer Benutzung des anvertrauten Pfundes uns begnügen, jeweilig das Mögliche zu realisieren, und gebe uns Weisheit und Besonnenheit, die vorhandenen Quellen der Liebesthätigkeit in der Synode und ihres sonstigen Einkommens in Fluß zu erhalten und zu mehren und neue zu eröffnen, aus denen neben den dargereichten Geldmitteln zugleich ein geistlicher Segen für die unserer Pflege Anbefohlenen hervorgeht. Wir sollten aber auch, wie wir auf der einen Seite die freiwillige Liebesthätigkeit spornen, so auf der anderen Seite darauf bedacht sein, unserer Synode fortlaufende Einnahmen zu sichern, die unabhängig sind von der Freiwilligkeit der Gemeinden.

Wir haben den Anfang dazu in unserem Bücherverlag. Wenn auch die Agende gar keinen und der Katechismus nur einen geringen Gewinn abwirft, so ist doch der Reinertrag, den das Gesangbuch bringt, ziemlich bedeutend und wird es voraussichtlich jedes Jahr sein. Aus dem Bericht des Verlags-Komitees wird aber hervorgehen, daß derselbe bisher nur zu einem geringen Teile hat flüssig gemacht werden können, da es unserem Verlage an einem Betriebskapitale von Anfang an gefehlt hat und infolgedessen bis jetzt der Reinertrag in dem vorhandenen Vorrat an Gesangbüchern und Platten und in dem in den Rechnungsbüchern ausstehenden Guthaben besteht. Die Synode sollte Vorkehrungen treffen, daß der jährlich aus dem vorhandenen Verlage resultierende Reinertrag flüssig wäre und daß der Kredit für die dem Verlag entnommenen Bücher nicht zu ungebührlich ausgedehnt, sondern auf eine bestimmte Frist beschränkt werde. Doch das Verlags-Komitee selbst wird wohl nach dieser Seite hin passende Vorschläge und Anträge machen, und ich kann hier davon absehen.

Darauf aber möchte ich aufmerksam machen, daß es gewiß gut wäre, wenn die Synode mit ganzem Ernst Anstalt machte, unsern Verlag durch Bücher zu erweitern, die unserm Gesamtwerke und dem Fortbau unserer Kirche nötig und nützlich sind und dabei einen reichen Absatz und aus demselben einen erheblichen Reingewinn versprechen. Zwei Beschlüsse unserer letzten General-Synode, die darauf hinzielen, liegen vor. Der eine bezieht sich auf die Herausgabe eines Choralbuches zu unserem Gesangbuche, der andere auf die Herausgabe einer Serie von Lesebüchern, inklusive Fibel. Beide Aufträge sind Komiteen erteilt worden. Das Komitee zur Herausgabe von Lesebüchern hat zwar die Aufgabe nicht, wie der betreffende Synodalbeschluß es ihr aufgab, den Distrikts= Synoden vorgelegt, wenigstens nicht als Komitee-Arbeit. Es ist aber bereit, dieselbe jetzt der General=Synode zur Prüfung vorzulegen, und diese dürfte dann wohl berechtigt sein, auch ohne vorhergegangene Prüfung durch die Distriktssynoden die Sache weiter zu führen. Wenn irgend möglich, sollte die Herausgabe einer solchen Serie von Lesebüchern für unsere Schulen nicht weiter, als irgend nötig ist, aufgehalten und hinausgeschoben werden. Gerade diese Bücher, wenn sie an= ders gut ausfallen, würden sehr bald eine regelmäßige Ein= nahmequelle für unsere Synode eröffnen.

Dasselbe dürfte sich schwerlich sagen lassen von dem pro= jektierten Choralbuche. Es sei mir erlaubt, den Bericht des Komitees, welchem die Ausführung des Beschlusses in be= treff des Choralbuches übertragen wurde, hier gleich kurz einzufügen. Der vorliegende Synodal=Beschluß ist verschieden verstanden worden. Er ist auch so gedeutet worden, als sollte das Choralbuch dem Organisten zum Orgelspiel und etwaigen Singchören zum vierstimmigen Gesang dienen. Für den Satz eines solchen Choralbuches dürfte der passende Mann in un= serm Synodalkreise schwer zu finden sein, wenigstens wußte das Komitee keinen. Die Arbeit aber einem kompetenten Fremden zu übergeben, schien einesteils zu mißlich, andern= teils wäre sie sicher sehr teuer gekommen, und der Druck und die Herausgabe des Buches würden ein nicht unbedeutendes Kapital erfordert haben. Der Absatz aber hernach wäre vor= aussichtlich nicht sehr bedeutend gewesen, und es würde mit dem Buch in Bezug auf Kosten und Absatz vielleicht nicht viel besser gegangen sein als mit unserer Agende. Ein Choralbuch für unser Gesangbuch lediglich zum Gebrauch der Organisten herzustellen, würde allerdings leichter und billiger gewesen sein; aber solches Buch hätte wohl noch geringeren Absatz gefunden und wäre eigentlich überflüssig, da wenigstens zwei gute Choralbücher existieren, in denen die meisten der in unserm Gesangbuch vorkommenden Melodien übereinstimmend mit diesen zu finden sind, die fehlenden Melodien aber fast nur solche sind, die doch beim öffentlichen Gottesdienste selten oder nie in Anwendung kommen. Das sind die Gründe, weshalb das betreffende Komitee in dieser Sache keine weiteren Schritte gethan hat und es vorzog, lieber den Tadel der Synode, einen Auftrag unausgeführt gelassen zu haben, auf sich zu nehmen, als die Synode in neue Kosten zu stürzen, die schwerlich so bald durch Einnahmen ersetzt worden wären.

Ob die Synode nun ihren Verlag außer durch die Herausgabe einer Serie von Lesebüchern schon jetzt noch mehr erweitern will und eventuell in welcher Weise, oder wenigstens dazu vorbereitende Schritte thun, dürfte wohl einer Beratung in gegenwärtiger Sitzung wert sein.

Auch ist unsere Synode wohl durch die Lage der Dinge darauf hingewiesen, womöglich von unserem kirchlichen Blatte, dem „Friedensboten," einen reicheren Überschuß als bisher zu erzielen. Es ist schon recht, daß früher wohl gesagt ist, wir versorgten unsere Gemeinden mit dem „Friedensboten" nicht, um dadurch reich zu werden. Dieser Gedanke lag uns sehr fern, als vor beinahe neunzehn Jahren die erste Nummer dieses Blattes ins Leben trat. Es sollte Fürsprecher und Mitarbeiter unsres Werkes sein und nichts weiter. Die bisherige Geschichte des Blattes hat es auch klärlich bewiesen, daß wir mit demselben nicht aufs Geldmachen bedacht waren und sind. Sein Preis ist noch derselbe, wie er von Anfang an war, während die Herstellungskosten einer einzigen Nummer in den letzten sieben bis acht Jahren vielleicht mehr als das Doppelte von damals betragen. — Es dürften außer unserem „Friedensboten" wenige, vielleicht keine hiesigen kirchlichen Blätter sein, die in der angegebenen Zeit ihre Preise nicht erhöht hätten. Wir haben ferner stets die mancherlei Mittel und Mittelchen verschmäht, durch die so viele kirchlichen Blätter ihre Zirkulation zu erhöhen bedacht sind, wie z. B. Aufnahme von außerkirchlichen Anzeigen, Anpreisungen von Patent=Medizinen, Geschäftskarten u. dgl. — Es wäre auch zu beklagen, wenn zukünftig sich irgend etwas in unser Blatt hineindrängte, was einem bescheidenen Zeugen der Wahrheit und einem kirchlichen Blatte nicht ziemt. Trotzdem aber dürfen wir nicht vergessen, daß der „Friedensbote" Mitarbeiter an unserm Werke sein und als solcher Handreichung thun soll für dasselbe, sowohl durch das, was er den Lesern bringt, als auch durch das, was er dafür an äußeren Mitteln erwirbt. Diese Handreichung nach beiden Seiten hin wächst mit seinem inneren Werte und mit seiner Verbreitung. Beides zu mehren sollte unserer Synode angelegene Sorge sein. Sie sollte diesen Gesichtspunkt bei den ihr in der gegenwärtigen Sitzung vorliegenden Beratungen in betreff unseres kirchlichen Blattes nicht aus den Augen verlieren. — Die gegenwärtige Redaktion des „Friedensboten" ist, wie die Synodalen wissen, nur eine provisorische. Die Gründe für ihre Bestellung sind seiner Zeit durch den „Friedensboten" selbst veröffentlicht, auch den drei Distrikten bei ihren Konferenzen ausführlich von mir mitgeteilt; ich kann sie also als bekannt voraussetzen und übergehen. Der Synode liegt ob, für den „Friedensboten" eine definitive Redaktion zu bestellen. Außerdem liegen Beschlüsse der drei Distrikte in betreff der Vergrößerung, des öfteren Erscheinens und auch teilweise des Inhalts des Blattes vor, über welche die gegenwärtige General=Konferenz zu entscheiden hat. Ich selbst konnte infolge dieser Distriktsbeschlüsse bisher keine Änderung mit dem Blatte im Namen der Synode eintreten lassen, da die Beschlüsse der drei Distrikte nicht in allen Punkten übereinstimmten. Übrigens wird die jetzige provisorische Redaktion des „Friedensboten" der General=Synode ihren Bericht über die gegenwärtige Verbreitung des Blattes und den Stand der Kasse desselben vorlegen.

Im Anschluß an das Bisherige drängt es mich, zwei Gedanken auszusprechen, welche die Synode vielleicht weiterer

Beachtung würdigt. Der eine ist der: Sollte es nicht geraten und thunlich sein, wenn jeder der Distrikte in seinem Gebiete zu geeigneter Zeit einen Kollektor bestellte, dessen Aufgabe wäre, die Gemeinden des Distrikts zu bereisen und in denselben unter Anleitung und dem Beistande der Pastoren und Gemeinde-Vorsteher für die Bedürfnisse unserer Synode und deren betreffende Kassen Hauskollekten anzustellen? Ich denke da nicht daran, daß man einem der Synodalen selbst solchen Auftrag geben müsse und ihn auf längere Zeit seiner Gemeinde entziehen solle. Es finden sich ja sonst wohl geeignete Männer; die bereit sind, aus Liebe zur Sache und gegen angemessene Vergütung, etwa bestimmte Prozente vom Einkollektierten, solcher Mühe sich zu unterziehen, und denen vielleicht obendrein mit solcher zeitweiligen Beschäftigung ein Dienst gethan wird. — Das andere, was ich zu bedenken geben möchte, betrifft nur die Pastoren unserer Synode. Unsere revidierten Statuten enthalten keine Bestimmung darüber, daß die Pastoren zu irgend welchem Beitrag in die Synodal-Kasse gehalten sein sollen, und es ist gut, daß der Synode, um dergleichen Dinge zu regeln, ganz freie Hand je nach den eintretenden Bedürfnissen gelassen ist. Wenn die Synode aber von ihren Gemeinden Kollekten für die Synodal-Kassen erwartet, sollte es da unbillig sein, wenn sie auch von den Pastoren ein Opfer für diese Kassen in Anspruch nimmt? und wäre es zu viel, wenn diese sich an ein solches Opfer durch einen Synodal-Beschluß bänden, es der Freiwilligkeit durch freien Beschluß entzögen und in irgend einer Weise so regelten, daß daraus eine regelmäßige jährliche Einnahme für die Kassen erwüchse? Es würde solch Verfahren der Pastoren für die Gemeinden zugleich ein Sporn sein zu freudiger freiwilliger Opferbereitschaft. Ich weiß wohl, daß mancherlei gegen eine solche Maßregel gesagt werden kann, aber auch manches dafür. Jedenfalls möchte aber die Sache wichtig genug sein, um bei den Distrikts-Versammlungen des nächsten Jahres in Beratung gezogen zu werden. —

Es liegt mir zunächst ob, ein Wort über die mir von der Synode sonderlich zugewiesene Arbeit zu sagen. Nach der vorläufig bei der letzten General=Synode für den Präses der Synode festgesetzten Instruktion ist demselben eine dreifache Arbeit überwiesen. Er soll zuerst die in den Statuten ihm auferlegten Geschäfte besorgen. Ich habe das nach bestem Wissen zu thun versucht. Damit im Zusammenhange, teils unmittelbar, teils mittelbar, stand eine ziemlich umfangreiche Korrespondenz mit den Beamten der Distrikte und mit fast allen Synodalen, in der ich mich bemüht habe, die Interessen der Synode zu vertreten und Anfragen und Bitten um Rat im Sinne derselben zu erledigen. Habe ich nicht immer das Rechte getroffen, so habe ich doch danach mit Ernst gestrebt. Ebenso habe ich korrespondiert mit der „Berliner Gesellschaft" und mit Dr. Wichern, dem Vorsteher des „Rauhen Hauses" und des „Johannesstiftes," während unser ehrw. Sekretär, Pastor L. Nollau, die Korrespondenz mit Basel, Barmen und Langenberg übernommen hatte.

Jene meine Korrespondenz mit Deutschland hat vielleicht etwas dazu beigetragen, daß die „Berliner Gesellschaft," nachdem sie ihre Verbindung mit der lutherischen Wisconsin=Synode gänzlich abgebrochen hat, unserer Synode die Zusendung eines Teiles ihrer Sendboten zugesagt hat, und daß auch Dr. Wichern seinem letzten Schreiben nach nicht abgeneigt scheint, unserer Synode Hilfsarbeiter fürs Predigt= und Schulamt und Zöglinge für unsere Lehranstalten zuzuweisen; letzteres um so eher und lieber, wenn für das unter seiner Leitung stehende Proseminar auch durch unsere Synode irgendwie hilfreiche Handreichung geleistet wird. Außerdem habe ich durch einige längere Artikel für den „Ansiedler im Westen" das Interesse für unsere Synode auch in dem deutschen Leserkreise dieses Blattes zu beleben gesucht. — Zu diesem Teil meiner Amtsthätigkeit gehört auch der Besuch der Distrikts=Konferenzen. Der Herr hat Gnade dazu gegeben, daß ich bei allen zugegen sein konnte und von jeder einen Segen mit hinwegnahm. Was die Distrikte verhandelt haben und was in ihnen vorgegangen ist, weisen ihre vorliegenden Protokolle und die Berichte der Präsidien aus. Ich möchte nur noch beifügen, daß die Distrikte im allgemeinen in ihren Konferenzen sich als lebendige und eifrige Glieder am Körper der Gesamt=Synode bewährt haben, und daß ihre Aufgabe in ihrem Gebiete ihnen am Herzen liegt. Vor der Eifersucht und dem parteilichen Durchführen sonderlicher Lieblingswünsche und dem selbstsüchtigen Zugerichtesitzen übereinander, wie dergleichen gern des Teufels List und Bosheit in die gesonderten Glieder eines kirchlichen Körpers zur Anrichtung von Zwietracht einzustreuen sucht, hat der Herr unsere Distrikte bisher in Gnaden bewahrt. Er wolle es auch ferner thun und jedem einzelnen unserer Synodalen wie den Distrikten im ganzen rechte Wachsamkeit schenken, daß sie dergleichen, wo es sich regen will, gleich im Keime ersticken. Dagegen wolle er in dem gegenseitigen Verhalten der Distrikte zu einander das rechte, Gott wohlgefällige Reizen zur Liebe und guten Werken immer lebendiger werden lassen, in ihnen allen das Bewußtsein der Zugehörigkeit zu derselben Synode und Kirche mehren und vertiefen und sie alle je länger je mehr zieren mit einem lebenskräftigen Festhalten und Bezeugen des Bekenntnisses unserer Kirche.

Die zweite dem Synodal=Präses vorläufig überwiesene Arbeit ist die, daß er für den „Friedensboten" regelmäßig Nachrichten vom kirchlichen Gebiete schreibe. Auch das habe ich, soviel ich vermochte, zu thun mich bemüht, und was da von mir seit Juni 1866 geliefert worden ist,—und es ist seitdem, glaube ich, kaum eine Nummer unseres Blattes erschienen, für die ich nicht wenigstens einigen Stoff dargereicht hätte,—liegt ja vor. Ich kann nur sagen, daß ich gern Besseres und mehr geliefert hätte.

Endlich die dritte Arbeit des Präses soll die sein, daß er, soviel Zeit und Kräfte es erlauben, die in den Synodal=

Verband gehörenden Gemeinden besuche. Über
das, was ich auf diesem Gebiete durch Gottes Gnade habe
thun dürfen, bedarf es nur noch weniger Worte. Der größte
Teil dessen, wovon mein Bericht bisher geredet hat, ist ein
Resultat meiner Beobachtungen und der durch die Besuche in
den Gemeinden gewonnenen Überzeugungen. — Ich habe
übrigens den Ausdruck: „in den Synodal=Verband gehörende
Gemeinden" im weitesten Sinn genommen und darunter nicht
bloß die der Synode gliedlich angeschlossenen Gemeinden ver=
standen, sondern auch die, welche einstweilen nur erst mit Wort
und Sakrament von Pastoren unserer Synode bedient werden.
Ich konnte diese Reisen erst Ende November 1866 antreten.
In der von da bis heute verflossenen Zeit ist es mir vergönnt
gewesen, fast alle Pastoren und Gemeinden unserer Synode
zu besuchen. Es sind in jedem der drei Distrikte etliche wenige
Gemeinden bis jetzt unbesucht geblieben. Der Zeit nach habe
ich beinahe ein volles Jahr auf diese Besuchsreisen verwandt,
bin also nahezu die Hälfte meiner Zeit von Hause und von
meiner Familie abwesend gewesen, bald längere bald kürzere
Zeit hintereinander. Mehr Zeit auf diese Reisen zu verwen=
den, erlaubte kaum mein sonstiges Amt und die ohnehin schon
fast zu viel hintangesetzte Pflicht gegen meine zahlreiche Fa=
milie. Auch hat mich einigemale längeres Kränkeln, nament=
lich im Winter 1867 auf 1868, gehindert. Der Herr hat mich
treulich auf diesen Reisen behütet, und ohne nennenswerten
Unfall konnte ich die vielen tausend Meilen bald auf Eisen=
bahnen und Dampfschiffen, bald auf bequemen und unbe=
quemen Wagen, zu Pferde und zu Fuß durchmessen. Seine
Treue sei dafür gepriesen. In den Gemeinden und Pfarr=
häusern ist mir fast ohne Ausnahme freundlich zuvorkommende
und liebevolle Aufnahme geworden, und ich habe daraus die
gegen unsere Synode herrschende Achtung erkannt. In betreff
der Art und Weise des Verfahrens bei meinen amtlichen Be=
suchen hatte ich leider keinen festen Grund unter den Füßen;
es fehlte mir dafür die Instruktion der Synode. In der Regel

ist bei meinen Besuchen in den Gemeinden ein Gottesdienst abgehalten worden, bei welchem meistens zuerst die Ortspastoren eine kurze Predigt hielten, an die ich mich dann mit einer längeren Ansprache an die Gemeinde anschloß. Außerdem habe ich überall mit den Gemeinde-Vorstehern in Gegenwart des Ortspfarrers eine Unterredung über den Zustand der Gemeinde gehabt. Ich bin, soviel der Herr Gnade dazu gab, überall darauf bedacht gewesen, als Freund und Bruder und zugleich als Stellvertreter der Synode die Pastoren, Vorsteher und Gemeinden auf etwa vorhandene und mir bekannt gewordene Schäden und Übelstände aufmerksam zu machen und Rat zu ihrer Abstellung zu erteilen; sie zu ermuntern, mit Ernst der Erfüllung ihrer Pflichten gegeneinander, gegen die Synode, gegen Gott und Menschen obzuliegen und sonderlich auch das Interesse für das Werk unserer Synode zu wecken und zu mehren. Ich habe da oft recht tief zu meiner Beschämung fühlen müssen, wie weit die geringe Kraft und Gabe hinter dem Wunsch und Willen zurückblieb; es wird auch nicht fehlen, daß ich hier und da mir habe Versäumnisse und Mißgriffe zu schulden kommen lassen. Daß ich überall das Beste gewollt habe, ist mir bewußt; übrigens bitte ich den Herrn, daß er in Gnaden die Fehler zudecken und das Mangelnde ersetzen wolle. Dankbar erkenne ich es an, daß fast allenthalben das, worauf ich meinte die Vorstände aufmerksam machen zu müssen, freundlich aufgenommen worden ist. Bei meinen amtlichen Besuchen ist auch in den meisten Gemeinden eine Kirchen-Kollekte zum Besten der Synodal-Kasse am Schluß des Gottesdienstes gesammelt worden. Diese Kollekten haben in den nahezu zwei Jahren die nicht unbeträchtliche Summe von über tausend Dollars eingetragen. Es haben von derselben nicht nur die Kosten meiner amtlichen Reisen und sonstige Ausgaben, die ich der Synodal-Kasse in Rechnung stellen mußte, bestritten werden können, sondern es ist darüber noch ein Überschuß von ungefähr 520 Doll. geblieben. — Weiteres über meine Besuchsreisen zu sagen, kann ich füglich unterlassen, zumal da mir bei den Distrikts-Konferenzen der letzten zwei Jahre fast jedesmal freundlich Gelegenheit gewährt worden ist, in etlichen Bemerkungen speziellere Mitteilungen über dieselben den Distrikts-Synoden zu machen.

An diese wenigen Bemerkungen über meine Amtsthätigkeit fühle ich mich aber gedrungen noch einiges anzuknüpfen. Die General-Konferenz vom Jahre 1866 hat das Institut eines besoldeten General-Präses, der, ohne eine Gemeinde zu bedienen, seine Zeit und Kräfte dem Interesse der gesamten Synode widmen soll, ins Leben gerufen. Zwei Jahre der Erfahrung für diese neue Institution liegen hinter uns. Es kommt mir nicht zu, ein Urteil darüber auszusprechen, ob sie ein Segen für die Synode bisher gewesen ist und ferner zu werden verspricht. Wohl aber fühle ich die Pflicht und das Bedürfnis, die Synode darauf aufmerksam zu machen, daß sie bei ihrer gegenwärtigen Konferenz es ernstlich in Beratung nimmt, ob sie auch ferner imstande sein wird, die Kosten für dieses Institut aufzubringen. Selbst gesetzt den Fall, daß die Synode demselben einen nicht unbedeutenden Wert zuschriebe und überzeugt wäre, es ist daraus manches Gute hervorgegangen und noch mehr zu hoffen, sie müßte sich aber sagen: unsere Kräfte reichen nicht aus, die Kosten dafür zu tragen, so würde sie besser thun, dies Institut beizeiten wieder fallen zu lassen und zu der früheren Praxis zurückzukehren, als die Schulden der Synodal-Kasse zu häufen, ganz abgesehen von dem peinlichen Gefühle, das in dem Träger dieses Amtes vorhanden sein dürfte, wenn er sich sagen muß, daß seine Besoldung die Schulden der Synode vergrößert. — Sollte aber die Synode dies Institut in dem Bewußtsein und guten Vertrauen, daß ihre allerdings von Jahr zu Jahr wachsenden Kräfte imstande sein werden, neben allen andern Verpflichtungen auch die der hinlänglichen Besoldung eines General-Präses zu erfüllen, auch fernerhin bestehen lassen, dann wäre es wünschenswert, daß die für den General-Präses versprochene und beschlossene Instruktion bei der gegenwärtigen General-Kon=

ferenz zustande käme. Die Ausfertigung derselben ist einem Komitee übergeben worden, das sie den Distrikts-Synoden mitteilen und dann dieser General-Konferenz vorlegen sollte. Ersteres ist, soviel ich weiß, nicht geschehen, dürfte aber kein Hindernis sein, daß die General-Konferenz jetzt eine solche Instruktion ausfertige.

Mit dieser ganzen Angelegenheit im Zusammenhang stehend, würde es auch notwendig und ersprießlich sein, wenn die General-Konferenz bei ihrer diesjährigen Sitzung das Verhältnis der Synodal-Kasse zu den Distrikts-Kassen ordnete und gerechte, billige Bestimmungen dafür träfe, ob, in welchem Maße und wann die Distrikts-Kassen Beisteuern für die Synodal-Kasse abzuliefern hätten, damit der Kassierer der letzteren in den Stand gesetzt werde, rechtzeitig und prompt seinen Verpflichtungen nachzukommen. Bei den Verhandlungen zweier Distrikte ist das Fehlen solcher Bestimmungen für diese Angelegenheit fühlbar geworden und würde weiterhin leichtlich zu Verwirrung und störender Verzögerung Anlaß geben." —

Hier folgen Vorschläge für die kommenden Beratungen, aus denen wir nur den in Bezug auf das Vikariat wörtlich anführen wollen: „Ich erlaube mir in betreff unseres theologischen Seminars unmaßgeblich auf einen Punkt, der vielleicht für das ganze fernere Gedeihen unserer kirchlichen Verhältnisse von einiger Wichtigkeit sein könnte, aufmerksam zu machen. Bisher hat das Bedürfnis es nötig gemacht, daß unsere im Seminar Theologie studierenden jungen Brüder sofort, wenn sie ihren Kursus vollendet hatten, geprüft und ordiniert waren, in die selbständige Verwaltung des Amtes an einer Gemeinde traten; nur ausnahmsweise hat einer oder der andere der jungen Brüder auf kurze Zeit für einen älteren kranken oder abwesenden Pastor als Vikar eintreten müssen. Jedenfalls wäre es für einen Teil, wenn nicht für alle der aus dem Seminar kommenden jungen Pastoren von großem Nutzen, wenn sie, ehe sie selbständig das Amt verwalteten, eine Zeit lang, vielleicht ein Jahr, einem älteren, erfahrenen Pastor, der etwa wegen seiner gehäuften Arbeit oder wegen Krankheit und Körperschwäche einer solchen Hilfe bedürftig wäre, zur Seite gestellt und so praktisch in das Amt eingeführt würden. Die Erfahrung lehrt, daß die praktische Unerfahrenheit der jungen Brüder, zumal wenn sie ziemlich isoliert stehen und des Umganges älterer Pastoren im Amte entbehren oder in falschem Selbstbewußtsein ihn nicht suchen und verwerten, häufig ihnen selbst Last und Herzeleid bereitet und zuweilen das gesegnete Bauen und Fördern der ihnen anvertrauten Gemeinden hindert. Nehmen wir dazu, daß unter unsern Synodalen je länger je mehr sein werden, deren vorgerücktes Alter oder gar dauerndes Kranken die genügende Ausübung ihres Amtes schwer und drückend, vielleicht unmöglich macht, ohne daß sie im Vermögensstande sind, ihr Amt aufgeben zu können, — daß ferner die Synode sicherlich die Verpflichtung auf sich hat, solchen Brüdern, die viele Jahre ihre besten Kräfte dem Dienste des Herrn und dem Werke der Synode geopfert haben, Hilfe zu gewähren, wie sie kann, und daß dieselben, wenn ihnen solche Hilfe wird, durch ihre Erfahrung in der Leitung der ihnen Helfenden reichlich alles ihnen Dargereichte ersetzen, — daß endlich bisher weder auf Grund der Statuten noch auf Grund sonstiger Synodal-Beschlüsse irgend jemand in der Synode das Recht hatte, solchen Brüdern einen Beistand durch einen Vikar aus der Zahl unserer jungen Pastoren zu gewähren: — so scheint es angezeigt zu sein, daß die Synode Schritte thut, um diesen erwähnten Übelständen zu ihrem eigenen Besten durch Einrichtung eines stetigen Vikariats zunächst vielleicht für einen Teil unserer jungen Brüder aus dem Seminar so viel wie möglich abzuhelfen. Wenn dagegen eingewendet wird, daß die Predigernot groß sei und die vakanten Gemeinden um Besetzung drängen, so hat solche Einwendung allerdings Wert, kann aber doch, meines Erachtens, nicht das, was sich für die Sache sagen läßt, entkräften. Denn es ist dabei auch wohl zu beachten, daß bei einer solchen Einrichtung eines Vikariats nur im ersten Jahr die Zahl derer, die gleich selbständig eine Gemeinde übernehmen, verringert wird; hernach gleicht sich, wenn das Vikarieren für jeden betreffenden jungen Pastor auf **ein Jahr** festgesetzt wird, — und das dürfte unter gegenwärtigen Verhältnissen lang genug sein, — die Zahl wieder aus. Sollte die Synode auf diesen Rat eingehen, so würde sie Bestimmungen darüber zu treffen haben, **wie viel** höchstens jährlich von den jungen Pastoren aus dem Seminare zum Vikariatsdienste zu verwenden sind, falls überhaupt dafür Bedürfnis und begründete Gesuche um Vikariatshilfe vorhanden sind, — **wer** die zu solchem Dienst zu verwendenden jungen Brüder aus der Gesamtzahl der neu Ordinierten abzusenden hat, — **an wen** die Gesuche um Vikariatshilfe zur Entscheidung darüber zu richten sind, und **wie lange** höchstens ein junger Pastor als Vikar dienen soll." — Der Schlußsatz lautet dann:

"Indem ich nur noch um Nachsicht bitte, daß ich die Geduld der Synode mit diesem Berichte lange in Anspruch genommen habe, schließe ich mit dem aufrichtigen und herzlichen Wunsche, daß der Herr bei den folgenden Beratungen mit seinem Geiste in unserer Mitte walten und alles zu seiner Ehre, zum Heile unserer teuern evangelischen Kirche und zum Besten unserer werten Synode lenken wolle und es uns auch in diesen Tagen erfahren lasse, daß die, welche den Herrn suchen, keinen Mangel haben an irgend einem Gut. Amen."—

Wir können im folgenden die weitere Amtsführung des seligen General-Präses, die in ihrer sich gleichbleibenden inneren Art durch die vorangehenden Schriftstücke von seiner Hand genugsam charakterisiert ist, und die in ihren Einzelheiten wegen ihrer Vielseitigkeit und Mannigfaltigkeit doch nicht genügend dargestellt werden kann, nur in ihren Hauptepochen, soweit sie durch die jedesmaligen Beschlüsse der General-Synoden und durch sonstige wichtigere Ereignisse im Synodalleben beeinflußt wurde, begleiten. Dabei mögen einige Vorbemerkungen gestattet sein, welche die Stellung

Balzers zur Gesamtheit oder zur Majorität der Synodal=
Glieder und die Stellung derselben zu ihm von vornherein
einigermaßen erklärlich machen mögen.

In ihrem Bestreben, sich eine ihrem Wesen und ihren Auf=
gaben entsprechende Verfassung zu geben, hat die Synode bis
zum heutigen Tage gewissermaßen experimentiert, wie dies
bei einer rasch wachsenden Körperschaft, bei welcher der jewei=
lig erreichte Umfang und die jeweilige Beschaffenheit von dem
vorschwebenden Ziele stets noch weit entfernt liegen, kaum
anders zu erwarten ist. Es mußten hierbei naturgemäß zwei
zu gegenseitiger Ergänzung bestimmte, aber je und dann einan=
der noch entgegenarbeitende Richtungen oder Strömungen zu
Tage treten, die wir mit einem etwas rohen und nicht völlig
zutreffenden, weil von dem fremdartigen Gebiete der Politik
hergenommenen Ausdrucke bezeichnen mögen: eine monarchisti=
sche oder aristokratische und eine demokratische. Man könnte
auch sagen: eine republikanische und eine demokratische. Erstere
zeigt uns, um ein Bild aus der Physik zu gebrauchen, das cen=
tripetale, letztere das centrifugale Prinzip. Die Republikaner
suchen die leitende Macht zu konzentrieren und einigen Per=
sönlichkeiten zu übertragen, sie wollen keine Zersplitterung,
sondern Vereinigung, Centralisation der Gewalt, — darum ist
ihr Ziel auch ein Bundesstaat mit einem mächtigen Präsidenten
an der Spitze, während die Demokraten möglichst das Recht
der Individualität gewahrt wissen wollen und mit einem
Staatenbunde, der nur lose zusammengehalten wird, zufrie=
den sind. Ähnliche Bestrebungen, resp. Richtungen, zeigen sich
auch bei der Verwaltung von Kirchenkörpern. Die ursprüng=
liche Verfassung des Kirchenvereins, der ja eigentlich aus einer
Pastoren=Konferenz hervorgewachsen war, war trotz allem,
was in den Statuten geschrieben stand, und trotz aller aufrich=
tigen Selbstlosigkeit, mit der die Gründer der Synode gehan=
delt haben, doch unzweifelhaft im ganzen und großen eine
aristokratische. Wall, Rieger, Nollau, Balzer waren die lei=
tenden Geister, denen die übrigen allmählich hinzutretenden

Glieder sich anschlossen, oder denen sie, ihre eigenen Wege gehend, sich mit einem gewissen passiven Widerstande entzogen, die aber jedenfalls das gemeinsame Handeln des Vereins maßgebend bestimmten. Das Zentrum der Wirksamkeit war das östliche Missouri und das südliche Illinois, die ja heute noch sich gerne das Herz der Synode nennen lassen. Allmählich wuchs der Verein, es bildeten sich neue Gruppen, und die bisherige Einheit mochte bedroht erscheinen; auf der andern Seite waren auch die Kräfte des Vereins gewachsen, man fühlte die Notwendigkeit und die Kraft, sich ausgeprägter nach außen zu repräsentieren, und das Resultat war, wie wir gesehen haben, daß für einige Zeit so zu sagen das monarchische Prinzip siegte und die Synode sich in dem von den Pflichten besonderen Pfarramtes entlasteten General-Präses und Visitator eine einheitliche, alles beaufsichtigende Spitze gab, die alles verbinden und zusammenhalten sollte. Präses Baltzer hat in dieser Stellung gethan, was menschenmöglich war; aber eine Reaktion konnte doch nicht ausbleiben. Die Durchführung der dem General-Präses zugewiesenen Pflicht der regelmäßigen Visitation aller Synodal-Gemeinden konnte bei weiterer Ausbreitung des Synodalbezirkes doch nicht aufrecht erhalten werden. Die regelmäßige Visitation eines Sprengels, der sich von Minnesota bis Texas, von New York bis Californien erstreckte, würde über jede menschliche Kraft hinausgegangen sein und ungeheure Geldmittel verschlungen haben. Sie wurde darum zunächst, wie Baltzer selbst dazu geraten hatte, aufgegeben und die Reiseverpflichtung des Präses auf die Pflicht, den Distrikts-Versammlungen beizuwohnen, beschränkt. Auch durch die Erfüllung dieser Pflicht allein hat Baltzer der Synode, wenn auch nicht überall meß- und wägbare, doch entschieden große Dienste geleistet. Seine Anwesenheit auf den Distrikts-Versammlungen war eine belebende, wohlthätige. Ohne in die Selbständigkeit der Leitung dieser Versammlungen einzugreifen, hat er doch durch seinen klaren Einblick in die Bedürfnisse des Ganzen, durch die Wärme der Empfindung, mit der er von den zu erstrebenden Idealen der Synode erfüllt war, und durch die klare Beurteilung dessen, was unter den Schranken der Verhältnisse und der gesetzlichen Bestimmungen möglich war, gar vielfach fördernd und richtig leitend Einfluß auf den Gang der Verhandlungen ausgeübt, für das Zunehmen am Werke des Herrn begeistert und vor manchem überstürzten Beschlusse, dessen Tragweite nicht gleich erkannt ward, gewarnt. So wohlthätig aber auch diese Einwirkung von den meisten empfunden ward, und so ungern man sie vermißt haben würde, so legte sich doch mancher die Frage vor, ob deswegen allein die Kreierung und Aufrechterhaltung eines für die Verhältnisse der Synode kostspieligen Präsidial=Amtes gerechtfertigt erscheine. Ja, nicht nur die **praktische Frage** machte sich geltend, ob eine derartige Stellung des General=Präsidiums mit Rücksicht auf die finanziellen Verhältnisse und Bedürfnisse der Synode durchführbar und zu verantworten sei, sondern auch eine prinzipielle, ob dieselbe mit dem **Charakter der Synode** als einer protestantischen, basierend auf der prinzipiellen **Gleichstellung** ihrer Glieder, vereinbar sei. Sämtliche übrigen Ämter der Synode waren unbesoldete Ehrenämter, obgleich doch auch von ihren Inhabern, namentlich von den Distrikts = Präsides, bei dem numerischen **Wachstum** der Synode ganz bedeutende Arbeitsleistungen gefordert wurden; alle übrigen Beamten wurden auf bestimmte Zeit gewählt, und die Versammlungen suchten sich das Recht zu wahren, nach Ablauf des jedesmaligen Amtstermins in ihrer Wahl unbeschränkt zu sein: warum sollte mit der Stellung des General=Präses eine Ausnahme gemacht werden? Deswegen erfuhr im Laufe der verschiedenen Versammlungen der General=Synode die Stellung des General=Präsidiums mehrfache Opposition, und unter dem Schwanken der antagonistischen Bestrebungen, von denen das jeweilige Vorherrschen der einen jedesmal die Reaktion der andern hervorrief, hat **Präses Baltzer** zu leiden gehabt. Aber es wäre gewiß ungerecht, wenn man diese in mannig=

facher Gestalt wiederkehrende Opposition, bei welcher eine
Mischung sachlicher und persönlicher Motive kaum vermeidlich
war, lediglich auf das geheime Wühlen ordinärer, ränkevoller
und lichtscheuer Bestrebungen zurückführen wollte. Gewiß
wird es auch daran nicht gefehlt haben, das wird Gott wissen.
Neid und Eifersucht auf die vermeintlich bevorzugte Stellung
Baltzers mag manchen haben vergessen lassen, daß dieser auch
seine beste Lebenskraft der Synode und dem Werke des Herrn
in ihr geopfert hatte, ohne auf persönlichen Vorteil zu sehen,
und daß eine äußerlich auskömmlichere Stellung eine wohl=
verdiente für ihn war; vergessen lassen, daß eine Überlast von
Arbeit, eine große Fülle von Wissen und eine unwandelbare
Treue zur Ausfüllung dieser Stellung mit ihren mannigfachen
Pflichten erfordert war, und daß nicht jeder, der da meinte,
er könne das auch, dazu befähigt sein würde. Gewiß wird es
auch solche gegeben haben, denen die Strenge Baltzers, sein
Drängen auf Ordnung und Pflichterfüllung, die unnachsichtige,
fast an Härte grenzende Art, alle Bestrebungen, die auf Locke=
rung der Ordnung und des Gesetzes zielten, zu bekämpfen, im
geheimen ein Dorn im Auge war, die sich gerne des strengen
General=Präses entledigt hätten, und denen sein Ernst und
seine Pflichttreue anstößig war, weil sie ihnen selbst fehlte.
Aber es wäre gewiß ungerecht, wenn man die Opposition gegen
die Stellung des General=Präsidiums, gegen die Häufung ver=
schiedener Funktionen in einer Hand, wie sie je und dann her=
vortrat, und die Kritik seiner Amtsführung, die sich Baltzer je
und dann hat gefallen lassen müssen, lediglich aus dem Mächtig=
werden solcher unlauteren Beweggründe erklären wollte. Die
Folge davon, daß die Synode einerseits Baltzers bedurfte, daß
die Pflichten, deren Erfüllung sie von ihm forderte, mit der
Gebundenheit an die Pflichten eines besondern Pfarramtes
unvereinbar waren, und daß man doch nicht willens oder
außer stande war, ihm ein dieser Stellung angemessenes, aus=
kömmliches und anständiges Einkommen zu gewähren, war
die, daß man ihn mit Nebenbeschäftigungen belud, durch die

er, so zu sagen, sein täglich Brot und die Ehre, General-Präses sein zu dürfen, hart verdienen mußte, daß er Dienstleistungen vielfach rein geschäftlicher Art zu verrichten hatte, die, je mehr sie sich häuften, allerdings zum Teil einträglich, aber auch in hohem Grade ermüdend und aufreibend waren und eine Quelle manchen Ärgers, mancher Anfeindung und Kränkung wurden. So ist der Lebensgang Baltzers auch in dieser letzten Periode ein dornenvoller gewesen, und man sagt kaum zu viel, wenn man es so ausdrückt: Er ist für das Werk, in dessen Dienst er sich gestellt, bis zu seinem Ende **zum Märtyrer geworden**, er hat sein Kreuz darin getragen.

In den Jahren 1868 und 1869 traf die Synode und Baltzer persönlich insonderheit ein herber Verlust, indem die treuen, thätigen Mitarbeiter, deren Rat und Hilfe ihm im bisherigen Wirken unentbehrlich erschienen war, Wall, Nollau und Rieger, bald hintereinander vom Kampfplatze abberufen wurden. Bei gemeinsamer Arbeit, bei gemeinsamen Erfolgen und Mißerfolgen hatte sich zwischen diesen vier Synodalvätern ein enges Freundschaftsverhältnis gebildet, sie hatten sich so ineinander eingelebt, daß thatsächlich jedes einzelnen Sorge aller Sorge, des einzelnen Freude aller Freude war, wie auch zwischen ihren Familien, besonders den Frauen, ein herrliches und seltenes Einvernehmen bestand. Kein Wunder, wenn sich Baltzer nach diesen Verlusten vereinsamt fühlte. Wohl waren ja auch unter den später herzugetretenen Mitstreitern, von denen er ja manchen selbst hatte heranbilden helfen, viele, die ihm mit treuer Anhänglichkeit zugethan waren, manche, wie z. B. sein Nachfolger in der Friedens-Gemeinde und Amtsnachbar Pastor Phil. Göbel und später sein treuer Hilfsarbeiter Pastor R. Wobus, die in eine intimere Beziehung zu ihm traten, die sich, soweit es der Unterschied der Jahre zuließ, zum herzlichen Freundschaftsverhältnis gestaltete. Aber für die nächste Zeit wollte doch das Gefühl der Vereinsamung übermächtig werden, und er mußte sich erst daran gewöhnen, ohne den sonst bewährten Rat fertig zu werden und die Besonnenheit eines

Rieger, die unbegrenzte Nächstenliebe eines Nollau und die Energie und Festigkeit eines Wall nicht mehr als zuverlässige mitwirkende Kräfte beim aufgetragenen Werke zur Seite zu haben. Aber er durfte auch erfahren, daß Gott das Gedeihen seines Werkes nie an bestimmte Personen bindet und daß er seine Ziele auch mit geringen und weniger brauchbar scheinenden Mitteln zu erreichen weiß; eine neue von ihm wohlverstandene Mahnung zur Demut.

Zugleich aber traten um diese Zeit die Symptome der Gegenströmung an den Tag, deren Motive in den oben gemachten Bemerkungen angedeutet worden sind. Das Protokoll der General-Synode von 1870 in Louisville, Ky., erzählt uns: „Der ehrw. Präses Baltzer gab der Synode die Erklärung, daß er von dem Amte als Präses resigniere und zugleich auch die Redaktion des Friedensboten niederlege, weil er vermute, daß nicht mehr die Mehrheit der Synode hinter ihm stehe. Die Folge dieser Resignation war, daß zunächst der ehrw. Vize-Präses, Pastor J. Bank, den Vorsitz übernahm und sodann eine längere Debatte darüber sich entspann, bei welcher die Warnung vor Vermischung verschiedener Dinge und persönlicher Zu- oder Abneigung nicht unbegründet war. Die Beratung endete mit dem Beschlusse, daß die Synode die Resignation des ehrw. Präses nicht annahm. Hierauf wurde der Antrag des nördlichen Distrikts in Erwägung gezogen, daß der General-Präses von einer General-Konferenz zur andern gewählt und demgemäß der Paragraph der Statuten, nach welchem der Präses auf „unbestimmte Zeit" gewählt ist, abgeändert werde. Der Antrag wurde angenommen. Dagegen wurde der Antrag des mittleren Distrikts, daß der General-Präses ein Pfarramt bekleiden müsse, verworfen. Vize-Präses Bank teilte dies Resultat der Verhandlung und zugleich der einstimmigen Wiederwahl dem ehrw. Präses Baltzer mit und ersuchte denselben, das Präsidium wieder zu übernehmen, welcher Bitte von demselben nach einigen Stunden Bedenkzeit mit brüderlicher Hinweisung auf das Verleugnungsvolle der

Stellung gewillfahrt wurde. Ebenso bat man ihn, Redakteur des Friedensboten zu bleiben und die Herausgabe eines Kalenders zu übernehmen."

Die drei Ämter des Präsidiums, der Redaktion des Friedensboten und der Verlags- und Kassenverwaltung hat Baltzer bis an sein Ende behalten. Offenbar konnten ihm diese Ämter, die ihm übertragen waren, damit er das Einkommen des General-Präsidiums verdiene, naturgemäß wenig oder keinen geistigen Genuß bieten, ja sie mußten auf seine Schaffensfreudigkeit lähmend einwirken. Der Leser wird gegen das Ende unseres Buches hin noch eine vollständigere Schilderung der übergroßen Arbeitslast finden, die der Präses täglich zu bewältigen hatte. Mit vollster Berechtigung konnte er darum auch von dem Verleugnungsvollen seiner Stellung sprechen. Seit dem Tode Nollaus, dem er schon in den letzten Krankheitstagen treulich helfend zur Seite gestanden, hatte Baltzer die Kassenverwaltung provisorisch übernommen; im Jahre 1870 wurde sie ihm definitiv übertragen. Hinsichtlich der Verlagsverwaltung sei bemerkt, daß ihm für den Verkauf der Verlagsartikel eine Tantieme von 10 Prozent, abzüglich der Verpackungskosten, zuerkannt worden war. Wurde ihm auf diese Weise auch ein anständiges Einkommen gesichert, so stand dasselbe doch kaum im Verhältnis mit der damit verbundenen Arbeit und Verantwortung.

Mit einer förmlichen Flut von Briefen wurde er täglich überschwemmt, von allen Himmelsrichtungen kamen Bestellungen und liefen Beiträge für alle möglichen kirchlichen Zwecke ein. Im Laufe der Jahre war die Zahl der verschiedenen Kassen so gewachsen, daß bei seinem Tode es sich zeigte, daß er für 36, schreibe sechsunddreißig, verschiedene Kassen Buch zu führen hatte. Selbstverständlich brachte das eine enorme Korrespondenz mit sich; die Zahl der Briefe und Postkarten, die täglich zu beantworten waren, belief sich durchschnittlich auf mehr als hundert, besonders häuften sie sich in den Monaten von Dezember bis Februar, wo die neuen Jahresbestellungen gemacht wurden, die Privat=Korrespondenz ungerechnet. Überlege man, welche Schnelligkeit, Fertigkeit und Ausdauer dazu gehört, hundert Schreiben allen möglichen Inhalts zu lesen und richtig zu beantworten. Dazu bedenke man noch, daß s e h r viele Schreiber keine Ahnung davon hatten, wie kostbar die Zeit ihres Korrespondenten sei, und endlos lange Episteln abfertigten, wo sie mit zehn Worten alles hätten sagen können. Nicht selten kam es ja vor, daß eine schreibselige Seele acht Seiten über Privatverhältnisse und allerlei dem Leser gleichgültige Dinge schrieb und dann etwa am Schlusse bemerkte: „Bitte, schicken Sie mir sechs Gesangbücher und 12 Katechismen." Da mußte dann geduldig der ganze Schwall durchgelesen werden, denn es konnte ja mitten drin etwas Wichtiges stehen. Zudem kam so mancher recht grobe Brief, der große Selbstüberwindung und Demut herausforderte, sollte nicht mit gleicher Münze zurückgezahlt werden. Rechnet man dann noch hinzu die mancherlei Verstimmungen, Kränkungen, spitzen Bemerkungen etc., die die Entscheidung des General=Präses oder die Abweisungen und Änderungen des Friedensboten=Redakteurs hervorriefen, so kann man die Unkenntnis derer nur belächeln, die ihn um seine Stellung beneideten.

Bei der General=Konferenz zu Quincy, Ill., im Jahre 1872 geschah ein für die Evangelische Synode wichtiger und bedeutungsvoller Schritt. Es schlossen sich derselben nämlich zwei Schwester=Synoden, die mit ihr denselben Bekenntnis= Standpunkt einnahmen: „Die Evang. Synode des Nordwestens" und „Die Evang. Synode des Ostens" als vierter und fünfter Distrikt an, infolgedessen nun auch für das gemeinsame Ganze der jetzige Name „Evangelische Synode von Nordamerika" angenommen ward. Daß dies zustande kommen konnte, hatte die Synode ja vor allem auch den Bemühungen und dem Takte ihres General=Präses zu verdanken. Schon Jahre lang hatte er darauf hingearbeitet, a l l e evangelisch gesinnten Deutschen in e i n e n kirchlichen Körper zu vereinigen;

denn er wußte wohl, daß Einigkeit stark macht, Zersplitterung schwächt und vernichtet. Deswegen betonte er auch stets die Centralisation und warnte vor Partikularismus; das Ganze stand ihm über dem Einzelnen. So erfreulich ihm nun aber auch der errungene Fortschritt war und sein durfte, so lag doch auch die Folge nahe, daß ihm, der über die Aufrechterhaltung der Einheit, über die Bewahrung gemeinsamer Sitte, über die Pflege des Interesses am gemeinsamen Werke zu wachen hatte, seine Aufgabe durch den Zuwachs neuer Bestandteile vergrößert und zum Teil erschwert wurde. Mit dem älteren Teile der Synode war er vollständig vertraut, gewissermaßen zusammengewachsen, ein natürliches Band der Pietät verband viele Glieder mit ihm, und er war für sie nicht bloß der erwählte Beamte, sondern der geistliche Vater; dies Verhältnis konnte sich nicht ohne weiteres auch auf die neu hinzutretenden Elemente ausdehnen.

Zu den Nebengeschäften, die ihm zu seinem Präsidial-Amte hinzu erteilt wurden, können wir nicht eigentlich die Redaktion des „Friedensboten" rechnen, mit der er von der General-Synode des Jahres 1868 betraut wurde; denn sie ist ja wohl kein Nebengeschäft, das mit der Ausübung der Präsidial-Pflichten nur in einer äußerlich zufälligen Verbindung stände, sondern mit der Redaktion dieses synodalen Organs war ihm zugleich ein Mittel in die Hand gegeben, für den Bau und die Pflege des geistlichen Lebens in der Synode kräftig zu wirken. Wohl gehört ja zur Führung eines jeden dieser beiden Ämter eine besondere Begabung, aber die Synode durfte sich glücklich schätzen, die wesentlichen Gaben, die zum segensreichen Wirken in beiden doch in mancher Beziehung auch verschiedenartigen Ämtern befähigen, in einer Person vereinigt zu finden. Wie Baltzer sich schon früher als Mitarbeiter und fleißiger Korrespondent thätig am Gedeihen dieses Synodalorgans beteiligt hatte, so übernahm er auch die ihm nun übertragene Redaktionspflicht mit Freudigkeit, zugleich aber auch im Bewußtsein der Schwierigkeit und Verantwortlichkeit der neuen Aufgabe.

Über die Art, wie er die Aufgabe des „Friedensboten" aufgefaßt, spricht er sich selbst im Vorworte zu demselben vom 1. Januar 1869 aus:

„Der Auftrag, den der ‚Friedensbote' als Organ der Evangelischen Synode des Westens auszurichten hat, ist kein anderer geworden. Er behält seinen Namen bei und hofft unter des Herrn Beistande wie bisher, so auch ferner nach dem Maße der Gnade, die der Herr darreicht, ein rechter **Bote des Friedens** zu sein in aller Einfalt und Herzlichkeit zum Dienst der deutschen evangelischen Kirche des Landes. Einem falschen, faulen Frieden soll er freilich nicht das Wort reden. Dem Fleische und der Sünde, dem Unglauben und dem gottlosen Wesen, der Gleichgültigkeit und Leichtfertigkeit, der geistlosen Kirchlichkeit und dem falschen Vertrauen auf eigene Gerechtigkeit soll er freilich nicht schön thun und sie nicht in ihrer Sicherheit bestärken. Für diese Schäden in den Gemeinden und in einzelnen Personen möge ihm der Herr eine reichliche Gabe Salzes verleihen, daß ihre schmerzenden Wunden fühlbar werden und der einige Arzt sie heilen und als Friedefürst seinen Frieden schenken könne. Alles **in der Kirche Gottes** und in ihren einzelnen Teilen, in den Schulen und Familien, in den verschiedenartigen Berufsarten und Beschäftigungen der Menschenkinder, in den Zeitereignissen gehen zu lassen, wie es geht, und nicht einmal sauer dazu zu sehen, ist nicht seine Aufgabe. Des Herren Friedensboten, die den Frieden, den er erworben hat und gibt, verkündigen, können das nur dadurch, daß sie der Wahrheit die Ehre geben, alles messen an der untrüglichen Richtschnur des Wortes Gottes und mit diesem göttlichen Lichte die finstern Orte der Herzen und des gesamten Lebensgebietes beleuchten und durchleuchten. Dabei soll sie getragen sein von der Liebe Christi, die aus dem Glauben kommt und für die zeitliche und ewige Wohlfahrt des Nächsten brennt und wirkt. Solche Liebe aber ist nun kein schwächlich, schmeichlerisch Ding, sondern zeugt recht ernstlich und eindringlich, wie in erbarmendem Mitleiden, so in erbarmen=

dem Eifer allezeit gegen alles Gottwidrige und gegen alles, was dem Herrn Jesu Christo die Ehre raubt. Wohl ist's für uns arme Christenleute, denen bei aller Liebe zum Herrn doch noch stets die vorhandenen Schwächen und Leidenschaften und die Nebelkappe des Irrtums so leicht böse Streiche spielen, eine schwere Aufgabe, rechte Friedensboten in Wahrheit und Liebe zu sein. Nachsicht und Geduld bei den Menschen müssen wir allewege in Anspruch nehmen. Beugung vor dem Friedefürsten, dessen Auftrag wir so mangelhaft ausrichten, thut uns immerdar not, und nur seine göttliche Gnade und Vergebung der Sünde ist unser Trost. Eins aber steht uns wenigstens fest, daß unser Blatt, wie früher, so auch fortan, nichts anderes will, als den Frieden bezeugen, der in Christo Jesu ist, die Wege zeigen, welche zu diesem Frieden führen, und auf denen er durch die That bewährt werden soll."

Ob und wie das Programm, wenn man diesen Ausdruck gebrauchen darf, das in diesem Vorworte niedergelegt ist, ausgeführt wurde, davon zeugen die Jahrgänge des Blattes von 1869—80, die unter seiner Leitung erschienen sind; wir können, da es an Raum fehlt, näher darauf einzugehen, die Leser einfach auf dieselben verweisen. Gerade zehn Jahre hat der Verewigte neben vieler anderen Arbeit den „Friedensboten" in seiner bescheidenen und doch bestimmten Weise, das Ziel desselben, wie er's in diesem Vorworte dargelegt, unentwegt verfolgend, redigiert, bis ihm sein Herr und Meister die Feder aus der Hand nahm und ihn zu sich rief. Daß aber auch die Redaktion dieses Blattes mancherlei Schwierigkeiten und Unannehmlichkeiten mit sich brachte, daß die Notwendigkeit, je und dann einen eingesandten Artikel zurückzuweisen oder zeitweilig zurückzustellen, zu kürzen oder stilistisch zu korrigieren, Veranlassung zu manchen Verstimmungen geben konnte, und daß der General-Präses dann öfters unter dem zu leiden hatte, was der Redakteur verbrochen haben sollte, braucht nur angedeutet zu werden.

Der „Friedensbote" sollte nach seiner ursprünglichen Tendenz ein Verkündiger des Evangeliums, ein Gehilfe des Pre=

digers in der Erbauung der einzelnen Seelen und der Pflege
des Gemeindelebens sein, daher mußte er vorwiegend erbau=
lichen Charakter an sich tragen. Mit der Verbreitung eines
Erbauungsblattes aber ist die Aufgabe der Kirche oder ein=
zelner, welchen Gott die Gabe gegeben hat, auf andere geistig
zu wirken, noch nicht erschöpft. In der für unsere deutsche
evangelische Bevölkerung wünschenswerten Litteratur, die ihr
aus dem Kreise der Synode dargeboten werden konnte, gab es
noch eine Lücke, die auszufüllen er unternahm. Hatte Präses
Baltzer auch schon Arbeit in Fülle, so kam nun noch mehr hinzu.
Ende des Jahres 1869 ist der Zeitpunkt der Entstehung eines
Unternehmens, das ihm trotz der Arbeit, die es ihm machte,
doch ein reiner Quell der Freude und des Genusses wurde und
gewiß ein segensreiches Werk war. Wir meinen die Gründung
seines Unterhaltungsblattes „Zum Feierabend." Bedenkt
man die Arbeitslast, die schon auf den Schultern Baltzers
ruhte, so muß man das allerdings ein kühnes Unternehmen
nennen. Aber einerseits trieb ihn die Neigung und das Ver=
langen, mittelst eines guten christlichen Unterhaltungsblattes,
welches sehr fehlte, die Deutschen, jung und alt, zu beschäftigen
und zu belehren und dadurch von allerlei schädlichen, anderwei=
tigen Unterhaltungen und sogenannten Erholungen abzuziehen.
Andernteils suchte er freilich auch womöglich auf diese Weise
etwas zur Vermehrung seiner Mittel behufs Erziehung und
Ausbildung seiner heranwachsenden zahlreichen Söhne und
Töchter beizutragen, wie er selbst in einem an seinen damals
in Deutschland studierenden Sohn gerichteten Briefe sich aus=
drückte. Man darf wohl vermuten, daß es ein Lieblings=
gedanke war, das Unterhaltungsblatt werde sich, klein ange=
fangen und in schlichtem Gewande auftretend, allmählich
emporarbeiten, sich nicht nur zu finanzieller Selbständigkeit
durcharbeiten, sondern auch seinem Herausgeber ein genügend
lohnendes Einkommen abwerfen, so daß er selbst am Feier=
abende seines Lebens einmal in ganz unabhängiger Stellung
seine Kräfte der schönen und ihn befriedigenden Beschäftigung

zuwenden könnte, einem selbstgesammelten Leserkreise Belehrung und veredelnde Unterhaltung schriftstellerisch zu bieten.

„Zum Feierabend" fand auch bald einen schönen Leserkreis, so daß Baltzer schon 1870 an seine Schwester in Berlin schreiben konnte, daß sein Unternehmen gesichert sei, und daß er schon statt des erwarteten Defizits auf einen geringen Gewinn hoffen dürfe. Um zu zeigen, in welchem Sinne „Zum Feierabend" seine Aufgabe zu lösen gedachte, sei hier einiges aus dem Vorworte zur ersten Nummer angeführt. Es heißt da unter anderm:

„Gibt's einen Christenmenschen, der nicht Feierstunden nötig hätte? Arbeit und Feier gehören eng und unzertrennlich zu einander, und wer unausgesetzt arbeiten wollte, der würde ebensowenig seinen Lebenszweck erfüllen, wie der, der unausgesetzt nur feiern wollte. Bei der Berufsarbeit haben wir es meist einseitig mit einem bestimmten Gegenstande der Arbeit zu thun. Manche sind da mehr im Geiste, andere mehr mit dem Körper beschäftigt. Erschlaffung und Ermattung der einseitig beschäftigten Kräfte muß da notwendig folgen, ein Müdewerden von der Arbeit. Das erfordert eine Erfrischung und Erholung. Die soll uns das Feiern bringen. Es bringt aber dieselbe nicht durch gänzliche Unthätigkeit und durch gedankenloses Träumen; dadurch werden wir nur stumpfsinniger und kraftloser. Erholung kommt, abgesehen von dem dem Menschen nötigen und auf etliche Stunden begrenzten Schlafe, am besten aus einer Thätigkeit, die darin, daß sie allgemeiner, allseitiger bildend ist, als die gewöhnliche Berufsthätigkeit, ihre kräftige Erfrischung hat für Leib und Geist. Ein gesundes Mittel zu solcher Erfrischung für die Freistunden, die ja den meisten Menschen erst kommen, wenn die Tagesarbeit gethan und die Sonne zur Rüste gegangen ist, soll dieses Blattes Inhalt darbieten." —

Es wird dann weiter ausgeführt, wie das Blatt keinen unnützen Zeitvertreib bieten soll; dazu ist in unserm kurzen Erdenleben keine Zeit übrig. Gottes Wort sagt nicht: „vertreibet die Zeit," sondern „kaufet die Zeit aus." Erzählungen, Lebensbilder, Schilderungen aus der Welt= und Kirchengeschichte, Darstellungen der Sitten und Gewohnheiten der Völker, Blicke in die Wunder der Natur u. s. w. sollen der Inhalt sein; alles in christlichem Tone und Sinne gehalten. „Gibt Gott Gnade zu dem Unternehmen," heißt es darin zum Schlusse, „so hoffen wir damit auch einem Teile unseres deutschen Volkes Gutes zu thun. Der Schreiber dieses hat mancherlei andere Arbeit. Aber weil er den Ernst des Wortes: „Lasset uns Gutes thun und nicht müde werden" tief fühlt, und weil ihm sein deutsches Volk und unter demselben sonderlich die erwachsene Jugend am Herzen liegt, so will er gern, da sich sein eigenes Leben immer mehr zum Feierabend neigt, die bisherigen ihm freilich knapp zugemessenen Feierabende anwenden, den Lesern etwas Heilsames zum Feierabend zurechtzulegen. Gott segne das Beginnen."

Und Gott segnete es auch, denn „Zum Feierabend" war zehn Jahre lang in vielen Häusern ein gern gesehener Gast. Er lohnte seinem Gründer seine Mühe reichlich, eben dadurch, daß er ein gern gesehener Gast war und folglich auch seinen Zweck der Erholung und Erbauung erfüllte; er lohnte aber auch dadurch, daß er materiell kein Opfer forderte, sondern besonders in den letzten Jahren einen erklecklichen Reingewinn abwarf. Freilich war es auch gerade keine leichte Aufgabe, den Stoff für die Leser mundgerecht zu machen, denn das Publikum, für welches das Blatt hauptsächlich berechnet war, war nicht besonders hoch gebildet; daher war es schwer, immer den rechten Ton zu finden, besonders bei allen an das Wissenschaftliche streifenden Gegenständen. Aber gerade das verstand er selbst gut, und er wußte seinen Mitarbeitern gute Anleitung zu geben, mit Nutzen für unser Volk zu schreiben.

Bei der nächsten General=Konferenz im Jahre 1874 machte der General=Präses in seinem Berichte unter anderm darauf aufmerksam, daß es nicht mehr wohl aufschiebbar sei, die Synode neu in Distrikte einzuteilen. So wurde denn die Sy=

node in Indianapolis in sieben Distrikte eingeteilt und die Pausen zwischen den General-Konferenzen auf drei Jahre verlängert; dementsprechend wurden also auch die Beamten auf drei Jahre erwählt. Die Wahl eines General-Präses fiel wieder auf Baltzer.

In den folgenden drei Jahren 1874—77 zogen allerlei Wolken am Horizonte seines Wirkungskreises auf, zumal da die Gesundheit des Präses Baltzer ernstlich zu wanken begann. Er fühlte sich oft müde und matt und sehnte sich nach Erleichterung im Amte. Infolgedessen ging er im Jahre 1877 mit dem Entschlusse zur General-Konferenz nach Chicago, auf die eine oder die andere Art Erleichterung zu erlangen. Einige Zeit vor der Konferenz hatte Schreiber dieses als Sohn und Arzt ihm ernstlich vorgestellt, daß, wenn er in dieser Art fortarbeite und sich plage, er bald unterliegen müsse. Er sei es seiner Familie schuldig, wenn irgend thunlich, sich einen Teil seiner Arbeitslast abnehmen zu lassen. Er versprach das auch; und so schrieb er denn am Schlusse seines Synodal-Berichts: „Ich meine hiermit das genannt zu haben, was unserer General-Synode diesmal zur Beratung vorliegt. Gott gebe derselben das rechte Maß der Weisheit, Liebe und Eintracht, alles zur Ehre unseres Gottes und zum Heile der Synode zu ordnen. Wenn mein Bericht Mängel hat, und ohne Zweifel hat er die, so bitte ich freundlich zu berücksichtigen, daß ich in den letzten vier Wochen krank und leidend gewesen bin und nur unter vielen Schmerzen und Beschwerden habe arbeiten können. Gott segne unsere Synode auch fernerhin! Ich habe mit derselben seit drei Jahrzehnten innig verbunden gelebt und ihr Kraft und Gaben, so gering beides auch war, willig und mit Freuden zu Dienst gestellt, dankbar gegen den Herrn, meinen Gott, der mich dessen gewürdigt hat und alle meine Versäumnisse mir gnädig vergeben wolle, dankbar gegen die Synode, die mit meinen Mängeln und Schwächen Geduld gehabt hat. Wenn aber jetzt die Zeit gekommen zu sein scheint, in der ich mich genötigt sehe, aus der bisherigen Thätigkeit zurückzutreten, so bitte ich nur Gott, daß er unsere Synode auch ferner auf dem bisher so reichlich von ihm gesegneten Wege erhalten und sie innerlich stärken, kräftigen und vollbereiten und mir und vielen andern den Schmerz ersparen möge, befürchten zu müssen, daß unsere Synode, durch die schwankende, unentschiedene Richtung der derzeitigen Hauptströmung des kirchlichen Geistes beeinflußt, in Bahnen einlenke, die nicht führen zur Verherrlichung des Namens dessen, der unseres ewigen Heiles Grund, aller unserer Arbeit belebende Kraft und unserer Hoffnung fester Anker ist, unseres Herrn und Heilandes Jesu Christi. Ihm sei Ehre in Ewigkeit! Sein Geist walte unter uns in den bevorstehenden Tagen unserer Beratungen. Seine Gnade und Gotteskraft erhalte uns in seiner Gemeinschaft bis ans Ende, erlöse uns endlich von allem Übel und helfe uns aus zu seinem himmlischen Reiche."

Obwohl es bei den nun beginnenden Verhandlungen wohl nicht an einer teils aus sachlichen, teils aus persönlichen Motiven stammenden Opposition gegen Baltzer fehlte, die seinen warmen Anhängern als Anfeindung erscheinen mochte, so war doch nach dem Urteile völlig unparteiischer Teilnehmer der Versammlung kein Gedanke daran, daß die Majorität derselben sich gegen ihn erklären könnte. Dennoch kam es bei den Beratungen des Komitee-Berichts über den „Friedensboten" beinahe zu einem Bruche, der aber dann gerade in eine Art Huldigung gegen Baltzer umschlug. Im Protokoll finden wir folgendes: Der Bericht des Komitees über den „Friedensboten" wurde wie üblich entgegengenommen und in Beratung gezogen, ohne Ahnung von den ernsten, ja fast peinlichen Verwickelungen, durch welche sich die Versammlung zuletzt zu einem hoffentlich allgemein befriedigenden Resultate hindurchzuringen hatte. Der Komitee-Bericht lautete:

1. Der „Friedensbote" soll den kirchlich-erbaulichen Charakter als Bote des Friedens, den uns Gott in Christo bereitet hat, und als Organ unserer Synode unter allen Umständen bewahren.

2. Das schließt nicht aus, daß der „Friedensbote" dem Bedürfnisse nach christlicher und bildender Unterhaltung entgegenkomme, wie dies bereits auf der letzten General-Konferenz bestimmt ausgesprochen wurde.

3. Wir verkennen nicht, daß die Redaktion des „Friedensboten" jene Kundgebung der General-Synode nicht unbeachtet gelassen hat.

4. Dennoch können wir nicht umhin, unsere Überzeugung dahin auszusprechen, daß die innerhalb der Synode laut gewordenen Wünsche, es möchte jenem Bedürfnisse noch mehr als bisher entgegengekommen werden, nicht unbegründet sind.

5. Wir finden, daß den kirchlichen Nachrichten, Korrespondenzen und Anzeigen über kirchliche Feierlichkeiten, Feste und Konferenzen, von synodalen Beamten oder einzelnen eingesendet, auch solchen Artikeln, in welchen dem durchschnittlichen Bildungsstande der Leser des „Friedensboten" nicht hinlänglich Rechnung getragen wird, und welche mehr für Pastoren als für Gemeinden geschrieben sind, zu viel Raum gewährt wird. Es soll daher dem Redakteur überlassen bleiben, solche kirchlichen Nachrichten in angemessener Form kurz in das Blatt einzurücken und dieselben in kleiner Schrift drucken zu lassen.

6. Um den Wünschen nach größerer Mannigfaltigkeit, anziehender Lebendigkeit und Frische in wirksamer Weise entgegenkommen zu können, sollen dem Redakteur des „Friedensboten" zwei zu honorierende Mitarbeiter an die Seite gestellt werden, und es soll das Verlags-Komitee beauftragt sein, dafür zu sorgen, daß der „Friedensbote" an dem Orte gedruckt werde, wo er am besten, billigsten und passendsten hergestellt wird.

Diese Anträge wurden durch die Erklärung begründet, daß die erbaulichen Artikel auf der ersten Seite des „Friedensboten," getragen von dem tief philosophischen Geiste des ehrw. Präses Baltzer, wie auch die Erzählungen auf der zweiten Seite vielfach von christlich gesinnten, aber tieferen Denkens ungewohnten Leuten nicht beachtet würden. Besonders im Osten, wo man mit leichterer, auch religiöser Lektüre überflu=

tet wird, kommen solche Leute nicht selten dazu, sich den „Friedensboten" verdrängen zu lassen. Eine andere ähnliche Auseinandersetzung eines Redners wurde als persönliche Beleidigung gegen den Redakteur des „Friedensboten" aufgefaßt und getadelt, während der betreffende versicherte, daß es nicht seine Absicht gewesen sei, zu verletzen, und um Vergebung bat, wenn seine Worte so verstanden würden. Andere nahmen dem Tadel gegenüber das Recht der freien Meinungsäußerung in der Debatte in Schutz und wiesen darauf hin, daß jeder ohne Ausnahme sich eine sachliche Kritik gefallen lassen müsse. Als dann am folgenden Tage nach andern Wahlen auch die Mitredakteure für den „Friedensboten" erwählt werden sollten, erklärte Präses Baltzer, daß er die Redaktion noch bis Ende des Jahres fortführen, für weitere Zukunft aber nicht annehmen werde, da er seit zehn Jahren gar keine Ausspannung von seiner Arbeit gehabt habe; die getroffenen Anordnungen schienen zwar die Arbeit zu vermindern, dieselbe werde aber doch in Zukunft nicht klein sein. Die Resignation wurde mit Bedauern entgegengenommen, und dem Redakteur wurde der einstimmige Dank für seine bisherige Mühewaltung ausgesprochen. Ein Nominations-Komitee ward ernannt, welches der Versammlung auf den folgenden Tag geeignete Kandidaten zur Wahl vorschlagen sollte. Der Vorsitzende desselben berichtete: Es scheint uns allen nicht möglich, unsere Zustimmung zu dem Rücktritte des Präses Baltzer von der Redaktion des „Friedensboten" zu geben; nur für den äußersten Notfall haben wir mit innerem Widerstreben einige Namen notiert, glauben aber im Namen der ganzen Versammlung zu reden, wenn wir beantragen, daß Präses Baltzer herzlich gebeten werde, die Redaktion des „Friedensboten" auch ferner zu behalten, daß die über die Redaktion gefaßten Beschlüsse in Wiedererwägung gezogen und dadurch ersetzt werden, daß dem Präses Baltzer als Redakteur des „Friedensboten" größere Freiheit gewährt werde betreffs Aufnahme und Abkürzung von Einsendungen, und daß er ermächtigt sei, sich nach Bedürfnis einen oder zwei auf

Kosten der Synode zu honorierende Mitarbeiter zu erwählen. Nachdem dieser Antrag zum Beschluß erhoben war, erklärte Präses Baltzer, daß er die Redaktion wieder annehme, weil er seinem Gott gelobt habe, gehorsam zu sein. Vize-Präses Siebenpfeiffer forderte die Versammlung dringend auf, daß jeder, der die Gabe dazu habe, es für seine heilige Pflicht halte, die Redaktions-Arbeit durch fleißige und mannigfaltige Mitarbeit zu erleichtern.

So war ein Sturm, der leicht hätte dazu führen können, das Band, das dreißig Jahre lang zwischen Präses Baltzer und der Synode bestanden hatte, zu zerreißen, beseitigt. Synodal-Versammlungen pflegen Krisen im synodalen Leben zu sein; manches einzelne, was sich im Laufe der Synodaljahre angesammelt, wird hier zusammengetragen und gewinnt in seiner Zusammenhäufung den Anschein viel größerer Bedeutung, als es in Wirklichkeit hat; und wer wollte es verkennen, daß gerade bei solchen Veranlassungen der böse Feind sein Werk geschäftig treiben möchte, die Erregung der Gemüter und die Kurzsichtigkeit menschlicher Erkenntnis zu benutzen, um Entwickelungen und Wirkungen, die bei allen Mängeln, die ihnen anhaften mochten, doch im ganzen zu unverkennbarem Segen gedient hätten, zu hemmen und zu zerstören. Tadeln ist allemal viel leichter, als besser machen. Der vorsichtig gehaltene Bericht läßt durchblicken, daß hier eine solche Krisis glücklich überstanden wurde. Für Präses Baltzer bedeutete die Wiederwahl zu allen seinen Ämtern entschieden eine ihm seitens der Synode gezollte Anerkennung seines treuen und hochverdienstlichen Wirkens, aber auch eine erneute Zumutung zu fortgesetzter Selbstverleugnung und Selbstaufopferung. Sein Entschluß, den er der Synode kundgab: „Ich will gehorchen," kostete ihn nicht zu unterdrückende Thränen. Es war Gottes Wille, daß Baltzer bis zu seinem letzten Atemzuge in schwerem Dienste in dem Werke, dem er sich einst in der Vollkraft seiner Jahre freudig geweiht, aushalten und als Streiter Christi auf dem Schlachtfelde mit dem Schwerte in der Hand fallen sollte.

Ehe wir nun zur Schilderung des Privatlebens Balzers in den letzten zwölf Jahren übergehen, sei es gestattet, noch einen amtlichen Brief betreffend die Patenschaft wenigstens teilweise einzufügen, weil ja der Inhalt desselben einigermaßen von allgemeinem Interesse ist, und weil er ein Beispiel davon gibt, mit welcher liebevollen Bereitwilligkeit und mit welcher lichtvollen Klarheit Präses Balzer seinen Amtsbrüdern, die sich fragend an ihn wandten, mit Rat zur Seite stand. Er schreibt: „Und nun zu Ihrer Frage betreffs der Patenschaft. Die Frage: ‚Sind Methodisten, wenn sie ordentliche Glieder ihrer Kirche sind, bei uns als Taufpaten zulässig'? ist unbedingt mit ja zu beantworten. Durch die Taufe wird niemand in eine Sonderkirche aufgenommen, sondern der Täufling wird der Gemeinde des Herrn einverleibt. Darum taufen wir nicht auf Grund eines Sonderbekenntnisses, etwa der Augsburger Konfession oder des Heidelberger Katechismus, sondern auf Grund des Bekenntnisses, das gemeinsam von der ganzen christlichen Kirche als ihr Bekenntnis anerkannt ist, und verlangen bei der Taufe von den Eltern und Paten christliche Erziehung auf Grund dieses Bekenntnisses. Taufpaten sind nun zweierlei: einmal sollen sie Zeugen der an dem Kinde vollzogenen Taufe sein, und so wünschenswert es auch ist, daß diese Zeugen der Sondergemeinde und somit auch der Sonderkirche angehören, zu der das zu taufende Kind durch seine Geburt gerechnet werden muß, so ist das doch nicht wesentlich notwendig, sondern nur, daß sie der christlichen Kirche angehören und also das apostolische Glaubensbekenntnis auch ihr Bekenntnis sein lassen; das ist aber bei den Methodisten der Fall. Sodann zweitens sollen Taufpaten im Falle der Not mit Sorge tragen helfen, daß das getaufte Kind der christlichen Kirche erhalten und in ihrem, der Kirche, Glauben erzogen werde; sie sollen dafür mitsorgen durch Gebet, Ermahnung, Wort, That, je nachdem das eine oder das andere notwendig wird durch Versäumnis der Eltern oder dadurch, daß dem Kinde die Eltern genommen werden. So wünschenswert da wieder ist, daß die Taufpaten in dem Sonderbekenntnisse der Eltern stehen und der Sondergemeinde derselben zugehören, — denn nur dann können sie vollständig im Sinne der Eltern und der Gemeinde, zu der die Eltern gehören, handeln, — so ist das wiederum nicht wesentlich notwendig. Darum wäre es verkehrt, wenn wir ohne weiteres Taufpaten aus andern Konfessionen, sonderlich wenn dieselben mit uns auf dem reformatorischen Bekenntnisse stehen und der protestantischen Kirche zugehören, von der Patenschaft zurückweisen wollten. Ja wir dürfen nicht einmal unbedingt einen der katholischen Kirche zugehörigen Christen zurückweisen, solange er bei dem apostolischen Glaubensbekenntnisse steht. Das aber ist allerdings richtig, daß die normalste Gestaltung dieses Verhältnisses die ist, wenn die Taufpaten der Sonderkirche und Sondergemeinde der Eltern des Täuflings zugehören. Und darum ist es den Pastoren freilich zu raten, daß sie in jedem Falle, wo die Eltern Taufpaten aus einer andern Kirche anmelden, die Eltern durch sanftmütige Belehrung zurechtzuweisen suchen, daß das nicht ganz in der Ordnung ist und leicht seine übeln Folgen bringen könnte. Aber weiter dürfen sie nicht gehen; eine Zurückweisung solcher Taufpaten ist nicht zu rechtfertigen. Das ist meine Ansicht von der Sache. Lassen Sie sich den Anstoß, den einige von Ihren Vorstehern genommen haben, nicht weiter anfechten; erkennen Sie auch das Wahre, was an diesem Anstoße ist, an und geben Sie den Anstoß nehmenden Leuten, soweit sie recht haben, auch recht, dann wird alles bald wieder ins rechte Geleise kommen. — —"

Der freundliche Leser wird gebeten, nochmals einige Jahre mit uns zurückzublicken. — Bei der Übernahme des Präsidiums und der Übersiedelung nach St. Charles bekam es der selig Entschlafene freilich für seine Person nicht leichter in seinem Amte, aber sein Wunsch in Bezug auf seine Familie ging ihm doch in Erfüllung. Den Kindern bot sich nun Gelegenheit für verhältnismäßig gute Schulen, welche sie vorher hatten entbehren müssen. Seine Frau und treue Gefährtin bekam nun nach vielen schweren Jahren der Entbehrung und Arbeitsüberhäufung wieder ihre eigene Haushaltung, nach welcher sie sich so manches liebe Mal nach echter deutschen Frauen Weise gesehnt hatte, und durfte wieder ihre ganzen Kräfte **ihrer** Familie und **ihrem** Heim widmen. Und was für eine treue, liebevolle Mutter und Gattin war sie. Die Pflege ihres Mannes, den die Arbeit manchmal zu erdrücken drohte, ging ihr über alles. Sie sorgte nicht nur, daß ihm leiblich nichts abging, sondern sie war ihm auch, mehr als sie selbst wußte, eine Beraterin und Stütze in geistiger Hinsicht. Ihr konnte er seine innersten Gedanken, seine geheimsten Pläne, seine Freuden im Amt, sowie dessen Sorgen und Leid mitteilen und anvertrauen. Er fand sicher **Verständnis**, innige Teilnahme, fröhlichen Mut, in frommem **Sinn alles** ohne Murren zu tragen, was der liebe Gott ihnen schickte. Seine Freude war ihre Freude, sein Leid ihr Leid und ihre Gottergebenheit und Vertrauen wahr und echt.

In den ersten zwei Jahren, also von 1866—1868, wurde jedoch das Familienleben vielfach dadurch gestört, daß Baltzer über die Hälfte der Zeit auf seinen Visitationsreisen abwesend war; kam er dann nachhause, um etwa eine Woche zu bleiben, so mußte er, sollten die angehäufte Korrespondenz, Synodalgeschäfte und sonstige bringende Arbeiten erledigt werden, buchstäblich Tag und Nacht arbeiten. Später häuften sich diese Arbeiten so, daß er in der That keine freie Minute hatte, ja kaum genügend Zeit zum Schlaf fand. Um dem geneigten Leser einen Begriff davon zu geben, wie viel er arbeitete und wie seine Kräfte in Anspruch genommen waren, wollen wir uns einen solchen Arbeitstag näher betrachten.

Morgens früh 5 Uhr stand er auf und begab sich alsbald in sein Studierzimmer, aus dem er selten, außer zum Frühstück, vor zwölf Uhr mittags wieder hervorkam. Um sieben Uhr etwa versammelte sich die ganze Familie, einschließlich der Magd, wenn eine im Hause war, — damals ('66) also schon gerade zwölf Personen,—zum gemeinsamen Frühstück, an das sich die Morgenandacht anschloß. Um 12 Uhr wurde dann zu Mittag gespeist. Der Hausvater hielt streng darauf, daß bei allen Mahlzeiten alle Hausgenossen pünktlich zugegen waren, sofern sie nicht krank waren. Fehlte je und dann einmal ein Familienglied ohne Not, so zog es sich sicher eine strenge Rüge zu. Bei der Mittagsmahlzeit erzählte er dann gerne allerlei, zog auch wohl einen Brief aus der Tasche, um ihn vorzulesen; oder er scherzte und schäkerte mit den kleineren Kindern. Nebenbei gesagt, waren die Mahlzeiten oft wochenlang die einzigen Stunden des Tages, in denen er sich mit seinen Kindern abgeben konnte, ausgenommen vielleicht am Sonntag-Nachmittag. Nach eingenommenem Mittagsmahle begab er sich gewöhnlich in die Stadt, seine Post zu holen und sonstige nötige Gänge zu besorgen. Heimgekommen begab er sich nach Genuß eines Täßchen guten Kaffees, zu dem er seine geliebte Pfeife rauchte, wieder an seine Arbeit bis zum Abendbrot, welches dann wieder mit einer Abendandacht geschlossen wurde. Hierauf konnte man ihn dann wieder in seinem Studierzimmer bei angestrengter Arbeit finden, die ihren Abschluß so gut wie nie vor Mitternacht fand, ja zu gewissen Jahreszeiten fast regelmäßig bis 1—2 Uhr morgens ausgedehnt wurde. Also durchschnittlich 17—18 volle Arbeitsstunden in dem 24 stündigen Turnus eines jeden Tages. Und das blieb mit wenigen Unterbrechungen und Änderungen so bis an sein seliges Ende.

Daß er sich bei so vollkommen mit Arbeit ausgefüllter Zeit selten um seine Kinder bekümmern konnte, leuchtet ein. Es war daher auch ein großes Fest für die Kinder und die Mutter, wenn der „Papa" am Sonntag-Nachmittag „herunterkam" und sich in der „guten Stube" oder „Klavierstube," wie sie mehr genannt wurde, mit der „Mama" zusammen auf das Sofa setzte und plauderte, erzählte oder sich von seinen Kindern mehrstimmige Lieder vorsingen ließ. Noch herrlicher war es, wenn er sich am Sonntag-Abend frei machte und uns größeren Kindern und der lieben Mama aus dem „Daheim" oder sonst einem guten Buche vorlas, was er ganz meisterhaft verstand. Gerade weil das so selten vorkam, waren uns das doppelt köstliche und unvergeßliche Stunden.

Eine Freude war es, wenn Amtsbrüder zu Besuch kamen, denn da wurde der Papa ein ganz anderer. Die schweren Sorgenfalten auf der Stirne verschwanden, der echte gute Berliner Humor trat an ihre Stelle, und die Fröhlichkeit nahm für ein paar Stunden das Regiment in die Hand. O ja! er konnte sehr vergnügt und heiter sein, der gute, geplagte Papa. Und wenn er sich mal so zeigte, dann war das ganze Haus festlich gestimmt. Leider war das aber nur selten möglich. Seine Kinder kannten daher, leider muß es gesagt sein, ihn gewöhnlich nur von der strengen Seite, denn wenn er arbeiten wollte und sollte, mußte im Hause Ruhe herrschen, und obwohl dies Verlangen für ihn ja wohlberechtigt war, so war es doch für eine lebenslustige Kinderschar, wie wir eine waren, eine fast unlösbare Aufgabe, und da setzte es denn oftmals etwas ab. Um so größer war aber dann auch die Freude, wenn etwa der Papa auch mal mitjubelte oder gar mitspielte. Seine Kinder konnten es nicht begreifen und verstehen, wie schwer ihm die Entsagung geworden ist, die er notgedrungen von ihnen fordern mußte, und manches unter ihnen ist wohl auf den Gedanken gekommen: „Der Papa ist hart!" Genau wie gewiß auch mancher Synodale gedacht und gesagt haben wird. Man hat eben zu leicht vergessen, oder auch gar nicht einsehen können, daß eben nur „die Liebe zu den Seelen, der uneigennützige Zeugeneifer und der unbedingte Gottes=Gehorsam" ihm sein Verhalten diktiert haben und daß ihm nur so die Erfüllung seines sonderlichen Berufes möglich wurde.

Nur einer einzigen humoristischen Bemerkung sei hier gedacht, und zwar darum, weil sie einmal unter ganz eigentümlichen Umständen gemacht wurde und ferner, weil sie schon in einen weiteren Kreis gedrungen ist, ohne doch Allgemeingut der Synodalen geworden zu sein. Ein Augen= und Ohren=

zeuge erzählt folgende Episode. Es war im Jahre 1874, als
der östliche Distrikt, der bis zum Jahre 1872 eine eigene Synode
gebildet hatte, seine Jahressitzung in der Stadt S. abhielt.
Der Synodal-Präses Baltzer war natürlich auch da. An einem
Abende der Konferenz wurde nun, wie üblich, Gottesdienst
gehalten. Jetzt war da ein älterer, unverheirateter Bruder,
der wegen seiner oft merkwürdige Gestalt annehmenden
Schrullen weit und breit bekannt war. Er ist schon seit einer
Reihe von Jahren zur Ruhe gegangen und niemand wird durch
diese schlichte Erzählung auch nur im entferntesten verletzt
werden können. Unser S. war ein guter Homiletiker und ein
gelehrtes Haus, und da hegte er schon lange den Wunsch, bei
einer Konferenz den Herren Konfratres sein Licht recht hell
leuchten zu lassen. Aber gerade weil sich S. mit seinem Er=
suchen immer vordrängte, wurde er von den Distrikts-Beamten
zurückgewiesen. Endlich gaben sie seinem Drängen doch inso=
weit nach, daß sie ihm den liturgischen Teil eines Gottesdien=
stes zuwiesen. Br. S. triumphierte und wollte die gebotene
Gelegenheit gründlich ausnützen. Er dachte offenbar: „Ihr
habt mich so lange nicht predigen lassen, jetzt sollt ihr mich aber
einmal hören." Und er wurde gehört, gehört bis zum Über=
druß. S. betete ein freies Gebet, ein ganz außerordentlich
freies Gebet. Er brachte nicht nur die gewöhnlichen Bedürf=
nisse der Menschenkinder vor Gottes Thron, nein, er brachte
ganz merkwürdige Dinge. So betete er fünf Minuten lang.
Schon stieg hier und da in einem Herzen der Wunsch auf, der
gute Mann möge sein langes Gebet zu Ende bringen. Doch
was störte das unsern S.! Er betete ruhig weiter. Es ver=
strichen zehn Minuten und in der Kirche machte sich eine recht
lebhafte Unruhe bemerklich; doch S. betete unbekümmert
weiter. Als fünfzehn Minuten vorüber waren, konnte man
von Andacht kaum noch eine Spur entdecken. Die jungen
Leute lachten und scherzten, andere liefen hinaus, kurz, es war
schon ein richtiges Durcheinander da. Die meisten Synodalen
hatten sich auch schon gesetzt, nur der Synodal-Präses, der sehr

auf das Dekorum, den kirchlichen Anstand, hielt, stand noch
mit einigen standhaften Brüdern fest und treu. Da ging aber
auch seine Kraft und Geduld zu Ende, — war er doch schon bei
Jahren, — und aus seinem gepreßten Herzen erklang leise,
doch immer so, daß es die Umgebung vernehmen konnte, der
Stoßseufzer: „Ach, daß doch der Engel des Herrn erschiene,
diesen S. am Schopfe faßte, wie den Propheten Habakuk, und
ihn in die Wüste führen würde, wo sie am weitesten ist." Doch
kein Engel des Herrn erschien und der Bruder S. konnte weiter
reden — ein Beten war es schon lange nicht mehr — von
deutschen Gymnasien und allerlei Lehranstalten u.s.w., u.s.w.,
bis er seine zwanzig Minuten ausgefüllt und die Anwesenden
in gelinde Verzweiflung gebracht hatte. Erst zwei Jahre spä=
ter gelang es endlich, endlich dem Br. S., in derselben Stadt
predigen zu können.

Kehren wir nach dieser kurzen Abschweifung nach St.
Charles zurück.—So waren denn einige Jahre ruhigen Fami=
lienlebens dahingegangen, bis im Frühjahr 1869 der älteste,
bereits achtzehnjährige Sohn studierenshalber nach Deutsch=
land geschickt wurde. Es war dies ein Schritt, der den El=
tern, bei aller Freude, daß es durch Gottes gnädige Fügung
möglich geworden, diesen Lieblingswunsch zu erfüllen, doch
in der Trennungsstunde Schmerz bereitete. Die Eltern
begleiteten den Sohn bis nach St. Louis, und hier nahm
die Mutter mit den ahnungsvollen Worten von ihrem Erst=
gebornen Abschied: „Geh mit Gott, bleibe brav, aber deine
Mutter wirst du unter den Lebenden nicht wiedersehen." Der
Sohn, der seine Mutter über alles liebte, suchte ihr diesen
trüben Gedanken auszureden, so weh es ihm auch ums Herz
war, und prophezeite hoffnungsvoll ein fröhliches Wiedersehen
nach einigen Jahren. Doch ihre Ahnung war richtig gewesen.
— Im Februar 1870 wurde den Eltern das zwölfte Kindlein,
und zwar der siebente Sohn, geboren, etwa zwei Wochen nach=
dem das letzte der vorhandenen Kinder vom Nervenfieber
genesen war. Alle neun, die zuhause waren, hatten diese böse

Krankheit gehabt, einige sehr schwer, sodaß die Eltern tagelang im Zweifel waren, ob der liebe Gott sie ihnen nehmen oder lassen wollte. Ohne Hilfe, denn eine Magd war nicht zu bekommen, mußten sie diese schwere Zeit durchmachen, und manche Nacht hat die treue, unermüdliche Mutter an den Betten ihrer kranken Kinder gesessen, während sie doch selbst der Schonung so sehr bedürftig war. Die Folgen blieben nicht aus. Das neugeborne Söhnlein war kaum einige Tage alt, als das Nervenfieber sich bei der Mutter einstellte, und nun lag sie ebenfalls wochenlang zwischen Tod und Leben. Eine schwere Prüfungszeit für den Vater und Gatten, der nebenbei vor Arbeitsüberhäufung kaum wußte, wo ein, wo aus. Doch diesmal ließ es der liebe Gott bei einer eindringlichen Mahnung bewenden. Die Mutter genas zur Freude und zum Jubel aller noch einmal, und heiße Dankgebete stiegen zu Gott auf.

Ein Jahr später aber kam der Todesengel ins Haus und forderte die Mutter und Gattin als sein Opfer.

Ein Töchterlein, das dreizehnte Kind, ward am 5. März 1871 geboren; vierundzwanzig Stunden später war seine Mutter eine Leiche. Wie die Verstorbene schon damals beim Abschied von ihrem Sohn so bestimmt auf ihren nahen Tod hingewiesen hatte, so hatte sie Monate vor ihrem Tode wiederholt bestimmt versichert: „Von diesem Schmerzenslager stehe ich nicht wieder auf, diesmal holt mich der Herr heim." Man hatte wenig darauf geachtet und diese Ahnungen ihrer momentanen Gemütsstimmung zugeschrieben. Aber es war diesmal keine bloße bedeutungslose Ahnung, sondern es war dies eine Eingebung ihres Gottes, mit dem sie ja in inniger und vertrauter Gemeinschaft lebte. Und ist das nicht eine ganz besondere Gnade Gottes, wenn er jemandem so deutlich vorhersagt: „Dein Ende steht bevor, mache dich bereit"? Wie sie gelebt hatte als eine fromme Magd, so starb sie auch sanft und ergeben in des Herrn Willen. Alles, was sie zurückließ, und sie ließ ja zwölf lebende Kinder und einen geliebten, verehrten

Gatten zurück, legte sie dem Herrn ans treue Vaterherz. Nur der in Deutschland weilende Sohn machte ihr das Herz schwer; hätte sie doch auch gerne von ihm Abschied genommen und auch ihm die Hände zum Segen aufs Haupt gelegt!

Es war dies ein herber Verlust, der Baltzer gänzlich unvorbereitet traf, denn kaum einige Stunden vor ihrem Ableben ahnte und erwartete er noch keine Katastrophe. Es ging mit ihr ein Teil von ihm selbst fort. Er hat denn auch bis an sein eigenes seliges Ende, das neun Jahre später erfolgte, diesen Verlust nie ganz verschmerzt. Je und dann gedachte er ihrer mit Wehmut, Sehnsucht und Thränen. Sie war ihm eben alles gewesen, was eine **treue, fromme, deutsche Frau** ihrem Manne nur sein kann. Doch lassen wir ihn selbst reden. Er teilte ihren Tod mit folgenden Worten den Synodalen im „Friedensboten" mit:

„Es hat dem Herrn nach seinem heiligen Willen gefallen, meine treue Gattin Luise Nikoline, geb. von Laer, die mir und den Meinen und vielen andern zu reichem Segen beinahe einundzwanzig Jahre an meiner Seite durchs Leben pilgerte, in die Ewigkeit abzurufen. Sie ging im vollen Frieden der Versöhnung durch Christi Verdienst hinüber in die obere Heimat und entschlief fein sanft und stille am 6. d. M. gegen Abend, nachdem sie am Tage zuvor einem gesunden Töchterlein das Leben gegeben hatte. Nicht ganz 42 Jahre ist die Zeit ihrer Wallfahrt hienieden gewesen. In viel Mühe und Arbeit hat sie während dieser Zeit Fleiß und Treue, in manchem Kreuz und Leid echte Geduld und Stille des Herzens, in allen Lagen ungefärbte, aufopfernde Liebe aus kindlichem Glauben an ihren Heiland bewährt. — Zwölf Kinder, sechs Söhne und sechs Töchter, von denen der älteste Sohn beinahe 20 Jahre zählt, in deren Schar aber mit dem jüngstgebornen Töchterlein noch sechs im ersten Jahrzehnt des Lebens stehen, trauern mit mir um den Verlust der lieben, treuen Mutter. Eins unserer Kinder ist ihr außerdem vor etlichen Jahren in die Ewigkeit vorangegangen. — Der Herr hat uns, den Hinterbliebenen,

Schweres zu tragen auferlegt. Doch sind es seine Gnadenhände, die solches thun. Er verleihe lediglich Kraft und Geduld zum Tragen, er tröste uns aus der Fülle seiner Barmherzigkeit. — Sein Name sei gelobt in Ewigkeit. —

A. Baltzer."

Doppelt groß erschien dem Witwer aber der Verlust, wenn er die Schar seiner Kinder ansah, die nun mutterlos aufwachsen sollten. **Eine Mutter ist eben einfach unersetzlich.** Freilich hatte er damals schon an seinen älteren Töchtern thätige und tüchtige Helferinnen, die, wohlerzogen, wie sie waren, es wohl verstanden, seinem Haushalt vorzustehen und ihre jüngeren Geschwister zu bemuttern. Doch konnte er kaum erwarten und verlangen, daß sie ihre eigene Zukunft ihm opfern würden, und er war auch gar nicht der Mann dazu, das zu verlangen oder zu erwarten. Er war eben ein treuer, liebevoller Vater.

Als ihn dann zwei Jahre später, den 22. Januar 1873, ein zweiter herber Verlust traf, — es wurde ihm sein zweiter Sohn, ein hoffnungsvoller Jüngling, der in St. Louis die Lithographie erlernte und dort von den Blattern befallen wurde, entrissen, — da reifte in ihm, besonders auch, da sich die älteste Tochter verheiratete, die Erkenntnis, daß er seinen Kindern wieder eine Mutter suchen müsse.

So kam es denn, daß Präses Baltzer sich am 25. Juli 1874 zum drittenmal verehelichte, und zwar mit einer erst kürzlich eingewanderten Deutschen, Namens Olga Anna Sidonia Karolina Heyer. Sie war eine Schwester der auch längst selig entschlafenen Frau Pastor Bathe in St. Charles, zuletzt in New Orleans, in deren Hause er sie kennen gelernt hatte. Man hat ihm diese dritte Heirat vielfach zum Vorwurf machen wollen; doch wie konnte er anders handeln? —

Die älteste Tochter hatte geheiratet, die zweite war verlobt und wollte heiraten, die dritte war zu jung, um einem so großen Haushalt vorstehen zu können. Wer hätte sich dazu verstanden, für einen Witwer mit einer so großen Schar von

Kindern, davon das jüngste kaum drei Jahre alt war, den Haushalt zu führen, selbst wenn sich eine treue, fleckenlose und verständige Person gefunden hätte?

Er mußte so handeln und er hat es im Vertrauen auf Gott gethan, besonders darum noch, weil er sich schon damals mit dem Gedanken trug, daß seines Bleibens hier auf dieser Erde nicht mehr lange sei; er wollte seine Kinder nicht ohne Schutz zurücklassen.

Die gefundene treue Lebensgefährtin seiner letzten Jahre hat ihm erfüllt, was er gewünscht hat. Sie hat ihren Beruf darin gesucht und gefunden, dem besonders in den letzten Jahren leidenden Gatten eine Stütze zu sein, und sie war besonders befähigt, nicht nur dem Hauswesen wohl vorzustehen, sondern auch vermöge ihrer gründlichen Schulbildung sich der Erziehung der Kinder aufs dankenswerteste anzunehmen. Ersetzte sie doch bei den ihr anvertrauten Kindern nach mancher Richtung hin einen besondern Lehrer, namentlich in der Musik, in der sie tüchtig war. Auch in seinen amtlichen Arbeiten konnte sie ihm beistehen und manche Arbeit beim Abschreiben, Korrigieren u. dgl. hat sie ihm in den letzten Jahren abgenommen und zu seiner Zufriedenheit besorgt.

In den Jahren 1876—77 wurden des Vaters Klagen über Müdigkeit, Stechen in der Herzgegend 2c. häufiger, die Arbeit ward ihm immer schwerer. Von Ruhe wollte er nichts hören, denn er sagte sich, es sei seine Pflicht, im Dienst des Herrn auszuhalten. Wenn er auch zeitweise an Erleichterung dachte, — sobald er Gottes Befehl zum Ausharren zu erkennen glaubte, vergaß er das und — arbeitete weiter.

Im August des Jahres 1878 verschlimmerte sich sein Zustand so, daß sein ältester Sohn, der jetzt in einem benachbarten Orte praktizierte, von dem Hausarzt zu einer Konsultation verlangt wurde.

Auf des Patienten bestimmten Wunsch mußten wir in seiner Gegenwart uns nach eingehender Untersuchung beraten und ihm seinen Zustand offen darlegen. Mit Ruhe und Gott=

vertrauen, wie es dem Schreiber dieses in einer zwanzigjährigen Praxis selten begegnet ist, und mit wahrem Mannesmut vernahm er die Eröffnung, daß er an Herzverfettung leide, und daß ihm, menschlicher Berechnung nach, in nicht allzu ferner Zeit ein plötzlicher Tod bevorstehe; nur äußerste Schonung, stärkende Diät und gute Pflege nach jeder Richtung hin könne sein Leben noch einige Zeit erhalten. — So gerne er abscheiden wollte, falls es seines Herrn Wille sei, so gerne wollte er doch auch seiner Familie und seinem Dienste am Werke des Herrn sich erhalten, und daher that er denn auch, was in seinen Kräften stand, sich zu stärken und zu stählen zu seiner Arbeit, die er jetzt noch nicht mit gutem Gewissen abgeben zu dürfen glaubte, „weil er gelobt hatte, seinem Gott zu gehorchen." —

Von da an wurde ihm aber seine Arbeit oft ungemein sauer. Dennoch, wenn er auch oft so leidend war, daß er sein Ende nahe glaubte, war er zu Zeiten wieder recht munter; er war dann der alte, arbeits- und schaffensfreudige Mann, der es auch hier und da liebte, mit seiner Umgebung zu scherzen und fröhlich zu sein. Besonders erfreulich und ermunternd für ihn war ihm stets der Besuch seines Freundes und Mitarbeiters Pastor Phil. Göbel, seligen Andenkens. Nicht minder freudig begrüßte er täglich seinen genialen Privat-Sekretär, den unvergeßlichen Pastor Reinhard Wobus. Auch dieser jugendfrische Mann ist jetzt schon hinüber in die Ewigkeit gegangen; am 5. November 1894 wurde er den Seinen und der Synode durch einen nach menschlicher Meinung allzufrühen Tod entrissen. Pastor Wobus, der ebenfalls mit einer ungemeinen Arbeitskraft begabt war, hat seit August 1878 Präses Baltzer treulich zur Seite gestanden und ihm die große Arbeitslast durch seinen regen Fleiß ganz bedeutend vermindert. Kein Wunder denn, daß die Familie des Präses manchmal wieder frische Hoffnung schöpfte und sich der süßen Täuschung hingab, der Herr werde den geliebten Gatten und Vater noch eine Reihe von Jahren erhalten.

Der Vater selbst täuschte sich freilich nicht über seinen Zustand. Wie er diesen auffaßte, geht am klarsten aus einem Briefe hervor, den er am 14. Dezember 1879 an eine seiner Töchter schrieb. Da heißt es u. a.: . . . . „Bei uns hier ginge es, wenn ich nicht immer mein Päckchen zu tragen hätte, recht gut in dem Sinne, den man gewöhnlich damit verbindet; denn gut geht's immer, solange man Gottes Vaterhand nicht losläßt. Körperlich wohl und geistig frisch fühle ich mich eigentlich seit langer Zeit keinen Tag mehr; es geht da einen oder etliche Tage lang besser und dann wieder einige Zeit schlimmer, und zuweilen allerdings so, daß ich mich recht elend fühle. Die letzte Woche, wenigstens in ihrer zweiten Hälfte, ging's recht leidlich. Ob's je noch einmal besser wird, oder ob die Kräfte so allmählich werden abnehmen und ins Stocken geraten, — ja wer weiß das außer dem, der alles weiß, der alles recht lenkt und zu einem herrlichen Ziele führt; ihm mich immer willenloser zu überlassen, das möchte ich alle Tage mehr lernen. —

‚Zum Feierabend' bekommt ihr keinen mehr, wie euch die letzte Nummer bereits wird gesagt haben. — Es war mir eine ganz liebe Arbeit; und nach einer Seite hin thut mir's leid, daß ich sie drangeben mußte; nach der Seite der dadurch abgeschüttelten Last bin ich ganz froh."

Man sieht, daß es ihm schwer wurde, einer Pflicht zu entsagen. Ein Mann, wie er, dem es reine **Freude** war, jede Minute im Dienste seines Herrn auszunutzen, konnte sich gewiß nicht leicht von einer ihm lieb gewordenen Arbeit lossagen, zumal da er sich und anderen damit eingestehen mußte: es geht rasch bergab mit mir. Von jeher wurde ihm nichts schwerer, als sagen zu müssen: „Ich **kann** nicht." Das zeigt auch folgende Episode, die Schreiber dieses in demselben Herbste erlebte.

Es sollte in der St. Johannis-Gemeinde zu St. Charles, Mo., Missionsfest gefeiert werden, und **wir**, d. h. meine Frau und ich, hatten uns auch auf den Weg gemacht und waren kurz vor Beginn des Gottesdienstes vor der Kirche eingetroffen. In demselben Augenblicke kam unser Vater langsam und, wie ich sofort erkannte, gebrochen daher. Wir trafen vor der Kirche zusammen und ich fragte nach der Begrüßung: „Wirst du predigen?" „Ich **soll** predigen," antwortete er, „werde aber kaum reden können, ich bin zu matt und elend." In dem Sinne mußte er wohl auch Pastor Wobus berichtet haben, denn nachdem der erste Festredner geendet hatte, stand Pastor Wobus auf und sagte, Präses Balzer hätte nun reden sollen, sei aber, obwohl anwesend, zu unwohl dazu; aber es sei um 2 Uhr nachmittags und auch abends wieder Gottesdienst, und er ermahne die Leute, doch trotz der Hitze (es war ein heißer Tag) zu kommen, denn was der Mensch **wolle**, das könne er! u. s. w. Als dies Wort fiel, sah ich, daß der Vater in seiner Bank sehr unruhig wurde, und als der Gesang geendet hatte, kam er förmlich an den Altar gekrochen, ein Anblick, der mir die Thränen in die Augen trieb, lehnte sich an den Altar, weil er offenbar nicht ohne Stütze aufrecht stehen konnte. Mit matter, kaum hörbarer Stimme fing er an zu reden. Er erklärte zuerst, daß er wirklich nicht habe reden wollen, weil er sich zu krank fühle, daß aber ein Wort des Vorredners seinen Sinn geändert habe. „Euer Pastor hat euch gesagt: ,Was der Mensch **will**, das **kann** er,' da will ich nun den Beweis liefern, daß er wahr gesprochen." Nach einigen Erläuterungen hierüber hielt er eine halbstündige Missionsrede, die er mit den Worten einleitete: „Euer Festredner hat euch bewiesen, daß der Hauptsegen dieses Festes in eurer Freigebigkeit für den Missionsbeutel bestehe; ich aber sage euch: der Hauptsegen besteht mit nichten darin, sondern in dem Segen, den ihr von hier mit nachhause nehmt." Nach Ausführung dieses Gedankens knüpfte er einen ausführlichen Bericht über die Erfolge der Heidenmission in der Neuzeit daran, mit genauen statistischen Zahlenangaben u. s. w. Und siehe da! als er endete, hatte er zuletzt mit seinem alten Feuer und der gewohnten Begeisterung geredet; man sah ihm keine Spur seiner vorigen Schwäche an.

Den übrigen Teil des Tages fühlte er sich dann wohler und war verhältnismäßig munter. —

Also trotz dieser Energie und diesem gewaltigen Glaubensmut, hatte er sein Unterhaltungsblatt „Zum Feierabend" eingehen lassen müssen und kündigte das seinen Lesern in wehmutsvollem Abschiedsworte an.

Beim Lesen dieses Abschiedes hat mancher den Eindruck bekommen: Präses Baltzer macht sich zum Abscheiden bereit; wenigstens fühlten alle, die ihn genauer kannten, das deutlich heraus. Überhaupt mehrten sich in den letzten Tagen und Wochen des Jahres die Anzeichen, daß er sein Ende für nahe herangekommen hielt. Es geht das auch aus einer Schilderung des Weihnachtsfestes in seinem Hause hervor.

Wie gewöhnlich hatte er am heiligen Abend die Weihnachtsgeschichte gelesen, woran er dann ein längeres Gebet zu knüpfen pflegte. An diesem Abend nun sprach er es in seinem Gebet geradezu aus, er wisse, daß dies sein letztes Weihnachtsfest auf Erden sein werde. Nun traf es sich, daß seine beiden ältesten Töchter, die noch unter seinem Dache weilten, gerade zu diesem Fest für den Papa eine Arbeit aus Perlenstickerei gemacht hatten; Arbeiten der Art hatte er sehr gerne, da sie ihn an seine Knabenzeit erinnerten. Als er an diesem Abend unter seinen Geschenken die perlengestickten Schuhe fand, nahm er sie, ging zu der ältesten Tochter und sagte: „Weißt du, was Perlen bedeuten? — Perlen bedeuten Thränen und besonders für dich," dann fing er laut an zu weinen. Von seinen Gefühlen übermannt, verließ er das Zimmer und ging in seine Studierstube, von wo die ganz verdutzten Kinder und seine Frau ihn noch eine Weile weinen hören konnten; nach einiger Zeit kam er wieder gesammelt herunter, aber es hatte sich ein trüber Schatten auf aller Gemüter gelegt, und aus dem Freudenfest wurde ein Trauerfest. Trotz dieser trüben Stunden hatte er dann aber auch wieder Tage, an denen er fröhlich und scheinbar ganz munter war. So wechselte das in dieser Zeit fortwährend. Einem Anfall folgte Wohlsein und umge=

kehrt. Seine Umgebung gewöhnte sich daran und hielt diese Anfälle nicht für dringend gefährlich. Er mag sich auch Mühe gegeben haben, seinen Hausgenossen möglichst gesund zu erscheinen, um sie nicht zu ängstigen.

So war der Januar zur Hälfte unter Bangen und Zweifel vorbeigegangen, als er einen besonders heftigen Anfall bekam, den er in folgendem Brief an eine seiner Töchter selbst beschreibt. Das Schreiben ist vom 17. Januar 1880 datiert und lautet:

Herzlichen Dank für eure Briefe. Mit allen habt ihr mir große Freude gemacht. Ich danke euretwegen meinem Gott oft herzlich — auch dafür, daß er euch so gnädig behütet hat in der letzten Gefahr mit den durchgehenden Pferden. Er wolle auch ferner seine Vatergüte euch reichlich erfahren lassen. —

Lächeln habe ich müssen über deine Freude deswegen, daß ich wieder so kräftig wäre! — Ich hab's vor acht Tagen gemerkt, wie kräftig!! — Wahrscheinlich infolge von Arbeits-Überanstrengung wollte es seit Neujahr nicht mehr recht gehen. — Letzten Sonntag schleppte ich mich mit großer Mühe zur Kirche, — mein Pferd muß Doktordienste in Cottleville thun, da ich es doch im Winter sehr wenig brauche. Während des Gottesdienstes war mir recht unwohl; als derselbe zu Ende ging, regnete es und alles eilte Hals über Kopf nachhause, auch meine Kinder; die Mama war zuhause geblieben, um zu kochen, ich sah mich nach den ersten fünfzig oder hundert Schritten allein auf der sonst menschenleeren Straße. Da packten mich immer heftiger werdende Schmerzen in der Brust, die mir jeden drei Zoll langen Schritt zu einer fürchterlichen Pein machten. Ich meinte auf der Straße liegen bleiben zu müssen und seufzte nur zu Gott, er möchte mich nicht auf der Straße sterben lassen; dreiviertel Stunden brauchte ich, um nachhause zu kommen, nach wohl zehnmaligem Ausruhen. In zehn Minuten kann man den Weg bequem gehen. Bei der Ruhe im Hause ging der Anfall bald vorüber. Am nächsten Montag früh 6 Uhr sollte ich nach St. Louis, — Mama wollte mitgehen, daß ich nicht allein sei, — ich kam aber gerade nur etwa zweihundert Schritte vom Hause fort, dann war es schlimmer als tags zuvor, und nur mit Mühe und Not kam ich ins Haus zurück. Dann habe ich den ganzen Tag im Bett gelegen und Dr. Geret hat an mir herumgequacksalbert. — Seitdem geht's wieder so leidlich; und gestern, — wir haben jetzt schon etliche Tage köstliche Frühlingsluft, — konnte ich wieder ein Stündchen langsam ums Haus herum promenieren. — Das ist meine Kraft. — Bei großer Ruhe außen und innen fühle ich mich meist ganz wohl und kann dann ziemlich anhaltend arbeiten, das ist richtig; aber jede etwas anstrengende Bewegung muß ich eben vermeiden. — Die Konsequenzen davon, wenn das bis Frühjahr nicht anders wird, könnt ihr euch selbst ziehen u. s. w. —

Bis zu seinem Ende erfüllte er die Obliegenheiten seines Amtes mit voller geistiger Klarheit, ohne daß die, mit welchen er amtlich und geschäftlich verkehrte, es hätten spüren müssen, wie schwer ihm die Arbeit bisweilen ward. Über seine letzten Tage berichtete Pastor R. Wobus an den Schreiber dieses:

„Am 28. Januar 1880 ging ich, wie seit August 1878 täglich, zu Ihrem Herrn Papa; am Vormittag war er zwar etwas müde, aber doch noch verhältnismäßig munter gewesen. Am Nachmittage, bei meinem Kommen, saß er zur Linken des Schreibtisches in dem Ihnen gewiß erinnerlichen großen grünen Armstuhl. Er war sehr schwach. Etwa um drei Uhr stand er auf, stellte sich neben mich und legte seinen Arm um meine Schultern mit den Worten: ‚Sie sind doch ein lieber Mann.' Das einzige Wort der Anerkennung, das mir von dem Entschlafenen zuteil wurde, trieb mir das Wasser in die Augen, und mit Mühe antwortete ich, es sei nicht so schlimm.— Ihr Papa sprach schon anno '78 davon, daß er bald ausgespannt werde und daß er sich darauf freue. Im Januar 1880 hat er sich mir gegenüber mehreremale geäußert, daß ‚es nicht mehr lange dauern' werde; aber an dem Todestage selbst hat wohl keiner an das Ende gedacht. Meine Arbeit bestand darin, die eingelaufenen Briefe zu öffnen, die Geldbeträge zu notieren, Bestellungen auf Bücher einzutragen und Scheine zu versenden. Ebenso besorgte ich später die Quittungen für den ‚Friedensboten'; im letzten Jahre ('79) auch die Korrektur der Zeitschriften. — Aber bei allem wollte Ihr Herr Papa sich selbst überzeugen, daß es recht sei; die Antworten verfaßte er, wenn immer möglich, selbst."—

Zum Frühstück kam er an diesem Tage wie gewöhnlich herunter, er trug sich aber augenscheinlich mit Todesgedanken, welche er deutlich in seinem Gebete bei der Andacht aussprach. Den Tag über war er in seiner Studierstube und verrichtete seine gewohnte Arbeit. Am Nachmittag jedoch klagte er, daß er sich so sehr müde fühle. Kurz darauf kam er dann herunter, um seinen gewohnten Spaziergang ums Haus zu machen. Aber nur einigemale ging er ums Haus, dann kam er wieder herein und sagte zu seiner Frau: „Ich muß mich jetzt zu Bette legen, du kannst mir aus der Bibel vorlesen, dann will ich etwas zu schlafen versuchen." Sie gingen miteinander hinauf, und bald darauf bestellte er sich sein Abendbrot. Als ihm seine Tochter Emma dasselbe hinaufbrachte, war er noch ziemlich munter und scherzte noch mit seinem jüngsten Söhnchen Ernst, den seine Mutter auch schon zum Schlafengehen in die Nachtkleider gesteckt hatte. Unterdessen setzten sich die andern Kinder nichts ahnend zu Tisch, um ihr Abendbrot zu verzehren. Plötzlich kam Ernst heruntergelaufen, war ganz verstört und sagte: „Emma, du sollst ganz schnell hinaufkommen." Als die älteren Geschwister hinaufkamen, trat das Ende schnell ein. Der Sterbende saß auf dem Rand des Bettes und seufzte: „Gott, sei mir Sünder gnädig!" und: „Gott, erbarme dich über meine armen, armen Kinder." Der kalte Todesschweiß rann ihm von der Stirne und er betete jetzt wiederholt: „Christi Blut und Gerechtigkeit, das ist mein Schmuck und Ehrenkleid." Dann wurde das, was er sagte, undeutlich; doch waren es Gebete, die er sprach, so viel konnte man merken. Darauf schlief er still mit einem freundlichen Lächeln im Gesichte ein und that, als Pastor Wobus und der Arzt kamen, den letzten Atemzug.

Ein Herz voll Liebe für die Menschheit, voll Liebe für seine deutschen Landsleute, voll Liebe für die evangelische Kirche, sonderlich für seine evangelische Synode, ein treues Vater- und Gattenherz voll Liebe für seine Familie hatte aufgehört zu schlagen. Plötzlich und doch von seinen Angehörigen schon so lange gefürchtet, hatte sich der Todesengel eingefunden. Er selbst freilich hatte sich schon längst gefreut, abzuscheiden und bei seinem Herrn zu sein, und kam auch der Ruf an diesem Tage selbst für ihn unerwartet, so fand er doch den wachsamen Streiter Christi gerüstet und bereit, ihm zu folgen.

Am Mittwoch, dem 28. Januar 1880, etwa sechseinhalb Uhr abends, also im Alter von 62 Jahren, 8 Monaten und 12 Tagen, war der Präses Baltzer selig im Herrn entschlafen. Am 31. Januar ward er auf dem Kirchhofe der Friedens-Gemeinde bei St. Charles unter großer Beteiligung von nah und fern an der Seite seiner lieben, ihm vor neun Jahren vorangegangenen Lebensgefährtin Luise beerdigt.

Der Nekrolog im „Friedensboten," der über das Trauerereignis berichtet und von Dr. R. John geschrieben ist, beginnt mit den Worten: „Wunderbar ist des Herrn Rat, und unerforschlich sind seine Wege. Als die Kunde von dem Ableben des teuren Synodal-Präses den weiten Kreis unserer Synode durchflog, hier früher, dort später eintreffend, da füllte manches Auge sich mit Thränen, und besonders die wenigen Alten, die noch übrig sind aus der Gründungszeit unseres kirchlichen Körpers, die mit dem Entschlafenen eine lange Strecke des Pilgerwegs nach der ewigen Heimat zurückgelegt, sprachen bei sich selbst: Ein treues Herz ist gebrochen, ein Vater in Israel ist abgerufen zum Empfange des Gnadenlohnes. O Herr, bleibe bei uns, es will Abend werden! — Von den Arbeitern, die der Herr früh am Morgen oder um die dritte und neunte Stunde mit dem Entschlafenen in den Weinberg zur Arbeit gerufen, sind nur wenige übrig: die meisten haben Raum gemacht für eine neue Generation; möge diese eintreten in ihre Arbeit mit dem Glauben, mit der Demut und Treue der Alten, möge sie ihre Kraft holen aus demselben Brunnquell, aus welchem jene sich stärkten, aus dem Worte Gottes und aus dem Gebete im Kämmerlein."

Traf der Schlag schon die Synode hart, indem sie einen bewährten Lehrer und Leiter verlor, so traf er noch schmerzlicher die Familie des Verstorbenen, die Gattin und die Kinder. Da stand die trauernde Witwe, die die letzten Lebensjahre mit ihm gepilgert, mit dem jüngsten, ihrem einzigen Söhnchen, den unersetzlichen Verlust, der auch ihr geworden, beweinend. Zwölf Kinder, von denen neun noch gänzlich unversorgt waren, ja vier das vierzehnte Jahr noch nicht erreicht hatten, umstanden mit der Mutter das Grab wie eine verlassene Herde; sie sahen ohne starken menschlichen Schutz einer ungewissen Zukunft entgegen. Aber dank dem guten Vorbilde und den Ermahnungen des Geschiedenen kannten sie alle den rechten Trost und hatten die gute Zuversicht, der liebe Gott werde auch fürder für sie sorgen. Und er hat's gethan. Alle elf, die noch leben, stehen in dieser oder jener Weise im Dienste ihres Heilandes und im Glauben an ihn.

Aber auch in der Synode ist des Entschlafenen Arbeit und Gebet nicht vergeblich gewesen. Der Segen, den er und seine Mitbrüder für ihr Werk, das Gottes Werk ist, erfleht haben, ist ein dauernder gewesen und hat sich in dem Gedeihen und Wachsen dieses Werkes gezeigt bis jetzt. Sache der jetzigen Generation ist's, dafür zu sorgen, daß sie nicht abweiche von dem Wege der Alten, auf daß dieser Segen sich immer erneuere und nachhaltig weiter wirke. Damit aber die jüngere Generation dies könne, ist es nötig, daß sie das Thun und Lassen der Alten kenne und sich immer wieder ins Gedächtnis rufe. Und das ist ja der schon anfangs ausgesprochene Zweck dieses Buches, einen der hervorragendsten dieser Alten in seiner wahren Gestalt vorzuführen und den Jüngeren zu zeigen, welch glaubenstreue, demütige, uneigennützige Männer die Väter waren, wie insonderheit Präses Baltzer es war. Er ist aber auch vielfach verkannt worden, und mancher hat nicht geahnt, welch Herz voll Liebe er besaß. Möge diese wahrheitsgetreue Darstellung seines Charakters und seines Wirkens dazu dienen, seine Gestalt ins rechte Licht zu stellen.

Indem wir nun zum Schluß noch allen denen, welche dem Verfasser mit Hilfsquellen zur Hand gegangen sind, unsern Dank aussprechen, schließen wir mit dem Wunsche, daß der Herr auch diese schwache Arbeit dazu dienen lassen möge, in seinem Dienste und an seinem Werke Gutes zu stiften.

Gott segne immerdar unsere teure Evangelische Synode und erleuchte ihre Diener. Das walte Gott.

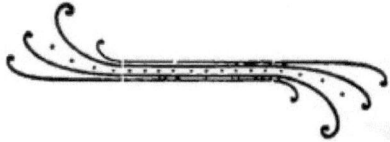